Papst Franziskus

Gemeinsam gehen

Papst Franziskus

Gemeinsam gehen

Die wichtigsten Texte zur Zukunft der Kirche

Italienische Übersetzungen von Katja Issing

HERDER

FREIBURG · BASEL · WIEN

Titel der Originalausgabe: *Camminare Insieme.*
Parole e riflessioni sulla sinodalità

www.herder.de

Die Bibelverse wurden, soweit nicht anders angegeben,
folgender Ausgabe entnommen:
Die Bibel. Die Heilige Schrift
des Alten und des Neuen Bundes.
Vollständige deutsche Ausgabe
© Verlag Herder, Freiburg im Breisgau 2005

Mitarbeit bei der Zusammenstellung der über www.vatican.va
zugänglichen Texte von Ekaterina Merten

Satz: Carsten Klein, Torgau
Herstellung: GGP Media GmbH, Pößneck

Printed in Germany

ISBN Print 978-3-451-39624-3
ISBN E-Book (EPUB) 978-3-451-83969-6
ISBN E-Book (PDF) 978-3-451-83964-1

Inhalt

Vorwort

Es ist mir eine große Freude, die vorliegende Beitragssammlung von Papst Franziskus, die vom Generalsekretariat der Synode herausgegeben wird, vorstellen zu dürfen. Dankenswerterweise lässt das Synodensekretariat die Äußerungen des Papstes über die eng miteinander verwobenen Themen ›Synode‹ und ›Synodalität‹ noch einmal Revue passieren und knüpft dadurch sozusagen einen »roten Faden«, der es uns ermöglicht – nach nun fast zehnjährigem Pontifikat –, die Akzentuierungen und Entwicklungen, die diese Themen bislang erfahren haben, zu rekonstruieren.

Nach meinem Dafürhalten handelt es sich hier um eine Textsammlung, die hilfreich für viele sein kann: hilfreich für Gläubige, die insbesondere vor dem Hintergrund des aktuellen synodalen Prozesses 2021 bis 2023 genauer verstehen möchten, was Papst Franziskus mit »synodaler Kirche« meint, wenn man bedenkt, dass es sein Lehramt war, das die Synodalität zu einem ganz neuen und unbestrittenen Schwerpunkt des aktuellen Wegs der Kirche gemacht hat; hilfreich sind die Texte aber auch für Fachleute, die den vielfältigen theologischen Implikationen der Synodalität auf verschiedene Weise nachgehen möchten und hier die wichtigsten Beiträge von Papst Franziskus gesammelt vorfinden.

Ich habe nicht den Anspruch, die reiche Lehre des Heiligen Vaters über Synodalität ausführlich zusammenzufassen, sondern möchte im Folgenden lediglich auf drei einfache Themenschwerpunkte hinweisen, von denen ich mir wünsche, dass sie der Leserschaft zum Nutzen gereichen werden.

Der erste Schwerpunkt hängt mit dem Thema ›Unterscheidung‹ zusammen. Hierbei handelt es sich um einen außergewöhnlich häufig verwendeten Begriff im Lehramt des Papstes. Die Unterscheidung markiert den grundlegenden Unterschied zwischen Synodalität und Parlamentarismus: Synodalität heißt nicht, einen Kompromiss zwischen gegensätzlichen Standpunkten zu finden, wie es in Parlamentssälen Usus ist – ein für sich genommen legitimes Verfahren; Synodalität bedeutet vielmehr, gemeinsam auf den Heiligen Geist zu hören, um einen inneren Konsens darüber zu erlangen, was der Geist hier und jetzt als den Willen Gottes für seine Kirche aufzeigt. Papst Franziskus beharrt so nachdrücklich auf dem Zuhören und auf der Gelehrigkeit gegenüber dem Geist, dass hier gewissermaßen die zentralen Merkmale seiner Auffassung von Synodalität deutlich werden: Nur eine Kirche, die die Kunst der Unterscheidung beherrscht – individuell und gemeinschaftlich –, ist eine Kirche, die sich nicht darauf beschränkt, eine Synode zu »haben« oder zu »machen«, sondern die lernt, eine Synode zu »sein«.

Der zweite Schwerpunkt hat mit dem Dienst der Hirten zu tun. Eine synodale Kirche ist eine Kirche, die die tragende Rolle aller Getauften – in der Theologie wie in der Seelsorge – wiederentdeckt, weil alle Gläubigen die Salbung mit dem Geist empfangen haben, der das Volk Gottes im Glauben unfehlbar macht. Dies führt unweigerlich zu einer grundlegenden Neuorientierung im Hinblick auf unsere Vorstellung vom Priesteramt und dessen Ausübung. Die Autorität, die aus dem Weihesakrament erwächst, ist nichts anderes als eine Befähigung, zu dienen: im Dienste aller Getauften, damit diese ihre Gaben und Charismen für das Wachstum der Kirche einsetzen und so zum Kommen des Reiches Gottes beitragen können. Diese Autorität wird ohne Unterlass ausgeübt, sagt Papst Franziskus, innerhalb des Volkes Gottes und für das Volk Gottes, weshalb es notwendig ist, dass wir eine klerikalistische Auffassung, die Zäune zwischen Hirten und Gläubigen errichtet, hinter uns lassen, da sie die Gläubigen zur Untertänigkeit verdammt. Es wäre eine außerordentliche Gnade, wenn aus dem laufenden synodalen Prozess ein neues Verständnis des Priesteramtes hervorginge und sich Wege eröffneten, damit die Hirten von heute und von morgen sich besser auf die »Funkwellen« des Volkes Gottes einzustellen lernen, zu dem sie selbst kraft der Taufe gehören.

Den dritten Schwerpunkt könnte man als schrittweise Entwicklung bezeichnen. Es stimmt, dass ›Synodalität‹ erst nach und nach im Lehramt des Papstes aufgekommen ist. In dem für sein Pontifikat richtungsweisenden Apostolischen Schreiben *Evangelii gaudium* wird sie noch nicht explizit thematisiert, gleichwohl sind dort alle Grundlagen skizziert. Hin und wieder taucht sie dann in seinen Reden auf, meist im Kontext von Versammlungen der Bischofssynode, und erhält schließlich im Jahr 2015, anlässlich der Rede zum 50-jährigen Bestehen der Synode, die erste wichtige Ausarbeitung. Im weiteren Verlauf gewinnt sie an Nuancierung und dringt gleichzeitig immer mehr in das kirchliche Bewusstsein ein. War der Heilige Vater im Jahr 2016 in einem Interview mit der Zeitung *La Croix* noch der Ansicht gewesen, dass die Zeit noch nicht reif für eine Synode zur Synodalität wäre, so gab er drei Jahre später beim Abschluss der Sonderversammlung für das Amazonasgebiet bekannt, dass Synodalität das meistgewählte Thema für die nächste Synode sei, bis er schließlich selbst, im Jahr 2020, die lang erwartete Synode zur Synodalität einberief.

Seitdem ist, wie allgemein bekannt, ein komplexer Prozess im Gange, in dem wir noch immer eingebunden sind und dessen Entwicklungen wir nicht im Detail vorhersehen können. Ich wünsche, dass sich die vorliegende Publikation als hilfreiche Begleitung auf dem aktuellen Weg erweisen wird, auf dem wir alle – vom Papst bis zum Letzten unter den Getauften – aufgerufen sind, dem Heiligen Geist zuzuhören, um zu vernehmen, was er »den Gemeinden sagt« (Offb 2,7).

Kardinal Mario Grech
Generalsekretär der Synode

Einführung

Die Synodalität im Sinne von Papst Franziskus: ein Ruf Gottes, ein offener Weg, eine Lehre in Bewegung

Dieses Buch ist eine Art Kompendium der Betrachtungen von Papst Franziskus über die Synodalität. Es enthält alle seine grundlegenden Texte und Äußerungen zur Synodalität seit Beginn seines Pontifikats. Diese Dokumente unterschiedlichen Stils umfassen Briefe und Reden, die teilweise an alle gerichtet sind, teilweise an Ortskirchen (Deutschland, Chile ...) oder an besondere Gruppen (Bischöfe, Theologen ...), sowie Auszüge aus Dokumenten seines Lehramts (Enzykliken, Verfassungen ...). Der vorliegende Band beinhaltet auch die Reden des Papstes auf den verschiedenen Bischofssynoden (Familiensynoden von 2014 und 2015, Jugendsynode von 2018, Amazonassynode 2019 und die aktuelle Synode zur Synodalität) und enthält Auszüge aus nachsynodalen Apostolischen Schreiben (*Christus vivit, Querida Amazonia*), Predigten und während verschiedener Treffen geäußerte Worte, General- und Privataudienzen, Interviews ... Dieser umfangreiche Korpus lässt uns in die reiche Lehre von Papst Franziskus über die Synodalität eintauchen, die er zu einem Grundpfeiler seines Pontifikats gemacht hat, und das seit seiner Wahl, als er mit seiner unmittelbar zu den Menschen auf dem Petersplatz in eine Beziehung tretenden Art auf der Loggia erschienen ist. Dadurch, dass diese Texte in chronologischer Reihenfolge und nicht nach Themen angeordnet sind, können wir erfassen, wie sich die harmonische Ausgewogenheit der Synodalität mit der Zeit und im Kontext verschiedener Ereignisse entfaltet, besonders bei Bischofssynoden sowie bei zahlreichen Treffen, Audienzen und Reisen, die das Leben des Papstes prägen.

Die aufmerksame Lektüre aller dieser Passagen zur Synodalität, die in diesem Buch auf beachtenswerte Weise zusammengefasst sind, lässt uns wahrnehmen, dass die Lehre von Papst Franziskus eine Lehre in Bewegung ist, die sich mit der Zeit entfaltet und durch weitere synodale Erfahrungen vertieft wird. Gemäß der Auffassung von Synodalität, die eine dynamische Sicht der Kirche als Volk Gottes auf dem Weg durch die Geschichte ist, ist die Lehre des Papstes eine offene Lehre, verankert in der Realität und in der Erfahrung, eine dynamische und niemals abgeschlossene Lehre, weil sie eine Lehre der Unterscheidung ist, eine Fleisch gewordene Lehre, die der Realität Rechnung trägt. Die vier grundlegenden Prinzipien, die den Ausgangspunkt für die Synodalität bilden, wie Papst Franziskus sie in *Evangelii gaudium* formuliert hat, lauten:

1. »Die Zeit ist mehr wert als der Raum.«
2. »Die Einheit wiegt mehr als der Konflikt.«
3. »Die Wirklichkeit ist wichtiger als die Idee.«
4. Das Ganze ist dem Teil übergeordnet.«[1]

Der Papst der Synodalität

Dass Papst Franziskus die Synodalität in seinen Reden und offiziellen Schreiben immer wieder aufnimmt, spiegelt die Bedeutung der synodalen Dynamik für den argentinischen Papst wider. Will man den grundlegenden Stellenwert der Synodalität für die Kirche, ihren Ursprung und ihre Auswirkungen auf das tägliche Leben der Kirche von heute betonen, so könnte man Papst Franziskus als den Papst der Synodalität beschreiben. Für ihn ist Synodalität vor allem ein Ruf Gottes, sie ist die Berufung der Kirche des dritten Jahrtausends, weil sie als der Weg erkannt wurde, um den Glauben in die heutige Welt zu bringen.

Dies verdeutlicht der Papst in seiner Rede zum 50-jährigen Bestehen der Bischofssynode vom 17. Oktober 2015, die als einer der Schlüsseltexte seines Pontifikats angesehen werden kann: »Die Welt, in der wir leben und die in all ihrer Widersprüchlichkeit zu lieben und ihr zu dienen wir berufen sind, verlangt von der Kirche eine Steigerung ihres Zusammenwirkens in allen Bereichen ihrer Sendung. Genau dieser Weg der *Synodalität* ist das, was Gott sich von der Kirche des dritten Jahrtausends erwartet.«[2] Synodalität kann demnach als ein wichtiger Schlüssel zum Verständnis seines Pontifikats gesehen werden, das die Kirche auf eine neue Wegstrecke in der Rezeption des Zweiten Vatikanischen Konzils führt. Papst Franziskus ist davon überzeugt, dass die Kirche von Grund auf ein Volk in Bewegung ist, sie ist das Volk Gottes, das sich vom Heiligen Geist leiten lässt und einen Weg beschreiten muss, der zur »Synodalisierung« aller kirchlichen Bereiche führen muss. Kurz gesagt will Papst Franziskus uns nahebringen, dass es nicht nur darum geht, eine Synode zu »machen« – wie wir es im Moment tun –, sondern »eine Synode zu werden«. In der synodalen Kirche, also in einer Kirche des Zuhörens und des Dialogs, in einer Kirche des Miteinanders und der Miteinbeziehung der Brüder und Schwestern in Christus, sind alle Getauften dazu aufgerufen, eine Hauptrolle zu übernehmen, sich aktiv an der Sendung zu beteiligen, missionarische Jünger zu sein, die das Evangelium in der Welt von heute verkünden, also eine persönliche Begegnung mit Christus aufzeigen und Brüderlichkeit unter den Menschen schaffen.

Die Herausforderung, Synodalität in die Praxis umzusetzen

»Synodalität ist die dynamische und historische Ausprägung der kirchlichen Gemeinschaft, die auf der dreifaltigen Gemeinschaft gegründet ist und die – mit derselben Wertschätzung für den *sensus fidei* des gesamten heiligen und gottestreuen Volkes wie für die apostolische Kollegialität und die Einheit mit dem Nachfolger Petri – die Umkehr und Reform der Kirche auf allen Ebenen beleben muss.«[3] Wie in diesem Zitat deutlich wird, ist Synodalität – die Umsetzung der Kirche in der Geschichte als Gemeinschaft-in-der-Sendung – ein Weg der Umkehr, sowohl persönlich als auch gemeinschaftlich. Wir sind im Begriff, Synodalität neu zu lernen, also kann die Lehre, die im Werden ist und der Synodalität Form verleiht, nichts anderes als eine Lehre in Bewegung sein, ein Zeichen christlicher Identität, die als dynamische Identität zu verstehen ist. Es ist eine pilgernde Lehre, die immer wieder herausgefordert und hinterfragt wird, eine Lehre des Lernens, die sich durch die Erfahrung von Synodalität weiterentwickelt.

Die vorliegenden Texte ergeben also gewissermaßen ein kleines Handbuch der Synodalität oder, noch besser gesagt, einen praktischen Leitfaden zur Umsetzung von Synodalität. Vor uns liegt keine bis ins Letzte ausgefeilte theologische Abhandlung, sondern eine Sammlung von »Straßenkarten«, die uns bei der Orientierung entlang der Pfade der Synodalität, die nicht alle von vornherein angelegt sind, weiterhelfen. Die ursprüngliche Überzeugung von Papst Franziskus, die in seinen ersten offiziellen Reden zum Ausdruck kommt, lautet: »Wir müssen auf diesem Weg der Synodalität gehen, wir müssen wachsen im Einklang mit dem Dienst des Primats.«[4] Hierfür »muss man gemeinsam gehen: die Menschen, die Bischöfe und der Papst«[5]. Die heutige Kirche lernt Synodalität also neu, es ist eine Lehrzeit durch Erfahrung. Hierbei reicht eine theoretische Vorstellung von der Synodalität nicht aus; die Herausforderung besteht darin, sie in die Praxis umzusetzen: »Was der Herr von uns verlangt, ist in gewisser Weise schon im Wort ›Synode‹ enthalten. Gemeinsam voranzugehen – Laien, Hirten und der Bischof von Rom –, ist ein

Konzept, das sich leicht in Worte fassen lässt, aber nicht so leicht umzusetzen ist.«[6] Wie man den Texten und Reden zu den Bischofssynoden entnehmen kann, sind diese Versammlungen während des aktuellen Pontifikats zu wahren Schulen der Synodalität geworden, hier wird Synodalität durch Erfahrung gelernt; diese Art des Lernens macht Papst Franziskus zum Herzstück seiner Lehre von Synodalität, indem er immer wieder auf die notwendigen geistlichen Haltungen hinweist, Synodalität zu leben: der Glaube und das Vertrauen auf Gott, Demut im Zuhören und der Mut, zu sprechen, das Gebet, der Dialog und das Teilen, Vertrauen in andere und innere Freiheit.

Die Kernpunkte, die der Auffassung von Papst Franziskus zur Synodalität zugrunde liegen

Auf diesem Weg der Synodalität, den Papst Franziskus uns hier aufzeigt, können wir die Kernpunkte seiner Auffassung von einer synodalen Kirche erkennen, die dem Zweiten Vatikanischen Konzil entstammen und gleichzeitig tief in der frühen Kirche verwurzelt sind.

Der erste Kernpunkt ist das Bild der *Kirche als Volk Gottes auf dem Weg*. Synodalität ist »gemeinsames Gehen« – ein Bild, das uns einlädt, die Kirche als ein Volk missionarischer Pilger zu betrachten und zu leben. Durch Synodalität tritt die Kirche »als Gottesvolk auf dem Weg und als vom auferstandenen Herrn einberufene Versammlung in Erscheinung und […] gestaltet [sich]«.[7] Das aktuelle Pontifikat läutet eine neue Rezeption des Zweiten Vatikanischen Konzils ein, indem es dem zweiten Kapitel von *Lumen gentium* eine zentrale Bedeutung verleiht. »Kirche sein bedeutet Volk Gottes sein« (*Evangelii Gaudium,* 114), erinnert uns Papst Franziskus. An dieser Stelle soll näher beleuchtet werden, was »Kirche sein« bedeutet: Der Begriff ›Volk Gottes‹ vermittelt uns, dass die Kirche ein Ganzes ist (vgl. *Evangelii Gaudium,* 17), das in einer »vielgestaltigen Harmonie« (*Evangelii Gaudium,* 220) lebt. Alle ihre Mitglieder, die *Christi fideles*, Frauen wie Männer, sind durch den Geist befähigte Rechts- und Handlungssubjekte. Durch die fruchtbringende Auffassung der Kirche als Volk Gottes wird die allen gleichermaßen zukommende Beteiligung und Mitverantwortung herausgestellt, alle Gläubigen sind ihren Gaben, Ämtern und Charismen entsprechend auf unterschiedliche Weise mitverantwortlich.

Der zweite Kernpunkt ist die *Theologie der Taufe als Grundlage der missionarischen Mitverantwortung*. Dank der Taufe sind wir alle Priester, Propheten und Könige. Durch die Synodalität können wir das Primat der in der Taufe empfangenen Berufung als Ruf zur Heiligkeit und das Primat des gemeinsamen Priestertums als Ruf zur Mitverantwortung wiederentdecken und in die Praxis umsetzen. Die Herausforderung liegt darin, den Dialog und die Interaktion im Volk Gottes – vor allem zwischen Priestern und Laien – zu fördern.

Drittens muss der *sensus fidei fidelium* berücksichtigt werden – wie in *Lumen gentium*, § 12, beschrieben –, also der »Glaubenssinn« des gesamten Volkes Gottes, der von Papst Franziskus »Spürsinn« der Gläubigen genannt wird.[8] Diese Bezeichnung spiegelt die Tatsache wider, dass es die Kirche Gottes in ihrer Gesamtheit ist, der der Glaube enthüllt wird; sie ist die Hüterin des Glaubens. In diesem Fall liegt die Herausforderung darin, auf den *sensus fidei* zu hören, der nicht im Glauben irren kann.[9] Dieser Aspekt, der im Zweiten Vatikanischen Konzil wiederentdeckt wurde, ist die Grundlage der synodalen Dynamik der Unterscheidung, die die Rücksprache mit allen Gläubigen vorsieht. Der Glaubenssinn aller Gläubigen (also der *sensus fidelium*) ist ein wesentlicher Bestandteil der Lehrautorität der Kirche (also des Lehramtes) wie auch der Hierarchie. Synodalität ist ein Mittel, um die Autorität des *sensus fidei* zusätzlich zur Autorität des hierarchischen Lehramts und des Lehramts der Theologen wiederherzustellen. Das Primat des Nachfolgers Petri und die Kollegialität der Bischöfe sollen also innerhalb der Synodalität des gesamten Volkes Gottes gelebt werden.

Dies führt uns zum vierten Kernpunkt – dem vielleicht zentralsten, um die Auffassung von Papst Franziskus zur Synodalität zu begreifen –, nämlich zum *Handeln des Heiligen Geistes*. Der synodale Prozess ist ein spiritueller Prozess. Eine synodale Kirche ist eine Kirche, die auf den Heiligen Geist hört, indem sie auf das Wort Gottes und aufeinander hört. »Das Handeln des Heiligen Geistes in der Gemeinschaft des Leibes Christi und im missionarischen Weg des Volkes Gottes ist der Beginn der Synodalität«[10], und Papst Franziskus betont in seinen Reden immer wieder, dass Synodalität kein Parlament ist, sondern ein Prozess der Unterscheidung, der voraussetzt, dass wir das Handeln des Heiligen Geistes in uns selbst und in der Gemeinschaft intensiv vernehmen. Der Unterscheidungsprozess beruht auf dem Glaubensakt, den der Geist in allen Getauften bewirkt, unabhängig von ihrer Berufung, ihres Alters, der persönlichen Verfassung oder Verantwortung.

Der fünfte Kernpunkt der Synodalität nach Papst Franziskus besteht darin, *die Verschiedenheit der Charismen* anzuerkennen und zu berücksichtigen. Synodalität, also das Prinzip der Beteiligung aller am Leben der Kirche, spiegelt die Tatsache wider, dass alle Getauften zur aktiven Beteiligung aufgerufen sind, zur Übernahme einer Hauptrolle in der Sendung der Kirche, weil der Heilige Geist allen Mitgliedern des Volkes Gottes unterschiedliche Charismen verleiht und jedes Charisma eine besondere Gabe ist, die zum Wohle aller empfangen wurde. Gemäß dieser Auffassung von Synodalität sind die beiden Seiten der Kirche – die hierarchische und die charismatische – wesensgleich. Immer wieder unterstreicht Papst Franziskus die Bedeutung der Beteiligung aller, insbesondere die Rolle der Jugendlichen und der Frauen, den Stellenwert des geweihten

Lebens und der kirchlichen Bewegungen, das Engagement der verschiedenen Gruppen und Organisationen der Kirche, die aus dieser Verschiedenheit der Charismen erwachsen. In *Christus vivit* etwa präzisiert er die Jugendpastoral: »Die Jugendpastoral kann nur synodal sein, das heißt, einem ›gemeinsamen Vorangehen‹ Gestalt geben. Dies beinhaltet eine Wertschätzung der Charismen, die der Heilige Geist je nach Berufung und Rolle eines jeden Glieds [der Kirche] durch die Dynamik der Mitverantwortung schenkt. [...] Von diesem Geist beseelt, können wir uns zu einer partizipativen, mitverantwortlichen Kirche entwickeln, die in der Lage ist, den Reichtum der Vielfalt, aus der sie besteht, zur Geltung zu bringen und dabei auch den Beitrag von Laien, einschließlich junger Menschen und Frauen, von Personen des geweihten Lebens sowie von Gruppen, Verbänden und Bewegungen dankbar willkommen zu heißen. Niemand sollte ins Abseits gedrängt werden oder beiseite treten müssen.«[11]

Abschließend folgt der sechste und letzte Kernpunkt, der anhand der vorliegenden Texte das Fundament für die Auffassung von Papst Franziskus zur Synodalität genannt werden kann. Er besteht in *einer relationalen Anthropologie*, die *die Idee einer relationalen* – also einer beziehungsorientierten – *Kirche* beinhaltet. Im Laufe seines Pontifikats hat Papst Franziskus immer wieder dazu aufgerufen, eine »Kultur der Begegnung« zu schaffen. An seiner Art, das Papstamt auszuüben, erkennen wir, wie sehr er die Begegnung in den Mittelpunkt stellt und die menschliche Brüderlichkeit als Dreh- und Angelpunkt der Sendung der Kirche entwickelt. So enthalten die Enzykliken *Laudato si'* und *Fratelli tutti*, die gewissermaßen als »GPS« für die Synodalität fungieren, das synodale Kernstück, nämlich einen beziehungsorientierten Blick auf die Welt und auf die Kirche: »Alles ist miteinander verbunden.« Im Laufe dieser Texte, die auf verschiedene Anlässe zurückgehen, entfaltet sich der Ruf zur Synodalität, also der Aufruf, immer mehr zu einer beziehungsorientierten Kirche zu werden, die in Brüderlichkeit und Freundschaft im Herrn lebt, zu einer Kirche aus Brüdern und Schwestern in Christus zu werden, die sich einer neuen Art der Kommunikation und der Beziehungsgestaltung in der Kirche öffnet, um dem Zusammenleben in unserem gemeinsamen Haus zu dienen. So lässt uns Synodalität das Primat des kirchlichen »Wir« zum Dienste des Gemeinwohls wiederentdecken und wiedereingliedern – das heißt unsere Berufung, ein »Wir« zu bilden, weil wir uns gegenseitig gehören und voneinander abhängig sind. Schlüsselbegriffe der relationalen Anthropologie, auf der die synodale Ekklesiologie basiert, sind Reziprozität und Zirkularität.

Über die Begriffe und die in diesem Buch entwickelten Inhalte hinaus ist es interessant zu beobachten, wie unterschiedlich die kirchlichen Gruppen und Akteure sind, an die sich Papst Franziskus in den vorliegenden Texten zur Synodalität, meist in Form eines Gesprächs, wendet. Man spürt, dass er sich aufmerksam mit den Unterschieden der lokalen Kirchen und der kirchlichen Akteure befasst, denen er seine Auffassung von Synodalität näherbringt; gleichzeitig versäumt er nicht zu betonen, dass seine Gesprächspartner die Samen der Synodalität schon in sich tragen. Letztendlich fordert uns Papst Franziskus mit dem »lebendigen Lehramt« über die Synodalität in dieser Phase seines Pontifikats dazu auf – wie in diesem Buch deutlich wird –, den Weg der Synodalität weiter zu beschreiten. Damit ist ein kreativer und dynamischer Weg gemeint, ein offener Prozess, ein »Gemeinsamgehen« im Hauch des Heiligen Geistes und im Atem des Zweiten Vatikanischen Konzils. In diesem Sinne lade ich dazu ein, die Lektüre dieses Buches auf die gleiche Weise zu beginnen, wie man eine Pilgerreise antritt: mit Güte und Großmut im Herzen, mit Demut und der Bereitschaft, das Licht und die Gnaden zu empfangen, die der Herr uns schenken will. Papst Franziskus hat uns dazu aufgerufen, die Synode wie eine »Zeit der Gnade«[12] und einen Weg der Umkehr zu leben. Möge uns die Lektüre der nachfolgenden Texte helfen, Zugang zur spirituellen Erfahrung der Synodalität zu finden, die in der Erfahrung des dreifaltigen Geheimnisses und des Geheimnisses der Kirche besteht.

Schwester Nathalie Becquart
Untersekretärin der Synode

Anmerkungen

1 Papst Franziskus, Apostolisches Schreiben *Evangelii gaudium*, 217–237.
2 Papst Franziskus, Rede zur 50-Jahr-Feier der Errichtung der Bischofssynode vom 17. Oktober 2015. Online: papa-francesco_20151017_50-anniversario-sinodo.html (Stand: 02.05.2023).
3 Papst Franziskus, Videobotschaft anlässlich der Vollversammlung der Päpstlichen Kommission für Lateinamerika (26. Mai 2022). Vgl. Online: https://www.vatican.va/content/francesco/it/messages/pont-messages/2022/documents/20220526-videomessaggio-plenaria-pcal.html (Stand: 02.05.2023)
4 Papst Franziskus, Predigt in der Heiligen Messe mit Übergabe der Pallien an die neuen Metropolitan-Erzbischöfe (29. Juni 2013). Online: papa-francesco_20130629_omelia-pallio.html (Stand: 02.05.2023).
5 Papst Franziskus, Interview mit Pater Antonio Spadaro SJ, aus *L'Osservatore Romano*, Tagesausgabe, 153. Jahrgang, Nr. 216, Samstag, 21.09.2013; https://www.vatican.va/content/francesco/it/speeches/2013/september/documents/papa-francesco_20130921_intervista-spadaro.html (Stand: 02.05.2023).
6 Papst Franziskus, Rede zur 50-Jahr-Feier der Errichtung der Bischofssynode (17. Oktober 2015). Online: https://www.vatican.va/content/francesco/de/speeches/2015/october/documents/papa-francesco_20151017_50-anniversario-sinodo.html (Stand: 02.05.2023).
7 Internationale Theologische Kommission, *Die Synodalität in Leben und Sendung der Kirche* (2. März 2018), 42. Vgl. Online: https://www.vatican.va/roman_curia/congregations/cfaith/cti_documents/rc_cti_20180302_sinodalita_ge.html#_Toc58504641 (Stand: 02.05.2023).
8 »[D]as Volk [hat] ›Spürsinn‹ […]! Spürsinn dafür, neue Wege zu finden – ›sensus fidei‹, wie es die Theologen nennen. Was kann es Schöneres geben? Und zur Synode muss auch das gehören, was der Heilige Geist den Laien, dem Gottesvolk, eben allen, sagt.« Papst Franziskus, Begegnung mit Vertretern des Klerus, Perso-

nen des geweihten Lebens und Mitgliedern der Pastoralräte während seines Pastoralbesuchs in Assisi (4. Oktober 2013). Online: https://www.vatican.va/content/francesco/de/speeches/2013/october/documents/papa-francesco_20131004_clero-assisi.html (Stand: 02.05.2023).

9 Vgl. Zweites Vatikanisches Konzil, Dogmatische Konstitution *Lumen gentium*, 12.

10 Internationale Theologische Kommission, *Synodalität in Leben und Sendung der Kirche* (2. März 2018), 46. Vgl. Online: https://www.vatican.va/roman_curia/congregations/cfaith/cti_documents/rc_cti_20180302_sinodalita_ge.html#_Toc58504641 (Stand: 02.05.2023).

11 Papst Franziskus, Nachsynodales Apostolisches Schreiben *Christus vivit* (25 März 2019), 206. Online: https://www.vatican.va/content/francesco/de/apost_exhortations/documents/papa-francesco_esortazione-ap_20190325_christus-vivit.html (Stand: 02.05.2023).

12 Papst Franziskus, Ansprache des Heiligen Vaters zur Eröffnung der Synode (9. Oktober 2021). Online: https://www.vatican.va/content/francesco/de/speeches/2021/october/documents/20211009-apertura-camminosinodale.html (Stand: 02.05.2023).

1. In Harmonie mit dem Primat, geeint in den Unterschieden[1]

In der Einheit stärken. Hier möchte ich auf die Geste eingehen, die wir vollzogen haben. Das Pallium ist Zeichen der Gemeinschaft mit dem Nachfolger Petri, der »ein immerwährendes und sichtbares Prinzip und Fundament der Glaubenseinheit und der Gemeinschaft« ist.[2] Und eure Anwesenheit heute, liebe Mitbrüder, ist Zeichen dafür, dass die Einheit der Kirche nicht Einförmigkeit bedeutet. Das Zweite Vatikanum sagt in Bezug auf die hierarchische Verfassung der Kirche: »Diese Apostel setzte er [der Herr] nach Art eines Kollegiums oder eines festen Kreises ein, an dessen Spitze er den aus ihrer Mitte erwählten Petrus stellte«.[3] In der Einheit stärken: die Synode der Bischöfe im Einklang mit dem Primat. Wir müssen auf diesem Weg der Synodalität gehen, wir müssen wachsen im Einklang mit dem Dienst des Primats. Und das Konzil fährt fort: »Insofern dieses Kollegium aus vielen zusammengesetzt ist, stellt es die Vielfalt und Universalität des Gottesvolkes dar«.[4] In der Kirche vereinigt sich die Vielfalt, die ein großer Reichtum ist, immer im Einklang der Einheit, wie in einem großen Mosaik, bei dem alle Steinchen dazu beitragen, das eine große Bild Gottes zu bilden. Und dies muss dazu drängen, stets jeden Konflikt zu überwinden, der den Leib der Kirche verletzt. Eins in der Verschiedenheit: Es gibt keinen anderen katholischen Weg, dass wir eins werden. Das ist der Weg Jesu! Wenn das Pallium Zeichen der Gemeinschaft mit dem Bischof von Rom und mit der universalen Kirche, mit der Synode der Bischöfe ist, dann ist es auch ein Auftrag an jeden von euch, Werkzeug der Einheit zu sein.

Anmerkungen

1 Auszug aus: Papst Franziskus, Homilie zur Heiligen Messe mit Übergabe der Pallien an die neuen Metropolitan-Erzbischöfe, Petersdom, 29. Juni 2013. Online: https://www.vatican.va/content/francesco/de/homilies/2013/documents/papa-francesco_20130629_omelia-pallio.html (Stand: 02.05.2023).
2 Zweites Vatikanisches Konzil, Dogmatische Konstitution *Lumen gentium*, 18.
3 Ebd., 19.
4 Ebd., 22.

2. Gemeinsam gehen[1]

In einem Gespräch mit dem Papst erinnere ich an eine seiner Äußerungen zur Synodalität, die er am vergangenen 29. Juni während der Segnungsfeier und Verleihung des Palliums an 34 Metropolitan-Erzbischöfe getroffen hatte: »Der Weg der Synodalität« ist der Weg, der die vereinte Kirche leitet, »in Harmonie mit dem Dienst des Primats zu wachsen«. Hierzu habe ich folgende Frage: »Wie kann man das petrinische Primat und die Synodalität harmonisch miteinander vereinbaren? Welche Wege sind begehbar, auch in ökumenischer Hinsicht?«

Man muss gemeinsam gehen: die Menschen, die Bischöfe und der Papst. Synodalität muss auf verschiedenen Ebenen gelebt werden. Vielleicht ist es an der Zeit, die Methode der Synodalität zu ändern, denn die aktuelle wirkt auf mich starr. Das kann auch für die Ökumene von Bedeutung sein, besonders im Hinblick auf unsere orthodoxen Brüder. Von ihnen kann man am meisten über den Sinn der bischöflichen Kollegialität und über die Tradition der Synodalität lernen. Die Mühe, gemeinsam nachzudenken, sich damit zu befassen, wie die Kirche in den ersten Jahrhunderten geleitet wurde – vor dem Auseinanderbrechen von Ost und West –, wird zur rechten Zeit Früchte tragen. In den ökumenischen Beziehungen ist Folgendes wichtig: Wir müssen uns nicht nur besser kennenlernen, sondern auch erkennen, was der Geist in den anderen als eine Gabe auch für uns gesät hat. Ich möchte das Nachdenken über die richtige Ausübung des Petrusprimats fortsetzen, das schon 2007 von der Gemeinsamen Kommission begonnen wurde und zur Unterzeichnung des Dokuments von Ravenna geführt hat. Auf diesem Weg müssen wir weitergehen.

Anmerkungen

1 *La Civiltà Cattolica,* 19. September 2013, 465–466.

3. Mit dem Blick eines Schülers[1]

Ich danke dem Herrn für diese Gelegenheit, mit euch sprechen zu können, liebe Mitbrüder im bischöflichen Dienst und Verantwortliche des CELAM im Quadriennium 2011–2015. Seit 57 Jahren dient der CELAM den 22 Bischofskonferenzen Lateinamerikas und der Karibik, indem er eine Zusammenarbeit nach dem Prinzip der Solidarität und der Subsidiarität anbietet, um die bischöfliche Kollegialität sowie das Miteinander unter den Kirchen dieser Region und ihren Hirten zu fördern, anzuregen und ihr Dynamik zu verleihen.

Wie ihr, so bin auch ich Augenzeuge des starken Impulses des Geistes während der V. Generalversammlung der Bischöfe Lateinamerikas und der Karibik in Aparecida im Mai 2007 – ein Impuls, der immer noch die Arbeiten des CELAM für die so sehr ersehnte Erneuerung der Teilkirchen belebt. Diese Erneuerung ist in einem Großteil von ihnen bereits im Gang. Ich möchte dieses Gespräch auf das reiche Erbe konzentrieren, das aus jener brüderlichen Begegnung hervorgegangen ist und dem wir alle den Namen Kontinentalmission verliehen haben.

Besondere Merkmale von Aparecida

Es gibt vier ganz eigene Merkmale der V. Generalversammlung. Sie sind wie vier Säulen der Entwicklung von Aparecida und verleihen ihr ihre besondere Originalität.

Anfang ohne Dokument

Medellin, Puebla und Santo Domingo begannen ihre Arbeiten mit einem Weg der Vorbereitung, der in einer Art *Instrumentum laboris* gipfelte, auf dessen Basis sich die Diskussion, die Reflexion und die Approbation des Schlussdokuments entwickelte. Aparecida hingegen förderte die Teilnahme der Teilkirchen als Weg der Vorbereitung, der in einem zusammenfassenden Dokument gipfelte. Obwohl während der V. Generalversammlung auf dieses Dokument Bezug genommen wurde, wurde es nicht als Ausgangspunkt übernommen. Die anfängliche Arbeit bestand darin, die Sorgen der Hirten zusammenzutragen angesichts des Wandels der Zeiten und der Notwendigkeit, das Leben als Jünger und Missionar zu erneuern, mit dem Christus die Kirche gründete.

Umfeld des Gebetes mit dem Volk Gottes

Es ist wichtig, an das Umfeld des Gebetes zu erinnern, das von der täglichen Gemeinsamkeit in der Eucharistie und den anderen liturgischen Momenten ausging, wo wir immer vom Volk Gottes begleitet wurden. Andererseits bestand dadurch, dass die Arbeiten im Tiefparterre des Heiligtums stattfanden, die »Hintergrundmusik«, die sie begleitete, aus den Gesängen und den Gebeten der Gläubigen.

Ein Dokument, das mit dem Engagement der Kontinentalmission in der Zeit weiterwirkt

Aus diesem Kontext von Gebet und Glaubensleben erwuchs der Wunsch nach einem neuen Pfingsten für die Kirche und das Engagement der Kontinentalmission. Aparecida schließt nicht mit einem Dokument, sondern setzt sich in der Kontinentalmission fort.

Die Gegenwart von Maria, der Mutter Amerikas

Es ist die erste Versammlung der Bischöfe von Lateinamerika und der Karibik, die in einem marianischen Heiligtum abgehalten wird.

Dimensionen der Kontinentalmission

Die Kontinentalmission erfolgt in zwei Dimensionen: der programmatischen und der paradigmatischen. Die programmatische Mission besteht, wie der Name sagt, in der Verwirklichung von Unternehmungen missionarischer Art. Die paradigmatische Dimension schließt hingegen ein, die gewöhnlichen Aktivitäten der Teilkirchen unter missionarischem Aspekt anzugehen. Offensichtlich leitet das konsequenterweise eine ganze Dynamik der Reform der kirchlichen Strukturen ein. Die »Änderung der Strukturen« (von zeitgebundenen zu neuen) ist nicht das Ergebnis einer Untersuchung über die Organisation des kirchlichen Amtsapparats, aus der sich eine statische Umorganisation ergäbe, sondern die Folge der Dynamik der Mission. Was veraltete Strukturen fallen lässt, was dazu führt, die Herzen der Christen zu verändern, ist eben gerade der missionarische Charakter. Daher die Wichtigkeit der paradigmatischen Mission.

Die Kontinentalmission – sowohl die programmatische als auch die paradigmatische – erfordert, das Bewusstsein einer Kirche zu erzeugen, die sich darauf einrichtet, allen Getauften und den Menschen guten Willens zu dienen. Der Jünger Christi ist nicht ein Mensch, der sich in einer Spiritualität der Innerlichkeit isoliert, sondern ein Mensch in der Gemeinschaft, bereit, sich an die anderen zu verschenken. Kontinentalmission schließt also kirchliche Zugehörigkeit ein.

Ein Ansatz wie dieser, der mit dem Jünger- und Missionar-Sein beginnt und einschließt, die Identität des Christen als kirchliche Zugehörigkeit zu verstehen, erfordert, dass wir uns deutlich machen, welches die augenblicklichen Herausforderungen an den missionarischen Charakter des Jüngerseins sind. Ich werde nur zwei von ihnen hervorheben: die innere Erneuerung der Kirche und der Dialog mit der Welt von heute.

Innere Erneuerung der Kirche

Aparecida hat die Notwendigkeit einer Umkehr in der Pastoral vor Augen gestellt. Diese Umkehr schließt ein, an die Frohe Botschaft zu glauben, an Jesus Christus als den Bringer des Gottesreiches, an sein Hereinkommen in die Welt, an seine Gegenwart, die das Böse besiegt, an die Hilfe und die Führung des Heiligen Geistes und an die Kirche als Leib Christi und Fortführerin der Dynamik der Inkarnation.

In diesem Sinne ist es nötig, dass wir als Hirten uns Fragen stellen, die sich auf die Kirchen beziehen, denen wir vorstehen. Diese Fragen dienen als Anleitung, um den Stand der Diözesen in der Rezeption des Geistes von Aparecida zu überprüfen, und es sind Fragen, die wir uns als Gewissenserforschung häufig stellen sollten.

Sorgen wir dafür, dass unsere Arbeit und die unserer Priester mehr pastoral als administrativ ist? Wer ist der hauptsächliche Nutznießer der kirchlichen Arbeit: die Kirche als Organisation oder das Volk Gottes in seiner Ganzheit?

Überwinden wir die Versuchung, den komplexen Problemen, die auftauchen, in reaktiver (abwartender) Weise Beachtung zu schenken? Nehmen wir eine pro-aktive (voraushandelnde) Grundhaltung ein? Begünstigen wir Räume und Gelegenheiten, um die Barmherzigkeit Gottes zum Ausdruck zu bringen? Sind wir uns der Verantwortung bewusst, die pastoralen Aktivitäten und das Funktionieren der kirchlichen Strukturen zu überdenken und dabei das Wohl der Gläubigen und der Gesellschaft im Auge zu haben?

Lassen wir in der Praxis die Laien an der Mission teilnehmen? Verkünden wir das Wort Gottes und spenden wir die Sakramente im klaren Bewusstsein und in der deutlichen Überzeugung, dass sich in ihnen der Heilige Geist ausdrückt?

Ist es für uns ein übliches Kriterium, unser Urteil in der Pastoral auf den Ratschlag der Diözesanräte zu stützen? Sind diese Räte und jene auf Pfarreiebene für die Pastoral und die wirtschaftlichen Angelegenheiten wirkliche Räume für die Teilnahme der Laien an der Beratung, der Organisation und der pastoralen Planung? Das gute Funktionieren der Räte ist entscheidend. Ich glaube, dass wir darin noch sehr im Rückstand sind.

Sind wir Hirten – Bischöfe und Priester – uns der Sendung der Laien bewusst und von ihr überzeugt; geben wir ihnen die Freiheit, die Sendung, die der Herr ihnen anvertraut, im Einklang mit ihrem Weg als Jünger zu prüfen? Unterstützen und begleiten wir sie, indem wir jegliche Versuchung zu Manipulation und unrechtmäßiger Unterwerfung überwinden? Sind wir immer offen, uns auf der Suche nach dem Wohl der Kirche und ihrer Sendung in der Welt hinterfragen zu lassen?

Fühlen sich die Pastoralassistenten und die Gläubigen allgemein als Teil der Kirche, identifizieren sie sich mit ihr und bringen sie sie den Getauften, die sich von ihr distanziert und entfernt haben, nahe?

Wie man einsehen kann, geht es hier um die Grundeinstellungen. Die Umkehr in der Pastoral betrifft hauptsächlich die Grundeinstellungen und eine Reform des Lebens. Eine Änderung der Einstellungen ist notwendigerweise dynamisch: Sie »kommt in Gang«, und man kann sie nur lenken, wenn man sie mit Unterscheidungsvermögen begleitet. Wichtig ist, sich immer vor Augen zu halten, dass der Kompass, um sich auf diesem Weg nicht zu verlieren, der der katholischen Identität im Sinne einer kirchlichen Zugehörigkeit ist.

Dialog mit der Welt von heute

Es ist gut, sich an die Worte des Zweiten Vatikanischen Konzils zu erinnern: Freude und Hoffnung, Trauer und Angst der Menschen von heute, besonders der Armen und Bedrängten aller Art, sind auch

Freude und Hoffnung, Trauer und Angst der Jünger Christi.[2] Hier liegt das Fundament des Dialogs mit der Welt von heute.

Die Antwort auf die Lebensfragen des Menschen von heute, besonders der jungen Generationen, bringt, wenn man auf ihre Ausdrucksweise achtet, eine fruchtbare Änderung mit sich, die mit Hilfe des Evangeliums, des Lehramtes und der Soziallehre der Kirche durchzuführen ist. Die Szenerien und die Areopage sind verschiedenster Art. So gibt es zum Beispiel in ein und derselben Stadt verschiedene imaginäre Kollektive, die »unterschiedliche Städte« bilden. Wenn wir nur in den Maßstäben der »Kultur von immer« verharren, im Grunde einer Kultur auf ländlicher Basis, wird das Ergebnis schließlich eine Vereitelung der Kraft des Heiligen Geistes sein. Gott ist in allen Teilen: Man muss ihn zu entdecken wissen, um ihn in der Sprache jeder Kultur verkünden zu können; und jede Wirklichkeit, jede Sprache hat einen anderen Rhythmus.

Einige Versuchungen gegen den Auftrag als Jünger und Missionar

Die Option für den missionarischen Charakter des Jüngers wird Versuchungen unterworfen sein. Es ist wichtig, die Strategie des bösen Geistes zu begreifen, um einander in der Unterscheidung zu helfen. Es geht nicht darum, hinauszugehen und Dämonen zu vertreiben, sondern schlicht um eine dem Evangelium gemäße Nüchternheit und Schlauheit. Ich erwähne nur einige Haltungen, die eine »versuchte« Kirche darstellen. Es geht darum, gewisse augenblickliche Vorschläge zu kennen, die sich als Dynamik des Auftrags als Jünger und Missionar tarnen und den Prozess der Umkehr in der Pastoral aufhalten können, bis sie ihn zum Scheitern bringen.

Die Ideologisierung der Botschaft des Evangeliums. Es ist eine Versuchung, die es in der Kirche von Anfang an gab: eine Hermeneutik zur Interpretation des Evangeliums außerhalb seiner Botschaft und außerhalb der Kirche zu suchen. Ein Beispiel: Aparecida erlitt in einem bestimmten Moment diese Versuchung in Form der »Asepsis«. Man bediente sich – und das ist gut so – der Methode des »sehen, urteilen, handeln« (vgl. Nr. 19). Die Versuchung lag darin, für ein völlig aseptisches »Sehen«, ein neutrales »Sehen« zu optieren, was unrealisierbar ist. Das Sehen ist immer vom Blick beeinflusst. Es gibt keine aseptische Hermeneutik. So war dann die Frage: Mit welchem Blick schicken wir uns an, die Wirklichkeit zu sehen? Aparecida antwortete: mit dem Blick des Jüngers. So sind die Nummern 20 bis 32 zu verstehen. Es gibt noch andere Arten der Ideologisierung der Botschaft, und augenblicklich erscheinen in Lateinamerika und der Karibik Vorschläge dieser Art. Ich erwähne nur einige von ihnen:

Der sozialisierende Reduktionismus. Es ist die Ideologisierung, die am leichtesten zu entdecken ist. In einigen Momenten war sie sehr stark. Es handelt sich um einen Interpretationsanspruch auf der Basis einer von den Sozialwissenschaften geprägten Hermeneutik. Sie umfasst die verschiedensten Bereiche: von der Marktfreiheit bis zu marxistischen Kategorisierungen.

Die psychologische Ideologisierung. Es handelt sich um eine elitäre Hermeneutik, welche die »Begegnung mit Jesus Christus« und ihre weitere Entwicklung letztlich auf eine Dynamik der Selbsterkenntnis reduziert. Gewöhnlich wird sie hauptsächlich in Kursen für Spiritualität, Einkehrtagen usw. geboten. Sie erweist sich schließlich als eine immanente, selbstbezogene Haltung. Sie versteht nichts von Transzendenz und folglich von Missionscharakter.

Der gnostische Entwurf. Er ist ziemlich mit der vorigen Versuchung verbunden. Gewöhnlich tritt er in Elitegruppen mit dem Angebot einer erhabeneren, ziemlich leibfeindlichen Spiritualität auf, die schließlich in pastorale Haltungen in Form von *quaestiones disputatae* führt. Es war die erste Abweichung der Urgemeinde, und sie erscheint im Laufe der Geschichte der Kirche immer wieder in revidierten und korrigierten Ausgaben. Gemeinhin nennt man sie »aufgeklärte Katholiken« (da sie die jetzigen Erben der Kultur der Aufklärung sind).

Der pelagianische Entwurf. Er erscheint grundsätzlich unter der Form der Restauration. Angesichts der Übel der Kirche sucht man eine nur disziplinäre Lösung in der Wiederherstellung von überholten Verhaltensweisen und Formen, die nicht einmal kulturell bedeutend zu sein vermögen. In Lateinamerika gibt es ihn in kleinen Gruppen, in einigen neuen Ordenskongregationen, und er zeigt sich in überzogener Neigung zu doktrineller und disziplinärer »Sicherheit«. Grundsätzlich ist er statisch, auch wenn er sich eine Dynamik *ad intra* vornehmen kann, die eine Rückentwicklung betreibt. Sie versucht, die verlorene Vergangenheit »zurückzugewinnen«.

Der Funktionalismus. Seine Wirkung in der Kirche ist lähmend. Mehr als für die Wirklichkeit des Weges begeistert er sich für den »Zeitplan des Weges«. Die funktionalistische Auffassung duldet nicht das Mysterium, sie strebt die Wirksamkeit an. Sie reduziert die Wirklichkeit der Kirche auf die Struktur einer NGO (Nichtregierungsorganisation). Was zählt, sind das feststellbare Ergebnis und die Statistiken. Von hier aus führt der Weg zu allen unternehmerischen Aktivitäten der Kirche. Der Funktionalismus stellt eine Art »Theologie des Wohlstands« im organisatorischen Aspekt der Pastoral dar.

Der *Klerikalismus* ist ebenfalls eine sehr aktuelle Versuchung in Lateinamerika. Seltsamerweise handelt es sich in der Mehrheit der Fälle um eine sündige Komplizenschaft: Der Pfarrer klerikalisiert, und der Laie bittet ihn höflich, ihn zu klerikalisieren, weil es sich im Grunde für ihn als bequemer erweist. Das Phänomen des Klerikalismus erklärt weithin den Mangel an Reife und christlicher Freiheit in einem Teil des lateinamerikanischen Laientums. Entweder wächst es nicht (in der Mehrheit der Fälle) oder es kauert sich unter den Schutz von Ideologisierungen, wie wir sie schon gesehen haben, bzw. richtet sich in begrenzten Teilzugehörigkeiten ein. Es gibt in unseren Ländern eine Form von Freiheit der Laien durch Erfahrungen auf der Ebene des Volkes: der Katholik als Volk. Hier ist eine größere, im Allgemeinen gesunde Autonomie zu beobachten, die grundsätzlich in der Volksfrömmigkeit ihren Ausdruck findet. Das Kapitel des Dokuments von Aparecida über die Volksfrömmigkeit beschreibt diese Dimension gründlich. Der Entwurf der Bibelgruppen, der kirchlichen Basisgemeinden und der Pastoralräte geht in die Richtung der Überwindung des Klerikalismus und eines Anwachsens der Verantwortung der Laien.

Wir könnten fortfahren und weitere Versuchungen gegen den Auftrag als Jünger und Missionar beschreiben, aber ich glaube, dass diese zum augenblicklichen Zeitpunkt die wichtigsten und stärksten in Lateinamerika und in der Karibik sind.

Einige ekklesiologische Kriterien

Der Auftrag als Jünger und Missionar, den Aparecida den Kirchen von Lateinamerika und der Karibik nahelegte, ist der Weg, den Gott für dieses »Heute« will. Alle utopische (auf die Zukunft gerichtete) oder restaurative (auf die Vergangenheit gerichtete) Projektion kommt nicht aus einem guten Geist. Gott ist real und zeigt sich im »Heute«. Im Hinblick auf die Vergangenheit schenkt seine Gegenwart sich uns als »Gedächtnis« des großen Heilswerkes sowohl in seinem Volk als auch in jedem von uns; im Hinblick auf die Zukunft schenkt sie sich uns als »Verheißung« und Hoffnung. In der Vergangenheit war Gott zugegen und hat seine Spuren hinterlassen: Das Gedächtnis hilft uns, ihm zu begegnen. Für die Zukunft ist er nur

Verheißung … und nicht in den tausendundeinen »möglichen Zukünften«. Das »Heute« ist der Ewigkeit am ähnlichsten; mehr noch: Das »Heute« ist ein Funke der Ewigkeit. Im »Heute« steht das ewige Leben auf dem Spiel.

Der Auftrag als Jünger und Missionar ist eine Berufung: Ruf und Einladung. Er geschieht in einem »Heute«, jedoch »in Spannung«. Es gibt keine statische missionarische Jüngerschaft. Der Jünger und Missionar kann sich selbst nicht besitzen; seine Immanenz ist ausgespannt auf die Transzendenz des Jüngerseins und auf die Transzendenz der Mission hin. Sie lässt keine Selbstbezogenheit zu: Entweder ist sie auf Jesus Christus bezogen oder auf das Volk, dem die Verkündigung gilt. Ein Subjekt, das über sich selbst hinausgeht. Ein Subjekt, das auf die Begegnung hin ausgerichtet ist: auf die Begegnung mit dem Meister (der uns zu Jüngern salbt) und auf die Begegnung mit den Menschen, die auf die Verkündigung warten.

Darum sage ich gerne, dass die Position des Jüngers und Missionars nicht eine Zentrums-Position ist, sondern eine der Peripherien: Er lebt in der Spannung auf die Randzonen hin … einschließlich derer der Ewigkeit in der Begegnung mit Jesus Christus. In der Verkündigung des Evangeliums von »existentiellen Peripherien« zu sprechen dezentralisiert, rückt aus dem Zentrum heraus, und gewöhnlich haben wir Angst, das Zentrum zu verlassen. Der missionarische Jünger ist ein »Dezentralisierter«: Das Zentrum ist Jesus Christus, der einberuft und aussendet. Der Jünger ist an die Randgebiete der Existenz gesandt.

Die Kirche ist eine Stiftung, doch wenn sie sich zum »Mittelpunkt« erhebt, »funktionalisiert« sie sich selbst und verwandelt sich allmählich in eine NGO. Dann maßt die Kirche sich an, eigenes Licht zu besitzen, und hört auf, jenes »*mysterium lunae*« zu sein, von dem uns die heiligen Väter sprechen. Sie wird immer selbstbezogener, und ihr Bedürfnis, missionarisch zu sein, schwächt sich ab.

Aus einer »Stiftung« wird sie zu einem »Werk«. Sie hört auf, Braut zu sein, um schließlich das Wesen einer »Verwalterin« anzunehmen; von einer Dienerin verwandelt sie sich in eine »Kontrolleurin«. Aparecida will eine Kirche, die Braut, Mutter, Dienerin ist, eine, die mehr den Glauben erleichtert, als ihn zu kontrollieren.

In Aparecida werden mit besonderer Relevanz zwei pastorale Kategorien angegeben, die aus der Ursprünglichkeit des Evangeliums selbst hervorgehen und uns auch als Maßstab dienen können, um die Art zu beurteilen, wie wir kirchlich den Auftrag als Jünger und Missionar leben: die Nähe und die Begegnung. Keine der beiden ist neu, sondern sie stellen die Weise dar, in der Gott sich in der Geschichte offenbart hat. Er ist der »nahe Gott« für sein Volk – eine Nähe, die ihren Höhepunkt in der Inkarnation erreicht. Er ist der Gott, der hinausgeht, seinem Volk entgegengeht. Es gibt in Lateinamerika und in der Karibik »ferne« Pastoralkonzepte, Formen einer Disziplinarpastoral, welche die Grundsätze, das Verhalten, die organisatorischen Vorgehensweisen bevorzugen … natürlich ohne Nähe, ohne einfühlsame Zuneigung, ohne Liebkosung. Man ignoriert die »Revolution der einfühlsamen Zuneigung«, die die Inkarnation des Wortes auslöste. Es gibt Pastoralkonzepte, die derart auf Distanz angelegt sind, dass sie unfähig sind, eine Begegnung herbeizuführen: die Begegnung mit Jesus Christus, die Begegnung mit den Brüdern und Schwestern. Von dieser Art der Pastoralkonzepte kann man sich höchstens eine Dimension des Proselytismus erwarten, doch nie werden sie dazu führen, eine kirchliche Eingliederung oder eine kirchliche Zugehörigkeit zu erreichen. Die Nähe schafft Gemeinschaft und Zugehörigkeit, macht die Begegnung möglich. Die Nähe nimmt die Form eines Dialogs an und schafft eine Kultur der Begegnung. Ein Prüfstein, um die Nähe und die Fähigkeit zur Begegnung einer Pastoral zu messen, ist die Predigt. Wie sind unsere Predigten? Nähern sie uns dem Beispiel unseres Herrn an, der »sprach wie einer, der Vollmacht hat«, oder verkünden sie nur Vorschriften, sind fern und abstrakt?

Derjenige, der die Pastoral, die Kontinentalmission – sowohl die programmatische als auch die paradigmatische – leitet, ist der Bischof. Der Bischof muss leiten, was nicht dasselbe ist wie sich als Herr aufzuspielen. Ich möchte hier nicht nur die großen Gestalten des lateinamerikanischen Episkopats hervorheben, die wir alle kennen, sondern außerdem einige Züge des Profils des Bischofs skizzieren, die ich bereits bei den Nuntien in der Versammlung, die wir in Rom hatten, erwähnt habe. Die Bischöfe müssen Hirten sein, nahe am Volk, Väter und Brüder, mit viel Milde; geduldig und barmherzig. Menschen, die die Armut lieben, sowohl die innere Armut als Freiheit vor dem Herrn, als auch die äußere Armut als Einfachheit und Strenge in der persönlichen Lebensführung. Männer, die nicht eine »Prinzen-Psychologie« besitzen. Männer, die nicht ehrgeizig sind und die Bräutigam einer Kirche sind, ohne nach einer anderen Ausschau zu halten. Männer, die fähig sind, über die ihnen anvertraute Herde zu wachen und sich um alles zu kümmern, was sie zusammenhält: über ihr Volk zu wachen und achtzugeben auf eventuelle Gefahren, die es bedrohen, doch vor allem darum, die Hoffnung zu mehren: dass die Menschen Sonne und Licht im Herzen haben. Männer, die fähig sind, mit Liebe und Geduld die Schritte Gottes in seinem Volk zu unterstützen. Und der Platz, an dem der Bischof bei seinem Volk stehen muss, ist dreifach: entweder vorne, um den Weg anzuzeigen, oder mitten unter ihnen, um sie geeint zu halten und Auflösungserscheinungen zu neutralisieren, oder auch dahinter, um dafür zu sorgen, dass niemand zurückbleibt – aber auch und grundsätzlich, weil die Herde selbst ihren eigenen Spürsinn hat, um neue Wege zu finden.

Ich möchte nicht ausufern in weiteren Einzelheiten über die Person des Bischofs, sondern schlicht hinzufügen – und dabei mich selber einschließen –, dass wir in Bezug auf die Umkehr in der Pastoral ein wenig in Verzug sind. Es ist angebracht, dass wir einander ein bisschen mehr helfen, die Schritte zu tun, die der Herr von uns in diesem »Heute« Lateinamerikas und der Karibik verlangt. Und es wäre gut, von hier aus damit zu beginnen.

Ich danke euch für die Geduld, mit der ihr mir zugehört habt. Verzeiht die Unordnung der Rede – und bitte, nehmen wir unsere Berufung als Diener des heiligen Volkes der Gottgläubigen ernst, denn gerade darin übt man die Autorität aus und lässt sie erkennen: in der Fähigkeit zum Dienst. Vielen Dank.

Anmerkungen

1 Papst Franziskus, Ansprache zur Begegnung mit den Bischöfen des Koordinations-Komitees des CELAM anlässlich ihrer Generalversammlung, Studienzentrum von Sumaré, Apostolische Reise nach Rio de Janeiro aus Anlass des XXVIII. Weltjugendtags. 28. Juli 2013. Online: https://www.vatican.va/content/francesco/de/speeches/2013/july/documents/papa-francesco_20130728_gmg-celam-rio.html (Stand: 02.05.2023). [»CELAM« steht für »Consejo Episcopal Latinoamericano« und ist der Zusammenschluss der nationalen Bischofskonferenzen in Süd- und Mittelamerika. In ihm sind alle römisch-katholischen Bischöfe Lateinamerikas und der Karibik vertreten. Anm. d. Red.]

2 Zweites Vatikanisches Konzil, Pastoralkonstitution *Gaudium et spes*, 1.

4. Der Bischof, Hüter der Gabe der Harmonie in der Vielfalt[1]

Ich danke euch allen für den herzlichen Empfang – den Priestern, den Ordensleuten und den in den Pastoralräten engagierten Laien! Sie sind ja so notwendig, diese Pastoralräte! Ohne Pastoralräte kann ein Bischof die Diözese nicht leiten! Ohne Pastoralräte kann ein Pfarrer die Pfarrei nicht leiten. Das ist wichtig! Wir befinden uns in der Kathedrale! Hier steht noch das Taufbecken, in dem der heilige Franziskus und die heilige Klara getauft wurden. Damals befand es sich in der Kirche Santa Maria. Das Gedenken an die Taufe ist so wichtig! Die Taufe ist unsere Geburt als Kinder der Mutter Kirche. Ich möchte euch eine Frage stellen: Wer von euch weiß, an welchem Tag er getauft wurde? Wenige! Sehr wenige … Ja, dann macht mal schnell eure Hausaufgaben! Mama, Papa, sagt mir: Wann bin ich eigentlich getauft worden? Und dabei ist es so wichtig, weil es nämlich der Tag ist, an dem wir als Kinder Gottes geboren wurden. Ein Geist, eine Taufe, in der Vielfalt der Charismen und Ämter. Was ist es doch für ein großes Geschenk, Kirche zu sein, zum Volk Gottes zu gehören! Wir alle sind das Volk Gottes. In der Harmonie, in der Gemeinschaft der Verschiedenheit, die Werk des Heiligen Geistes ist, weil der Heilige Geist Harmonie ist und Harmonie schafft: Es ist Sein Geschenk, und wir müssen offen dafür sein, es zu empfangen!

Der Bischof ist Hüter dieser Harmonie. Der Bischof ist Hüter dieses Geschenks der Harmonie in der Verschiedenheit. Und gerade aus diesem Grund wollte Papst Benedikt, dass der pastorale Dienst in den Päpstlichen Basiliken, die den Franziskanern anvertraut sind, in die Aktivität der Diözese integriert wird. Denn der Bischof muss Harmonie schaffen: Das ist seine Aufgabe, seine Pflicht und seine Berufung. Und er hat die besondere Gabe, dies zu tun. Es freut mich, dass ihr diesen Weg so entschlossen geht; es kommt allen zugute, wenn man harmonisch zusammenarbeitet, und ich hoffe, ihr macht weiter so. Die Pastoralvisitation, die soeben ihren Abschluss gefunden hat, und die Diözesansynode, die ihr bald abhalten werdet, sind wichtige Momente des Wachstums für diese Kirche, die Gott auf besondere Weise gesegnet hat. Die Kirche wächst, aber nicht, um Proselytismus zu betreiben: nein, nur das nicht! Die Kirche wächst nicht durch Proselytismus. Die Kirche wächst durch Anziehung, weil sie anzieht durch das Zeugnis, das ein jeder von uns dem Volk Gottes gibt.

Ich möchte nun kurz auf ein paar Aspekte eures Lebens als Gemeinschaft eingehen. Ich will euch nichts Neues sagen, sondern euch in den grundlegenden Dingen bestätigen, die euren diözesanen Weg kennzeichnen.

Der erste Aspekt ist, *das Wort Gottes zu hören*. Die Kirche ist Gemeinschaft – wie der Bischof gesagt hat –, die Gemeinschaft, die voller Glauben und Liebe auf den Herrn hört, der spricht. Der Pastoralplan, den ihr gemeinsam umsetzt, betont diese grundlegende Dimension. Das Wort Gottes ist es, das den Glauben weckt, ihn nährt und wiederaufleben lässt. Das Wort Gottes rührt die Herzen, bekehrt sie zu Gott und seiner Logik, die so ganz anders ist als die unsrige; das Wort Gottes ist es, das unsere Gemeinschaften immer wieder erneuert …

Ich glaube, das ist ein Aspekt, unter dem wir uns alle ein bisschen verbessern können: Wir alle können uns bemühen, mehr auf das Wort Gottes zu hören, damit wir weniger reich sind an unseren Worten, dafür aber reicher an denen Gottes. Ich denke hier an die Priester, die die Aufgabe haben, zu predigen. Wie soll ein Priester predigen, wenn er nicht zuerst sein Herz geöffnet, wenn er nicht in der Stille dem Wort Gottes gelauscht hat? Schluss mit diesen langweiligen, nicht enden wollenden Predigten, von denen man ohnehin nichts versteht! Ja, das gilt euch! Ich denke an die Eltern, Vater und Mutter, die die ersten Erzieher sind: Wie sollen sie erziehen, wenn ihr Gewissen nicht vom Wort Gottes erleuchtet ist, wenn sie sich in ihrer Art zu denken und zu handeln nicht von Seinem Wort leiten lassen; welches Beispiel können sie ihren Kindern geben? Das ist wichtig, denn wie oft hören wir die Eltern später klagen: »Ach ja, dieses Kind …« Aber was ist mit Dir? Welches Beispiel hast Du Deinem Kind gegeben? Wie hast Du mit ihm gesprochen? Hast Du vom Wort Gottes gesprochen oder von den Worten der Fernsehnachrichten? Schon Vater und Mutter müssen vom Wort Gottes sprechen! Und dann denke ich an die Katecheten, an alle Erzieher: Wenn ihr Herz nicht vom Wort Gottes erwärmt worden ist, wie sollen sie dann die Herzen der anderen erwärmen, die Herzen der Kinder, der Jugendlichen, der Erwachsenen? Es genügt nicht, die Heilige Schrift zu lesen – wir müssen Jesus hören, der aus ihr spricht: Denn Jesus ist es, der in der Heiligen Schrift spricht, Jesus spricht darin. Wir müssen wie Antennen sein, die auf Empfang geschaltet, auf das Wort Gottes eingestellt sind – nur so können wir auch Antennen sein, die senden! Man empfängt und man sendet weiter. Der Geist Gottes ist es, der die Heilige Schrift lebendig macht, sie verständlich werden lässt bis ins Innerste, ihren ganzen und vollen Sinn! Fragen wir uns doch einmal, sozusagen als Denkanstoß für die kommende Synode: Welchen Platz hat das Wort Gottes in meinem Leben, in meinem Alltag? Habe ich Gott gegenüber auf Empfang geschaltet, oder bin ich nur für die jeweiligen Modetrends oder für mich selbst empfänglich? Diese Frage muss sich ein jeder von uns stellen.

Der zweite Aspekt ist *das Auf-dem-Weg-Sein*. Dieses Wort verwende ich gerne, wenn ich an die Christen und an die Kirche denke. Für euch aber hat es eine besondere Bedeutung: Ihr steht kurz vor der Diözesansynode, und eine »Synode« abzuhalten bedeutet, gemeinsam auf dem Weg zu sein. Ich denke, das ist wirklich die schönste Erfahrung, die wir machen: Teil zu sein eines Volkes, das in Bewegung ist, das in der Geschichte unterwegs ist, gemeinsam mit seinem Herrn, der in unserer Mitte geht! Wir sind nicht isoliert, wir gehen nicht allein – wir sind Teil der einen Herde Christi, die ihren Weg gemeinsam geht.

Hier denke ich wieder an euch Priester – und erlaubt mir, dass ich auch mich selbst miteinbeziehe. Was kann es Schöneres geben, als mit unserem Volk gemeinsam voranzugehen? Das ist schön! Wenn ich an die Pfarrer von früher denke, die noch die Namen ihrer Pfarrkinder kannten, sie noch besucht haben; oder – wie einer von ihnen einmal zu mir sagte: »Ich weiß von jeder Familie, wie ihr Hund heißt«. Das muss man sich einmal vorstellen: Sie wussten sogar, wie die Hunde ihrer Pfarrkinder hießen! Das war doch schön! Gibt es etwas Schöneres? Ich kann es nicht oft genug sagen: mit unserem Volk auf dem Weg sein, manchmal vorn, manchmal in der Mitte, manchmal dahinter: vorn, um die Gemeinde zu führen; in der Mitte, um ihr Mut und Halt zu geben; dahinter, damit sie vereint bleibt und auch ja niemand zu weit zurück bleibt; damit sie vereint bleibt, aber noch aus einem anderen Grund: damit das Volk »Spürsinn« hat! Spürsinn dafür, neue Wege zu finden – *sensus fidei*, wie es die Theologen nennen. Was kann es Schöneres geben? Und zur Synode muss auch das gehören, was der Heilige Geist den Laien, dem Gottesvolk, eben allen, sagt.

Das Wichtigste aber ist es, gemeinsam voranzugehen, zusammenzuarbeiten, sich gegenseitig zu helfen; einander um Vergebung zu bitten; seine Fehler einzugestehen und sich dafür zu entschuldigen; aber auch die Entschuldigungen der anderen anzunehmen und zu vergeben – das ist so wichtig! Manchmal muss ich an die vielen Ehen denken, die nach vielen Jahren auseinandergehen. »Hmm … nein, wir haben uns nichts mehr zu sagen, wir haben uns auseinandergelebt.« Vielleicht haben sie es versäumt, rechtzeitig um Entschuldigung zu bitten. Vielleicht haben sie es versäumt, rechtzeitig zu vergeben. Neuvermählten gebe ich immer folgenden Rat mit auf den

Weg: »Streitet, soviel ihr wollt! Und wenn dabei Geschirr zu Bruch geht, was soll's? Aber lasst keinen Tag zu Ende gehen, ohne dass ihr euch wieder vertragen habt! Niemals!« Wenn die Eheleute lernen zu sagen: »Entschuldige, ich war einfach nur müde«, oder sich zu einer kleinen Geste durchringen, dann ist das Frieden. Und dann kann man am nächsten Tag wieder neu anfangen. Das ist ein schönes Geheimnis. So können sich schmerzliche Trennungen vermeiden lassen.

Es ist wichtig, vereint voranzugehen, ohne unbedacht vorauszuhasten oder wehmütig zurückzublicken. Und während man so auf dem Weg ist, spricht man miteinander, man lernt einander kennen, erzählt von sich, wächst als Familie immer mehr zusammen. Hier fragen wir uns: Wie gehen wir voran? Wie geht unsere Diözesangemeinde voran? Geht sie ihren Weg gemeinsam? Und was tue ich dafür, dass sie wirklich gemeinsam geht? Ich möchte hier nicht auf das Thema »Klatsch« eingehen, aber ihr wisst ja, dass das etwas ist, das immer trennt!

Also: zuhören, auf dem Weg sein. Der dritte Aspekt ist der missionarische: *verkündigen bis hinein in die Randgebiete*. Auch das habe ich von euch, aus euren Pastoralplänen. Der Bischof hat erst vor kurzem davon gesprochen. Aber ich möchte es betonen, weil ich es in Buenos Aires selbst oft erlebt habe: Wie wichtig ist es, auf die anderen zuzugehen, gerade in den Randgebieten, die mehr sind als einfache Orte, denn hier leben Menschen in ganz besonderen Lebensumständen. Das habe ich in der Diözese erlebt, die ich vorher hatte: Buenos Aires. Ein Randgebiet, das mir viel Sorge bereitete, war, dass ich oft erleben musste, dass Kinder aus Mittelschichtfamilien nicht wussten, wie man das Kreuzzeichen macht! Ja, so etwas ist in der Tat ein »Randgebiet«! Und ich frage euch: Gibt es auch hier, in dieser Diözese, Kinder, die nicht wissen, wie man das Kreuzzeichen macht? Denkt darüber nach. Das sind wahre existenzielle Randgebiete, wo es Gott nicht gibt.

In einem ersten Sinn sind die Randgebiete dieser Diözese zum Beispiel jene Zonen der Diözese, die Gefahr laufen, ausgegrenzt, vom Licht der Scheinwerfer nicht erreicht zu werden. Aber es sind auch menschliche Schicksale, Menschen, die tatsächlich ausgegrenzt, verachtet werden. Diese Menschen sind zwar, rein physisch gesehen, dem »Zentrum« nah, spirituell gesehen aber sind sie Fernstehende. Fürchtet euch nicht, hinauszugehen und auf diese Personen, diese Situationen zuzugehen. Lasst euch nicht von Vorurteilen, Gewohnheiten, von einer eingefahrenen mentalen oder pastoralen Praxis davon abhalten – von diesem vielstrapazierten »Das haben wir schon immer so gemacht!«. Man kann nur dann in die Randgebiete gehen, wenn man das Wort Gottes im Herzen trägt und mit der Kirche auf dem Weg ist, wie es der heilige Franziskus getan hat. Andernfalls bringen wir uns selbst, nicht das Wort Gottes, und das ist nicht gut, das nützt niemandem! Nicht wir sind es, die die Welt retten: Der Herr rettet sie!

Nun, meine lieben Freunde, ich habe euch keine neuen Rezepte gegeben. Ich habe keine, und glaubt jenen nicht, die behaupten, solche Rezepte zu haben: Es gibt sie nicht. Aber der Weg, den eure Kirche geht, hat mir schöne und wichtige Aspekte gezeigt, die vermehrt werden müssen, und dazu möchte ich euch ausdrücklich ermutigen. Hört auf das Wort Gottes, geht gemeinsam weiter auf dem Weg der Brüderlichkeit, verkündet das Evangelium in den Randgebieten.

Der Herr segne euch, die Muttergottes beschütze euch und der heilige Franziskus helfe euch allen, in der Freude zu leben, Jünger des Herrn zu sein! Danke.

Anmerkungen

1 Papst Franziskus, Ansprache zur Begegnung mit Vertretern des Klerus, Personen des geweihten Lebens und mit Mitgliedern der Pastoralräte, Kathedrale San Rufino, Pastoralbesuch in Assisi, 4. Oktober 2013. Online: https://www.vatican.va/content/francesco/de/speeches/2013/october/documents/papa-francesco_20131004_clero-assisi.html (Stand: 02.05.2023).

5. Austausch von Gaben für die Wahrheit und das Gute[1]

[…] Um nur ein Beispiel zu geben: Im Dialog mit den orthodoxen Brüdern haben wir Katholiken die Möglichkeit, etwas mehr über die Bedeutung der bischöflichen Kollegialität und über ihre Erfahrung der Synodalität zu lernen. Durch einen Austausch der Gaben kann der Geist uns immer mehr zur Wahrheit und zum Guten führen.

Anmerkungen

1 Auszug aus dem Apostolischen Schreiben *Evangelii gaudium* des Heiligen Vaters Papst Franziskus an die Bischöfe, an die Priester und Diakone, an die Personen des geweihten Lebens und an die Christgläubigen Laien über die Verkündigung des Evangeliums in der Welt von heute, 246 (gekürzt).

6. Eine Institution, die Dialog zwischen Petrus und seinen Mitbrüdern stiftet[1]

Am 15. September 1965 errichtete mein verehrter Vorgänger, der Diener Gottes Paul VI., mit dem Motu proprio *Apostolica sollicitudo* die *Bischofssynode*. Er tat dies, nachdem er aufmerksam die Zeichen der Zeit studiert hatte und weil er sich bewusst war, dass die Einheit des Bischofs von Rom mit den Bischöfen, die »der Heilige Geist euch zu Vorstehern bestellt hat, dass ihr die Kirche Gottes weidet« (vgl. *Apg* 20,28), durch engere Beziehungen gefestigt werden musste.

Zu jener Zeit, als das Zweite Vatikanische Konzil zu Ende ging, war der wachsende synodale Organismus für alle katholischen Bischöfe ein Antrieb, sich deutlicher und wirkungsvoller an der Sorge des Bischofs von Rom für die Universalkirche zu beteiligen.

Die synodalen Versammlungen, die seitdem unter der Teilnahme von Bischöfen aus allen Kontinenten begangen wurden, konnten die unverzichtbaren Beiträge zur Lösung von Problemen und die weltweiten Tätigkeiten der Kirche bekannt machen und boten dem Nachfolger Petri wertvolle Hilfe und Rat, um den Glauben zu bewahren und wachsen zu lassen, um mit Mut die Redlichkeit des christlichen Lebens aufzuzeigen und die kirchliche Ordnung zu festigen.

Der selige Johannes Paul II., der vielen Synodalversammlungen vorsaß, betonte die Wirksamkeit der Synode, er würdigte ihren großen Wert für die Kirche und erklärte mit Weitsicht: »Vielleicht könnte man dieses Instrument weiter verbessern. Vielleicht kann sich die pastorale kollegiale Verantwortung in der Synode noch voller entfalten.«[2]

Die Weite und Tiefe des Ziels der Synode entstammen der unerschöpflichen Weite des Mysteriums und des Horizonts der Kirche Gottes, die Gemeinschaft und Sendung ist. Daher können und müssen wir nach immer tieferen und authentischeren Formen der Ausübung der synodalen Kollegialität suchen, um die kirchliche Gemeinschaft besser umzusetzen und ihre unerschöpfliche Sendung voranzubringen.

Nach nun fast fünfzig Jahren seit der Errichtung der Bischofssynode, nachdem auch ich die Zeichen der Zeit studiert habe und in dem Bewusstsein, dass es für die Ausübung meines Petrusamtes mehr denn je vonnöten ist, noch stärker die enge Verbindung mit allen Hirten der Kirche neu zu beleben, möchte ich meine Wertschätzung für dieses wertvolle Erbe des Konzils zum Ausdruck bringen.

Es steht im Übrigen außer Zweifel, dass der Bischof von Rom seiner Mitbrüder im Bischofsamt bedarf, ihres Rates und ihrer Klugheit und Erfahrung. Es ist wahr, der Nachfolger Petri muss allen verkünden, wer »der Messias, der Sohn des lebendigen Gottes« ist, zugleich aber muss er darauf achten, was der Heilige Geist auf den Lippen derer hervorbringt, die Jesu Worte, »Du bist Petrus …« (vgl. *Mt* 16,16-18), empfangen haben und damit vollwertige Nachfolger der Apostel sind.

Deshalb bin ich all jenen sehr dankbar, die mit ihrer großzügigen Arbeit, mit Fleiß und Kompetenz in all diesen Jahren dafür gesorgt haben, dass die Synode zum unerschöpflichen Dialog zwischen Petrus und seinen Mitbrüdern beiträgt. Besondere Anerkennung gilt Eurer Eminenz, den Mitgliedern der verschiedenen Räte, den Oberen und den Mitarbeitern des Generalsekretariats, den jetzigen und den früheren.

Um den geschätzten Dienst noch deutlicher zu machen, den dieses Gremium zugunsten der bischöflichen Kollegialität mit dem Bischof von Rom ausübt, habe ich nun entschieden, dem Untersekretär die Bischofsweihe zu spenden.

Durch den Bischofsstand wird der Untersekretär bereits in seiner Aufgabe, mit Eurer Eminenz für die Entwicklung der Synodentätigkeit zusammenzuarbeiten, die Gemeinschaft auf der Gefühls- und der Handlungsebene, die das Hauptziel der Bischofssynode ist, widerspiegeln. Auch in der Koordinierung der Arbeit innerhalb des Generalsekretariats wird der Untersekretär aufgerufen sein, die gewinnbringende und ertragreiche Wirklichkeit zum Ausdruck zu bringen, die der Beteiligung am Bischofsamt entströmt, als einer Quelle der Heiligung für alle, die ihn umgeben, und Grundlage der hierarchischen Gemeinschaft mit dem Bischof von Rom, dem Vorsteher des Bischofskollegiums, und mit den Mitgliedern dieses Kollegiums.

Dies möchte ich Eurer Eminenz mit meinem apostolischen Segen mitteilen.

Anmerkungen

1 Papst Franziskus, Brief an den Generalsekretär der Bischofssynode, Hochwürdigste Eminenz Lorenzo Kardinal Baldisseri, anlässlich der Erhebung des Untersekretärs in die Bischofswürde, Hochwürdigster Monsignore Fabio Fabene, 1. April 2014.

2 Johannes Paul II., Predigt zum Abschluss der VI. Generalversammlung der Bischofssynode, 29. Oktober 1983. Vgl. Online: https://www.vatican.va/content/john-paul-ii/it/speeches/1983/october/documents/hf_jp-ii_spe_19831029_sinodo-vescovi.html (Stand: 02.05.2023).

7. Die Gabe des Zuhörens und die Bereitschaft zur aufrichtigen Auseinandersetzung[1]

Mittlerweile senkt sich der Abend auf unsere Versammlung herab. Es ist die Zeit, in der man gerne nach Hause zurückkehrt, sich gemeinsam um den Tisch versammelt, in tiefer Zuneigung, in der Stärke des vollbrachten und empfangenen Guten, der Begegnungen, die das Herz erwärmen und es wachsen lassen – guter Wein, der in des Menschen Tage das Fest ohne Untergang vorwegnimmt.

Es ist auch die schwerste Stunde für denjenigen, der der eigenen Einsamkeit Auge in Auge gegenübersteht, in der bitteren Dämmerung der zerbrochenen Träume und gescheiterten Pläne: Wie viele Menschen schleppen die Tage in die Sackgasse der Entmutigung, des Aufgebens oder zumindest des Grolls. In wie vielen Häusern fehlt der Wein der Freude und damit der Geschmack des Lebens, die Weisheit des Lebens selbst … Den einen wie den anderen geben wir an diesem Abend die Stimme mit unserem Gebet, einem Gebet für alle.

Es ist bedeutsam, dass auch in einer individualistischen Kultur, die die Beziehungen verfälscht und kurzlebig werden lässt, in jedem Menschen ein grundlegendes Bedürfnis nach Stabilität lebendig bleibt, nach einer offenen Tür, nach jemandem, mit dem man die Erzählung des Lebens verknüpfen und teilen kann, nach einer Geschichte, zu der man gehört. Die von den Eheleuten eingegangene Lebensgemeinschaft, ihre Offenheit für das Geschenk des Lebens, die gegenseitige Obhut, die Begegnung und das Gedächtnis der Generationen, die begleitende Erziehung, die Weitergabe des christlichen Glaubens an die Kinder …: durch all das bleibt die Familie eine unvergleichliche Schule der Menschlichkeit, ein unerlässlicher Beitrag zu einer gerechten und solidarischen Gesellschaft.[2] Und je tiefer ihre Wurzeln sind, desto weiter kann man im Leben hinausgehen und einen weiten Weg zurücklegen, ohne sich zu verlieren oder sich in irgendeinem Terrain fremd zu fühlen. Dieser Horizont hilft uns, die Wichtigkeit der Synodenversammlung zu erkennen, die morgen eröffnet wird.

Bereits das *convenire in unum* um den Bischof von Rom ist ein Ereignis der Gnade, in dem die bischöfliche Kollegialität auf einem Weg der geistlichen und pastoralen Unterscheidung zum Ausdruck kommt. Auf der Suche nach dem, was der Herr heute von seiner Kirche will, müssen wir das Ohr öffnen für den Herzschlag dieser Zeit und »den Geruch« der Menschen von heute wahrnehmen, so dass wir von ihrer Freude und Hoffnung, von ihrer Trauer und Angst durchdrungen sind.[3] Dann werden wir die frohe Botschaft der Familie glaubwürdig vorlegen können.

Denn wir wissen, dass im Evangelium eine Kraft und eine Zärtlichkeit enthalten sind, die das besiegen können, was Unglück und Gewalt war. Ja, im Evangelium ist das Heil, das die tiefsten Wünsche des Menschen erfüllt. Als Kirche sind wir Zeichen und Werkzeug, lebendiges und wirksames Sakrament dieses Heils, Werk der Barmherzigkeit des Herrn und seiner Gnade.[4] Wenn das nicht so wäre, dann bliebe unser Bau nur ein Kartenhaus und die Hirten wären nur Funktionäre oder Staatskleriker, auf deren Lippen das Volk vergeblich die Frische und den »Duft des Evangeliums« suchen würde.[5]

In diesem Rahmen wird der Inhalt unseres Gebets deutlich. Vom Heiligen Geist erbitten wir für die Synodenväter vor allem die Gabe des Hörens: des Hörens auf Gott, so dass wir mit Ihm den Schrei des Volkes hören; des Hörens auf das Volk, so dass wir dort den Willen wahrnehmen, zu dem Gott uns ruft. Neben dem Hören bitten wir um die Bereitschaft zu einer ehrlichen, offenen und brüderlichen

Auseinandersetzung, die uns dahin führen möge, uns mit pastoraler Verantwortlichkeit die Fragen zu eigen zu machen, die dieser Epochenwandel mit sich bringt. Lassen wir es zu, dass sie sich in unser Herz ergießen, ohne dass wir dabei den Frieden verlieren – mit dem zuversichtlichen Vertrauen, dass der Herr es zu seiner Zeit nicht unterlassen wird, zur Einheit zurückzuführen. Berichtet uns die Geschichte der Kirche – das wissen wir – nicht von vielen ähnlichen Situationen, die unsere Väter mit hartnäckiger Geduld und Kreativität zu überwinden wussten?

Das Geheimnis liegt in der Blickrichtung: Und das ist die dritte Gabe, um die wir mit unserem Gebet bitten wollen. Denn wenn wir wirklich unsere Schritte auf dem Terrain der zeitgenössischen Herausforderungen verifizieren wollen, dann besteht die entscheidende Bedingung darin, den Blick fest auf Jesus Christus gerichtet zu halten, in der Kontemplation und Anbetung seines Antlitzes zu verweilen. Wenn wir seine Art zu denken, zu leben und in Beziehung zu treten annehmen, dann wird es uns nicht schwer fallen, die Synodenarbeiten in Weisungen und Wege für die Pastoral des Einzelnen und der Familie umzusetzen. Denn jedes Mal, wenn wir zur Quelle der christlichen Erfahrung zurückkehren, dann öffnen sich neue Wege und ungeahnte Möglichkeiten. Dies ist auch dem Hinweis des Evangeliums zu entnehmen, wo es heißt: »Was er euch sagt, das tut!« Es sind Worte, die das geistliche Testament Mariens enthalten, »Freundin, die stets aufmerksam ist, dass der Wein in unserem Leben nicht fehlt«.[6] Machen wir sie uns zu eigen! Dann werden diese drei Dinge – unser Hören und unsere Auseinandersetzung über die mit dem Blick Christi geliebte Familie – eine von der Vorsehung geschenkte Gelegenheit sein, um nach dem Vorbild des heiligen Franziskus die Kirche und die Gesellschaft zu erneuern. Mit der Freude des Evangeliums werden wir die Gangart einer versöhnten und barmherzigen Kirche wiederfinden, einer armen Kirche, die

Freundin der Armen ist; einer Kirche, die in der Lage ist, »Trübsale und Mühen, innere gleichermaßen wie äußere, durch Geduld und Liebe zu besiegen«.[7]

Möge der Wind von Pfingsten über die Synodenarbeiten, über die Kirche, über die gesamte Menschheit wehen. Er möge die Knoten lösen, die es den Menschen verwehren, einander zu begegnen; er möge die so stark blutenden Wunden heilen und neue Hoffnung wecken. Es gibt so viele Menschen, die ohne Hoffnung sind! Er gewähre uns jene kreative Liebe, die uns so lieben lässt, wie Jesus geliebt hat. Und unsere Verkündigung wird die Lebendigkeit und Dynamik der ersten Missionare des Evangeliums wiedergewinnen.

Anmerkungen

1 Papst Franziskus, Ansprache bei der Gebetsvigil zur Vorbereitung auf die Bischofssynode über die Familie, Petersplatz, 4. Oktober 2014. Online: https://www.vatican.va/content/francesco/de/speeches/2014/october/documents/papa-francesco_20141004_incontro-per-la-famiglia.html (Stand: 02.05.2023).

2 Vgl. Papst Franziskus, Apostolisches Schreiben *Evangelii gaudium*, 66–68.

3 Vgl. Zweites Vatikanisches Konzil, Pastoralkonstitution *Gaudium et spes*, 1.

4 Vgl. Papst Franziskus, Apostolisches Schreiben *Evangelii gaudium*, 112.

5 Ebd., 39.

6 Papst Franziskus, Apostolisches Schreiben *Evangelii gaudium*, 286.

7 Zweites Vatikanisches Konzil, Dogmatische Konstitution *Lumen gentium*, 8.

8. Die Methode der Synode[1]

Die Kirche nimmt heute den Dialog wieder auf, den sie mit der Einberufung der Außerordentlichen Synode über die Familie – und sicherlich auch schon sehr viel früher – begonnen hat, um gemeinsam den Text des *Instrumentum laboris* abzuwägen und darüber nachzudenken; ein Text, der ausgehend von der *Relatio Synodi* sowie den Antworten der Bischofskonferenzen und der befugten Institutionen erarbeitet wurde.

Wie wir wissen, ist die Synode ein gemeinsamer Weg im Geist der Kollegialität und der Synodalität, den wir gehen, indem wir mutig die *Parrhesia*, den Eifer für Pastoral und Lehre, Weisheit und Aufrichtigkeit pflegen und uns dabei stets das Wohl der Kirche, der Familien und die *suprema lex*, die *salus animarum* (vgl. Can. 1752) vor Augen halten.

Ich möchte daran erinnern, dass die Synode keine Fachtagung und kein »Sprechzimmer«, kein Parlament oder Senat ist, wo man sich einigt. Die Synode ist eine Ausdrucksweise der Kirche, das heißt der Kirche, die gemeinsam auf dem Weg ist, um die Wirklichkeit mit den Augen des Glaubens und mit dem Herzen Gottes zu deuten. Die Synode ist die Kirche, die nachdenkt über ihre Treue zum Glaubensgut, das für sie kein Museum ist, das zu besichtigen und auch nicht nur zu bewahren ist, sondern eine lebendige Quelle, aus der die Kirche ihren Durst stillt, um den Durst des Lebensgutes zu stillen und es zu erleuchten.

Die Synode bewegt sich notwendigerweise im Schoß der Kirche und innerhalb des Gottesvolkes, deren Teil wir in unserer Eigenschaft als Hirten, das heißt als Diener, sind.

Die Synode ist darüber hinaus ein geschützter Raum, wo die Kirche das Wirken des Heiligen Geistes erfährt. Bei der Synode spricht der Heilige Geist durch die Zunge all derer, die sich von Gott führen lassen, der stets überrascht; von Gott, der den Kleinen offenbart, was er den Klugen und Weisen verbirgt; von Gott, der das Gesetz und den Sabbat für den Menschen gemacht hat und nicht umgekehrt; von Gott, der die 99 Schafe verlässt, um das eine verlorene Schaf zu suchen; von Gott, der stets größer ist als unsere Logik und unsere Berechnungen.

Wir erinnern aber daran, dass die Synode nur dann ein Raum für das Wirken des Heiligen Geistes sein kann, wenn wir, die Teilnehmer, uns durch apostolischen Mut, evangeliumsgemäße Demut und vertrauensvolles Gebet auszeichnen.

Der apostolische Mut, der sich weder ängstigt angesichts der Verführungen durch die Welt – die dazu neigen, im Herzen der Menschen das Licht der Wahrheit auszulöschen und durch kleine, schnell vergängliche Lichter zu ersetzen – noch angesichts der Verhärtung einiger Herzen, die trotz aller guten Absichten die Menschen von Gott fernhalten. »Den apostolischen Mut, Leben zu bringen, statt unser christliches Leben zu einem mit Erinnerungen angefüllten Museum werden zu lassen«.[2]

Die evangeliumsgemäße Demut, die die eigenen Überzeugungen und Vorurteile zurückzunehmen weiß, um die Brüder im bischöflichen Dienst anzuhören, und die sich von Gott erfüllen lässt. Demut, die uns dazu führt, nicht mit dem Finger auf andere zu zeigen, um sie zu verurteilen, sondern ihnen die Hand zu reichen, um sie aufzurichten, ohne sich je überlegen zu fühlen.

Das vertrauensvolle Gebet ist das Tun des Herzens, wenn es sich Gott öffnet, wenn wir unsere Stimmungen zum Schweigen bringen, um die sanfte Stimme Gottes zu hören, der in der Stille spricht. Ohne das Hören auf Gott werden all unsere Worte nur »Worte« sein, die nicht sättigen und nichts nützen. Wenn wir uns nicht in all unseren Entscheidungen vom Heiligen Geist leiten lassen, dann werden sie nur »Beiwerk« sein, das das Evangelium bedeckt und versteckt, anstatt es hervorzuheben.

Wie ich gesagt habe, ist die Synode kein Parlament, wo man sich auf Verhandlungen, auf die Aushandlung von Absprachen oder Kompromissen stützt, um einen Konsens oder eine gemeinsame Vereinbarung zu erreichen. Die einzige Methode der Synode ist dagegen, sich mit apostolischem Mut, evangeliumsgemäßer Demut und vertrauensvollem Gebet dem Heiligen Geist zu öffnen, damit er es sei, der uns führt, erleuchtet und uns nicht unsere persönlichen Ansichten vor Augen stellt, sondern den Glauben an Gott, die Treue zum Lehramt, das Wohl der Kirche und die *salus animarum*.

Abschließend möchte ich von Herzen dem Generalsekretär der Synode, Kardinal Lorenzo Baldisseri, danken sowie dem Untersekretär Bischof Fabio Fabene, dem Generalrelator Kardinal Peter Erdö und dem Sondersekretär Erzbischof Bruno Forte, den Delegierten Präsidenten, den Schreibkräften, Beratern, Übersetzern und allen, die mit echter Treue und ganzer Hingabe an die Kirche ihre Arbeit getan haben: Herzlichen Dank! Ebenso danke ich euch allen, liebe Synodenväter, Bruderdelegierte, Auditoren, Auditorinnen und Experten für eure aktive und fruchtbare Teilnahme. Einen besonderen Dank möchte ich den anwesenden Journalisten aussprechen, sowie denen, die uns aus der Ferne folgen. Danke für eure leidenschaftliche Teilnahme und eure bewundernswerte Aufmerksamkeit. Wir beginnen unseren Weg mit der Anrufung der Hilfe des Heiligen Geistes und der Fürsprache der Heiligen Familie: Jesus, Maria und der heilige Joseph! Danke!

Anmerkungen

1 Papst Franziskus, Eröffnungsansprache bei der Bischofssynode für die Familie 2015, Synodenhalle, 5. Oktober 2015. Online: https://www.vatican.va/content/francesco/de/speeches/2015/october/documents/papa-francesco_20151005_padri-sinodali.html (Stand: 02.05.2023).
2 Papst Franziskus, Predigt in Santa Marta, 28. April 2015.

9. Mit Parrhesia sprechen, mit Demut zuhören[1]

Anlässlich dieser Begegnung entbiete ich euch meinen herzlichen Willkommensgruß und danke euch von Herzen für eure eifrige und qualifizierte Teilnahme und Unterstützung.

In euer aller Namen möchte ich all jenen meinen lebhaften und tiefempfundenen Dank aussprechen, die seit vielen Monaten mit Hingabe, Geduld und Sachkenntnis auf dieses Ereignis hinarbeiten, indem sie die Themen, Texte und Arbeitspapiere dieser Außerordentlichen Generalversammlung lesen, auswerten und ausarbeiten.

Es sei mir gestattet, meine besonderen Dankesworte an Kardinal Lorenzo Baldisseri, den Generalsekretär der Synode, und Bischof Fabio Fabene, deren Untersekretär, zu richten wie auch an alle Referenten, Schreibkräfte, Berater, Übersetzer sowie an das gesamte Personal des Sekretariats der Bischofssynode. Sie haben unermüdlich für ein gutes Gelingen der derzeitigen Synode gearbeitet und werden dies auch weiterhin tun: einen ganz herzlichen Dank hierfür, möge der Herr es euch vergelten!

Mein Dank geht auch an den Postsynodalen Rat, den Generalrelator, den Generalsekretär sowie an die Bischofskonferenzen, die wirklich eine sehr große Arbeit geleistet haben. Zusammen mit ihnen möchten ich außerdem den drei Delegierten Präsidenten danken …

Danken möchte ich auch euch, liebe Kardinäle, Patriarchen, Bischöfe, Priester, Ordensmänner und Ordensfrauen, sowie den Laien für eure Anwesenheit und eure Teilnahme, durch die ihr die Arbeiten und den Geist der Kollegialität und Synodalität zum Wohl der Kirche und der Familien bereichert! Es war mein Wille, dass sich dieser Geist der Synodalität auch in der Wahl des Generalrelators, des Generalsekretärs und der Delegierten Präsidenten widerspiegelt. Die beiden Ersteren wurden direkt vom Postsynodalen Rat gewählt, der seinerseits von den Teilnehmern der letzten Bischofssynode gewählt wurde. Da jedoch die Delegierten Präsidenten direkt vom Papst bestimmt werden müssen, habe ich den Postsynodalen Rat gebeten, mir einige Namen vorzuschlagen, und ich habe dann die ernannt, die der Rat mir vorgeschlagen hatte.

Ihr überbringt die Stimme der Teilkirchen, die auf Ebene der Ortskirchen in den Bischofskonferenzen vereint sind. Die Weltkirche und die Teilkirchen sind eine göttliche Stiftung, wohingegen die Ortskirchen in diesem Sinne als menschliche Einrichtung verstanden werden. Diese Stimme überbringt ihr in der Synodalität. Das ist eine verantwortungsvolle Aufgabe: die Lebenswirklichkeiten und Probleme der Kirchen zu übermitteln, um ihnen dabei zu helfen, den Weg des Evangeliums von der Familie zu beschreiten.

Eine Grundbedingung dafür ist es, offen zu sprechen. Keiner soll sagen: »Das kann man nicht sagen, sonst könnte man ja schlecht über mich denken…« Alles, was sich jemand zu sagen gedrängt fühlt, darf mit *Parrhesia* (Freimut) ausgesprochen werden. Nach dem letzten Konsistorium (Februar 2014), bei dem über die Familie gesprochen wurde, hat mir ein Kardinal geschrieben: »Schade, dass einige Kardinäle aus Respekt vor dem Papst nicht den Mut gehabt haben, gewisse Dinge zu sagen, weil sie meinten, dass der Papst vielleicht anders denken könnte«. Das ist nicht in Ordnung, das ist keine Synodalität, weil man alles sagen soll, wozu man sich im Herrn zu sprechen gedrängt fühlt: ohne menschliche Rücksichten, ohne Furcht! Und zugleich soll man in Demut zuhören und offenen Herzens annehmen, was die Brüder sagen. Mit diesen beiden Geisteshaltungen üben wir die Synodalität aus.

Daher bitte ich euch höflich um diese Geisteshaltung als Brüder im Herrn: mit *Parrhesia* sprechen und in Demut zuhören. Und tut dies in aller Ruhe und in Frieden, da die Synode stets *cum Petro et sub Petro* abläuft. Die Anwesenheit des Papstes ist Garantie für alle und Gewährleistung des Glaubens. Liebe Brüder, lasst uns alle zusammenarbeiten, damit in aller Klarheit die Dynamik der Synodalität zum Vorschein komme. Danke!

Anmerkungen

1 Grußadresse an die Synodenväter zur Eröffnung der Bischofssynode, 6. Oktober 2014. Online: https://www.vatican.va/content/francesco/de/speeches/2014/october/documents/papa-francesco_20141006_padri-sinodali.html (Stand: 02.05.2023).

10. Die Synode: Sammelpunkt einer Dynamik des Zuhörens und der Gemeinschaft[1]

Während sich die Ordentliche Generalversammlung mitten in ihren Arbeiten befindet, ist es für uns alle ein Grund zu Freude, Lob und Dank an den Herrn, den fünfzigsten Jahrestag der Errichtung der Bischofssynode zu feiern. Vom Zweiten Vatikanischen Konzil bis zur gegenwärtigen Versammlung haben wir allmählich immer deutlicher die Notwendigkeit und die Schönheit des »gemeinsamen Vorangehens« erfahren.

Bei diesem frohen Anlass möchte ich einen herzlichen Gruß richten an den Generalsekretär, Kardinal Lorenzo Baldisseri, an den Untersekretär Bischof Fabio Fabene, an die Sachbearbeiter, die Konsultoren und die anderen Mitarbeiter des Generalsekretariats der Bischofssynode – jene Verborgenen, die die alltägliche Arbeit bis in den späten Abend hinein verrichten. Gemeinsam mit ihnen grüße ich die Synodenväter und die anderen Teilnehmer an der aktuellen Versammlung sowie alle, die in dieser Aula zugegen sind, und danke für ihre Anwesenheit.

In diesem Moment wollen wir auch an jene denken, die im Laufe der fünfzig Jahre im Dienst der Synode gearbeitet haben, angefangen mit den Generalsekretären in ihrer Folge: die Kardinäle Władysław Rubin, Jozef Tomko, Jan Pieter Schotte und Erzbischof Nikola Eterović. Ich nehme diese Gelegenheit wahr, um allen – Lebenden und Verstorbenen –, die mit großherzigem und sachverständigem Einsatz zur Durchführung der Synodenarbeit beigetragen haben, von Herzen zu danken.

Vom Anfang meines Dienstes als Bischof von Rom an hatte ich vor, die Synode aufzuwerten, die eines der kostbarsten Vermächtnisse der letzten Konzilssitzung ist.[2] Nach Absicht des seligen Pauls VI. sollte die Bischofssynode das Bild des ökumenischen Konzils aufgreifen und dessen Geist und Methode widerspiegeln.[3] Der Papst selbst stellte in Aussicht, der Organismus der Synode werde »im Verlauf der Zeit eine immer noch vollkommenere Form erlangen können«.[4] Dem stimmte der heilige Johannes Paul II. zwanzig Jahre später zu, als er sagte: »Vielleicht kann dieses Instrument noch verbessert werden. Vielleicht könnte sich die kollegiale pastorale Verantwortung in der Synode noch voller ausdrücken«.[5] Schließlich approbierte Benedikt XVI. im Jahre 2006 einige Änderungen der Synodenordnung, auch im Licht der Vorschriften des Codex des Kanonischen Rechtes und des Rechtscodex der Ostkirchen, die inzwischen promulgiert worden waren.[6]

Auf diesem Weg müssen wir weitergehen. Die Welt, in der wir leben und die in all ihrer Widersprüchlichkeit zu lieben und der zu dienen wir berufen sind, verlangt von der Kirche eine Steigerung ihres Zusammenwirkens in allen Bereichen ihrer Sendung. Genau dieser Weg der Synodalität ist das, was Gott sich von der Kirche des dritten Jahrtausends erwartet.

***

Was der Herr von uns verlangt, ist in gewisser Weise schon im Wort »Synode« enthalten. Gemeinsam voranzugehen – Laien, Hirten und der Bischof von Rom –, ist ein Konzept, das sich leicht in Worte fassen, aber nicht so leicht umsetzen lässt.

Nachdem das Zweite Vatikanische Konzil betont hat, dass das Volk Gottes aus allen Getauften gebildet und zu »einem geistigen Bau und einem heiligen Priestertum«[7] zusammengerufen ist, verkündet es: »Die Gesamtheit der Gläubigen, welche die Salbung von dem Heiligen haben (vgl. 1 Joh 2,20.27), kann im Glauben nicht irren. Und diese ihre besondere Eigenschaft macht sie durch den übernatürlichen Glaubenssinn des ganzen Volkes dann kund, wenn sie, von den Bischöfen bis zu den letzten gläubigen Laien‹ ihre allgemeine Übereinstimmung in Sachen des Glaubens und der Sitten äußert«.[8] Das ist das berühmte »unfehlbar *in credendo*«.

Im Apostolischen Schreiben *Evangelii gaudium* habe ich das noch einmal unterstrichen: »Das Volk Gottes ist heilig in Entsprechung zu dieser Salbung, die es *in credendo* unfehlbar macht«.[9] Und ich habe hinzugefügt: »Jeder Getaufte ist, unabhängig von seiner Funktion in der Kirche und dem Bildungsniveau seines Glaubens, aktiver Träger der Evangelisierung, und es wäre unangemessen, an einen Evangelisierungsplan zu denken, der von qualifizierten Mitarbeitern umgesetzt würde, wobei der Rest des gläubigen Volkes nur Empfänger ihres Handelns wäre.«[10] Der *sensus fidei* (der Glaubenssinn) verbietet, starr zwischen *Ecclesia docens* (der lehrenden Kirche) und *Ecclesia discens* (der lernenden Kirche) zu unterscheiden, weil auch die Herde einen eigenen »Spürsinn« besitzt, um neue Wege zu erkennen, die der Herr für die Kirche erschließt.[11]

Diese Überzeugung war es, die mich geleitet hat, als ich wünschte, dass das Volk Gottes bei der Vorbereitung auf den zweifachen Synodentermin konsultiert würde – wie es gewöhnlich mit allen *Lineamenta* (Vorbereitungsdokumenten) geschieht und geschah. Selbstverständlich könnte eine Befragung dieser Art in keiner Weise genügen, um den *sensus fidei* zu hören. Aber wie wäre es möglich gewesen, über die Familie zu sprechen, ohne Familien zu Rate zu ziehen und ihre Freuden und Hoffnungen, ihre Leiden und ihre Ängste[12] anzuhören? Durch die Antworten auf die zwei Fragebögen, die an die Teilkirchen verschickt wurden, hatten wir die Möglichkeit, wenigstens einige von ihnen zu hören in Bezug auf Fragen, die sie ganz direkt betreffen und über die sie so viel zu sagen haben.

Eine synodale Kirche ist eine Kirche des Zuhörens, in dem Bewusstsein, dass das Zuhören »mehr ist als Hören«.[13] Es ist ein wechselseitiges Anhören, bei dem jeder etwas zu lernen hat: das gläubige Volk, das Bischofskollegium, der Bischof von Rom – jeder im Hinhören auf die anderen und alle im Hinhören auf den Heiligen Geist, den »Geist der Wahrheit« (Joh 14,17), um zu erkennen, was er »den Kirchen sagt« (vgl. Offb 2,7).

Die Bischofssynode ist der Sammelpunkt dieser Dynamik des Zuhörens, das auf allen Ebenen des Lebens der Kirche gepflegt wird. Der synodale Weg beginnt im Hinhören auf das Volk, das »auch teilnimmt am prophetischen Amt Christi«,[14] gemäß einem Prinzip, das der Kirche des ersten Jahrtausends wichtig war: »*Quod omnes tangit ab omnibus tractari debet* – Was alle angeht, muss von allen besprochen werden«. Der Weg der Synode setzt sich fort im Hinhören auf die Hirten. Durch die Synodenväter handeln die Bischöfe als authentische Hüter, Ausleger und Zeugen des Glaubens der ganzen Kirche, wobei sie verstehen müssen, diesen von den oft wechselhaften Strömungen der öffentlichen Meinung zu unterscheiden. Am Vorabend der Synode des vergangenen Jahres habe ich gesagt: »Vom Heiligen Geist erbitten wir für die Synodenväter vor allem die Gabe des Hinhörens: des Hörens auf Gott, so dass wir mit Ihm den Schrei des Volkes hören; des Hinhörens auf das Volk, so dass wir dort den Willen wahrnehmen, zu dem Gott uns ruft«.[15] Und schließlich gipfelt der synodale Weg im Hören auf den Bischof von Rom, der berufen ist, als »Hirte und Lehrer aller Christen«[16] zu sprechen: nicht von seinen persönlichen Überzeugungen ausgehend, sondern als oberster Zeuge der *fides totius Ecclesiae* (des Glaubens der gesamten Kirche), als »Garant des Gehorsams und der Übereinstimmung der Kirche mit dem Willen Gottes, mit dem Evangelium Christi und mit der Überlieferung der Kirche«.[17]

Die Tatsache, dass die Synode immer *cum Petro et sub Petro* handelt – also nicht nur *cum Petro*, sondern auch *sub Petro* –, ist keine

Begrenzung der Freiheit, sondern eine Garantie für die Einheit. Der Papst ist nämlich nach dem Willen des Herrn »das immerwährende, sichtbare Prinzip und Fundament für die Einheit der Vielheit von Bischöfen und Gläubigen«[18]. Damit verbindet sich das Konzept der »hierarchischen Gemeinschaft«, das vom Zweiten Vatikanischen Konzil angewandt wurde: Die Bischöfe sind mit dem Bischof von Rom durch das Band der bischöflichen Gemeinschaft verbunden (*cum Petro*) und sind ihm als dem Haupt des Kollegiums zugleich hierarchisch unterstellt (*sub Petro*).[19]

***

Die Synodalität als konstitutive Dimension der Kirche bietet uns den geeignetsten Interpretationsrahmen für das Verständnis des hierarchischen Dienstes selbst. Wenn wir begreifen, dass »Kirche und Synode Synonyme sind«, wie der heilige Johannes Chrysostomos sagt[20] – denn die Kirche ist nichts anderes als das »gemeinsame Vorangehen« der Herde Gottes auf den Pfaden der Geschichte zur Begegnung mit Christus, dem Herrn –, dann begreifen wir auch, dass in ihrem Innern niemand über die anderen »erhöht« werden kann. Im Gegenteil, in der Kirche ist es notwendig, dass jemand sich »erniedrigt«, um sich unterwegs in den Dienst der Brüder und Schwestern zu stellen.

Jesus hat die Kirche gegründet und an ihre Spitze das Apostelkollegium gestellt, in dem der Apostel Petrus der »Fels« ist (vgl. Mt 16,18) – derjenige, der die Brüder und Schwestern im Glauben »stärken« soll (vgl. Lk 22,32). Doch in dieser Kirche befindet sich der Gipfel wie bei einer auf den Kopf gestellten Pyramide unterhalb der Basis. Darum werden diejenigen, welche die Autorität ausüben, *ministri* (Diener) genannt, denn im ursprünglichen Sinn des Wortes *minister* sind sie die Kleinsten von allen. Im Dienst am Volk Gottes wird jeder Bischof für den ihm anvertrauten Teil der Herde zum *vicarius Christi,*[21] zum Stellvertreter jenes Jesus, der sich beim Letzten Abendmahl niedergekniet hat, um den Aposteln die Füße zu waschen (vgl. Joh 13,1–15). Und in gleicher Sichtweise ist der Nachfolger Petri nichts anderes als der *servus servorum Dei* – der Diener der Diener Gottes.[22]

Vergessen wir das nie! Für die Jünger Jesu ist gestern, heute und immer die einzige Autorität die Autorität des Dienstes, die einzige Macht die Macht des Kreuzes, getreu den Worten des Meisters: »Ihr wisst, dass die Herrscher ihre Völker unterdrücken und die Mächtigen ihre Macht über die Menschen missbrauchen. Bei euch soll es nicht so sein, sondern wer bei euch groß sein will, der soll euer Diener sein, und wer bei euch der Erste sein will, soll euer Sklave sein« (Mt 20,25–27). »Bei euch soll es nicht so sein«: Mit diesen Worten stoßen wir zum Kern des Geheimnisses der Kirche vor – »bei euch soll es nicht so sein« – und empfangen das Licht, das notwendig ist, um den hierarchischen Dienst zu verstehen.

***

In einer synodalen Kirche ist die Bischofssynode nur der sichtbarste Ausdruck einer Dynamik der Gemeinschaft, die alle kirchlichen Entscheidungen inspiriert.

Die erste Ebene einer Praxis der Synodalität wird in den Teilkirchen verwirklicht. Nachdem der Codex des Kanonischen Rechtes die gute Einrichtung der Diözesansynode erwähnt hat, in der Priester und Laien dazu aufgerufen sind, zum Wohl der gesamten kirchlichen Gemeinschaft mit dem Bischof zusammenzuarbeiten,[23] widmet er sich ausgiebig den Einrichtungen, die gewöhnlich als »Gemeinschaftsorganismen« der Teilkirche bezeichnet werden: dem Priesterrat, dem Konsultorenkollegium, dem Kathedralkapitel und dem Pastoralrat.[24] Nur in dem Maß, in dem diese Organismen mit der »Basis« verbunden bleiben und vom Volk, von den Problemen des Alltags ausgehen, kann eine synodale Kirche allmählich Gestalt annehmen: Diese Instrumente, die sich manchmal mühselig dahinschleppen, müssen als Gelegenheit zum Zuhören und zum Teilen erschlossen werden.

Die zweite Ebene ist die der Kirchenprovinzen und der kirchlichen Regionen, der Partikularkonzilien und in besonderer Weise die der Bischofskonferenzen.[25] Wir müssen nachdenken, um durch diese Organismen die Zwischeninstanzen der Kollegialität noch mehr zur Geltung zu bringen, eventuell durch Integration und Aktualisierung einiger Aspekte der alten Kirchenordnung. Der Wunsch des Konzils, diese Organismen könnten zu einer Stärkung der Mentalität bischöflicher Kollegialität beitragen, hat sich noch nicht völlig erfüllt. Wir sind auf halbem Wege, auf einem Teil des Weges. Wie ich bereits betont habe, ist es in einer synodalen Kirche »nicht angebracht, dass der Papst die örtlichen Bischöfe in der Bewertung aller Problemkreise ersetzt, die in ihren Gebieten auftauchen. In diesem Sinn spüre ich die Notwendigkeit, in einer heilsamen ›Dezentralisierung‹ voranzuschreiten«.[26]

Die letzte Ebene ist die der Universalkirche. Hier wird die Bischofssynode, indem sie das gesamte katholische Episkopat vertritt, zum Ausdruck der bischöflichen Kollegialität innerhalb einer ganz und gar synodalen Kirche[27] – zwei verschiedene Worte: »bischöfliche Kollegialität« und »eine ganz und gar synodale Kirche«. Die Bischofssynode drückt die affektive Kollegialität aus, die bei einigen Gelegenheiten zu einer »effektiven« werden kann, welche die Bischöfe untereinander und mit dem Papst verbindet in der Sorge für das Volk Gottes.[28]

***

Das Engagement, eine synodale Kirche aufzubauen – eine Aufgabe, zu der wir alle berufen sind, jeder in der Rolle, die der Herr ihm anvertraut –, ist reich an Auswirkungen auf die Ökumene. Darum habe ich kürzlich, als ich zu einer Delegation des Patriarchats von Konstantinopel sprach, meine Überzeugung bekräftigt, dass »die sorgfältige Untersuchung, wie im Leben der Kirche das Prinzip der Synodalität und der Dienst dessen, der den Vorsitz hat, zum Ausdruck kommen, einen wichtigen Beitrag zum Fortschritt der Beziehungen zwischen unseren Kirchen darstellen (wird)«.[29]

Ich bin überzeugt, dass in einer synodalen Kirche auch die Ausübung des petrinischen Primats besser geklärt werden kann. Der Papst steht nicht allein über der Kirche, sondern er steht in ihr als Getaufter unter den Getauften, im Bischofskollegium als Bischof unter den Bischöfen und ist – als Nachfolger des Apostels Petrus – zugleich berufen, die Kirche von Rom zu leiten, die in der Liebe allen Kirchen vorsteht.[30]

Während ich erneut die Notwendigkeit und die Dringlichkeit betone, an »eine Neuausrichtung des Papsttums«[31] zu denken, wiederhole ich gerne die Worte meines Vorgängers, Papst Johannes Paul II.: »Als Bischof von Rom weiß ich sehr wohl [...] dass die volle und sichtbare Gemeinschaft aller Gemeinschaften, in denen kraft der Treue Gottes sein Geist wohnt, der brennende Wunsch Christi ist. Ich bin überzeugt, diesbezüglich eine besondere Verantwortung zu haben, vor allem wenn ich die ökumenische Sehnsucht der meisten christlichen Gemeinschaften feststelle und die an mich gerichtete Bitte vernehme, eine Form der Primatsausübung zu finden, die zwar keineswegs auf das Wesentliche ihrer Sendung verzichtet, sich aber einer neuen Situation öffnet«.[32]

Unser Blick weitet sich auch auf die ganze Menschheit aus. Eine synodale Kirche ist wie ein »für die Völker aufgestelltes Zeichen« (vgl. Jes 11,12) in einer Welt, die – obwohl sie Beteiligung, Solidarität und Transparenz in der Verwaltung der öffentlichen Angelegenheiten fordert – oft das Schicksal ganzer Völker den gierigen Händen begrenzter Machtgruppierungen überlässt. Als Kirche, die mit den Menschen »gemeinsam vorangeht« und an den Mühen der Geschichte teilhat, hegen wir den Traum, dass die Wiederentdeckung der unverletzlichen Würde der Völker und des Dienstcharakters der Autorität auch der Zivilgesellschaft helfen kann, sich in Gerechtigkeit und Brüderlichkeit aufzubauen und so eine schönere und menschenwürdigere Welt zu schaffen für die Generationen, die nach uns kommen.[33] Danke.

Anmerkungen

1 Papst Franziskus, Ansprache zur 50-Jahr-Feier der Errichtung der Bischofssynode, Audienzhalle, 17. Oktober 2015. Online: https://www.vatican.va/content/francesco/de/speeches/2015/october/documents/papa-francesco_20151017_50-anniversario-sinodo.html (Stand: 02.05.2023).

2 Vgl. Papst Franziskus, Brief an den Generalsekretär der Bischofssynode, Kardinal Lorenzo Baldisseri, anlässlich der Erhebung des Untersekretärs, Mons. Fabio Fabene zur Bischofswürde (1. April 2014).

3 Vgl. Ansprache zu Beginn der Arbeiten der I. Ordentlichen Generalversammlung der Bischofssynode (30. September 1967).

4 Paul VI.,Motu proprio *Apostolica sollicitudo* (15. September 1965), Einleitung.

5 Paul VI.,Motu proprio *Apostolica sollicitudo* (15. September 1965), Einleitung.

6 Vgl. AAS 98 (2006), 755–779.

7 Zweites Vatikanisches Konzil, Dogmatische Konstitution *Lumen gentium* (21. November 1964), 10.

8 Ebd., 12.

9 Papst Franziskus, Apostolisches Schreiben *Evangelii gaudium* (24. November 2013), 119.

10 Ebd., 120.

11 Vgl. Papst Franziskus, Ansprache an die Bischöfe des Koordinationskomitees des CELAM anlässlich ihrer Generalversammlung (Rio de Janeiro, 28. Juli 2013), 5,4; Ders., Ansprache bei der Begegnung mit dem Klerus, Personen gottgeweihten Lebens und Mitgliedern der Pastoralräte (Assisi, 4. Oktober 2013), 2.

12 Vgl. Zweites Vatikanisches Konzil, Pastoralkonstitution *Gaudium et spes*, (7. Dezember 1965), 1.
13 Papst Franziskus, Apostolisches Schreiben *Evangelii gaudium*, 171.
14 Zweites Vatikanisches Konzil, Dogmatische Konstitution *Lumen gentium*, 12.
15 Ansprache bei der Gebetsvigil in Vorbereitung auf die Bischofssynode über die Familie (4. Oktober 2014).
16 Erstes Vatikanisches Konzil, Dogmatische Konstitution *Pastor aeternus* (18. Juli 1870), Kap. IV: Denz. 3074; vgl. auch Codex Iuris Canonici, Can. 749, §1.
17 Papst Franziskus, Ansprache zum Abschluss der III. Außerordentlichen Generalversammlung der Bischofssynode (18. Oktober 2014).
18 Zweites Vatikanisches Konzil, Dogmatische Konstitution *Lumen gentium*, 23; vgl auch Erstes Vatikanisches Konzil, Dogmatische Konstitution *Pastor aeternus* (18. Juli 1870), Prolog: Denz. 3051.
19 Vgl. Zweites Vatikanisches Konzil, Dogmatische Konstitution *Lumen gentium*, 22; Dekret Christus Dominus (28. Oktober 1965), 4.
20 Johannes Chrysostomos, *Explicatio in Ps. 149*: PG 55, 493.
21 Vgl. Zweites Vatikanisches Konzil, Dogmatische Konstitution *Lumen gentium*, 27.
22 Vgl. Papst Franziskus, Ansprache zum Abschluss der III. Außerordentlichen Generalversammlung der Bischofssynode (18. Oktober 2014).
23 Vgl. Codex Iuris Canonici, Can. 460–468.
24 Vgl. ebd., Can. 495–514.
25 Vgl. ebd., Can. 431–459.
26 Papst Franziskus, Apostolisches Schreiben *Evangelii gaudium*, 16; vgl. ebd. 32.
27 Vgl. Zweites Vatikanisches Konzil, Dekret *Christus Dominus*, 5; Codex Iuris Canonici, Can. 342–348.
28 Vgl. Johannes Paul II., Nachsynodales Apostolisches Schreiben *Pastores gregis* (16. Oktober 2003), 8.
29 Papst Franziskus, Ansprache an die ökumenische Delegation des Patriarchats von Konstantinopel (27. Juni 2015).
30 Vgl. Ignatius von Antiochien, *Ep. Ad Romanos*, Präambel: PG 5, 686.
31 Papst Franziskus, Apostolisches Schreiben *Evangelii gaudium*, 32.
32 Johannes Paul II., Enzyklika *Ut unum sint* (25. Mai 1995), 95.
33 Vgl. Papst Franziskus, Apostolisches Schreiben *Evangelii gaudium*, 186–192; Papst Franziskus, Enzyklika *Laudato si'* (24. Mai 2015), 156–162.

11. Die Bedeutung der Familiensynode[1]

Zuallererst möchte ich dem Herrn danken, der unseren synodalen Weg in diesen Jahren geleitet hat durch den Heiligen Geist, der der Kirche niemals seine Unterstützung versagt.

Ich danke wirklich von Herzen dem Generalsekretär der Synode Kardinal Lorenzo Baldisseri, dem Untersekretär Bischof Fabio Fabene, und mit ihnen danke ich dem Relator Kardinal Peter Erdö sowie dem Spezialsekretär Bischof Bruno Forte, den delegierten Präsidenten, den Sekretären, den Konsultoren, den Übersetzern, den Sängern und allen, die unermüdlich und mit ganzer Hingabe an die Kirche gearbeitet haben: Herzlichen Dank! Und ich möchte auch der Kommission danken, die das Schlussdokument verfasst hat: Einige haben die Nacht durchgearbeitet.

Ich danke euch allen, liebe Synodenväter, brüderliche Delegierte, Auditoren, Assessoren, Pfarrer und Familien, für eure aktive und fruchtbare Beteiligung.

Ich danke auch den »Ungenannten« und all denen, die mit ihrem Einsatz im Stillen großherzig zu den Arbeiten dieser Synode beigetragen haben.

Ihr alle könnt meines Gebetes sicher sein, dass der Herr euch mit dem Überfluss seiner Gnadengaben belohnen möge!

Während ich die Arbeiten der Synode verfolgte, habe ich mich gefragt: Was bedeutet es für die Kirche, diese der Familie gewidmete Synode abzuschließen?

Selbstverständlich bedeutet es nicht, dass alle mit der Familie zusammenhängenden Themen zum Abschluss gebracht worden sind, sondern vielmehr, dass versucht wurde, sie mit dem Licht des Evangeliums, der Überlieferung und der zweitausendjährigen Geschichte der Kirche zu erhellen und sie mit der Freude der Hoffnung zu durchfluten, ohne in die simple Wiederholung dessen zu verfallen, was nicht zur Diskussion steht oder bereits gesagt worden ist.

Sicher bedeutet es nicht, erschöpfende Lösungen für alle Schwierigkeiten und Zweifel gefunden zu haben, welche die Familie herausfordern und bedrohen, sondern diese Schwierigkeiten und Zweifel ins Licht des Glaubens gestellt, sie aufmerksam geprüft und furchtlos in Angriff genommen zu haben, ohne den Kopf in den Sand zu stecken.

Es bedeutet, alle angeregt zu haben, die Bedeutung der Institution der Familie und der auf Einheit und Unauflöslichkeit gegründeten Ehe zwischen einem Mann und einer Frau zu verstehen und sie als grundlegende Basis der Gesellschaft und des menschlichen Lebens zu würdigen.

Es bedeutet, die Stimmen der Familien und der Hirten der Kirche, die nach Rom gekommen waren und auf ihren Schultern die Lasten und Hoffnungen, den Reichtum und die Herausforderungen der Familien aus aller Welt trugen, gehört und zu Gehör gebracht zu haben.

Es bedeutet, die Lebendigkeit der katholischen Kirche bewiesen zu haben, die keine Angst hat, die betäubten Gewissen aufzurütteln oder sich die Hände schmutzig zu machen, indem sie lebhaft und freimütig über die Familie diskutiert.

Es bedeutet versucht zu haben, die Wirklichkeit, besser noch: die Wirklichkeiten von heute mit den Augen Gottes zu sehen und zu deuten, um in einem historischen Moment der Entmutigung und der gesellschaftlichen, wirtschaftlichen und moralischen Krise, in dem das Negative vorherrscht, die Herzen der Menschen zu entzünden und mit der Flamme des Glaubens zu erleuchten.

Es bedeutet, allen bezeugt zu haben, dass das Evangelium für die Kirche eine lebendige Quelle ewiger Neuheit bleibt – ein Zeugnis gegen die, welche es »indoktrinieren« und zu toten Steinen machen wollen, mit denen man die anderen bewerfen kann.

Es bedeutet auch, die verschlossenen Herzen entblößt zu haben, die sich oft sogar hinter den Lehren der Kirche oder hinter den guten Absichten verstecken, um sich auf den Stuhl des Mose zu setzen und – manchmal von oben herab und mit Oberflächlichkeit – über die schwierigen Fälle und die verletzten Familien zu richten.

Es bedeutet bekräftigt zu haben, dass die Kirche eine Kirche der »Armen vor Gott« und der Sünder auf der Suche nach Vergebung ist und nicht nur eine der Gerechten und der Heiligen – ja, eine Kirche der Gerechten und der Heiligen, wenn diese sich als Arme und als Sünder fühlen.

Es bedeutet versucht zu haben, die Horizonte zu lichten, um jede konspirative Hermeneutik oder Verschlossenheit der Perspektiven zu überwinden, um die Freiheit der Kinder Gottes zu verteidigen und zu verbreiten, um die Schönheit der christlichen Neuheit zu übermitteln, die manchmal vom Rost einer archaischen oder einfach unverständlichen Sprache überdeckt ist.

Auf dem Weg dieser Synode haben die verschiedenen Meinungen, die frei – und leider manchmal mit nicht gänzlich wohlwollenden Methoden – ausgedrückt wurden, zweifellos den Dialog bereichert und belebt und so ein lebendiges Bild einer Kirche dargeboten, die keine »vorgefassten Formulare« verwendet, sondern aus der unversiegbaren Quelle ihres Glaubens lebendiges Wasser schöpft, um den Durst der vertrockneten Herzen zu stillen.[2]

Und – jenseits der vom Lehramt der Kirche genau definierten dogmatischen Fragen – haben wir auch gesehen, dass das, was einem Bischof eines Kontinentes als normal erscheint, sich für den Bischof eines anderen Kontinents als seltsam, beinahe wie ein Skandal herausstellen kann – beinahe!. Was in einer Gesellschaft als Verletzung eines Rechtes angesehen wird, kann in einer anderen eine selbstverständliche und unantastbare Vorschrift sein; was für einige Gewissensfreiheit ist, kann für andere nur Verwirrung bedeuten. Tatsächlich sind die Kulturen untereinander sehr verschieden, und jeder allgemeine Grundsatz – wie ich sagte: die vom Lehramt der Kirche genau definierten dogmatischen Fragen –, jeder allgemeine Grundsatz muss inkulturiert werden, wenn er beachtet und angewendet werden soll.[3] Die Synode von 1985, die den zwanzigsten Jahrestag des Abschlusses des Zweiten Vatikanischen Konzils feierte, hat die Inkulturation beschrieben als die »innere Umformung der authentischen Kulturwerte durch Einbindung in das Christentum und zugleich die Einwurzelung des Christentums in die verschiedenen menschlichen Kulturen«.[4] Die Inkulturation schwächt nicht die echten Werte, sondern zeigt deren wahre Kraft und ihre Authentizität, denn sie passen sich an, ohne sich zu verwandeln, ja, sie bewirken gewaltlos und stufenweise eine Umformung der verschiedenen Kulturen.[5]

Wir haben gesehen – auch durch den Reichtum unserer Verschiedenheiten –, dass die Herausforderung, die wir vor uns haben, immer dieselbe ist: das Evangelium dem Menschen von heute zu verkünden und dabei die Familie vor all den ideologischen und individualistischen Angriffen zu schützen.

Und ohne je der Gefahr des Relativismus zu erliegen oder auch jener, die anderen zu verteufeln, haben wir versucht, uns vollkommen und mutig der Güte und der Barmherzigkeit Gottes anzuschließen, die unsere menschlichen Kalküle übersteigt und nichts anderes will, als »dass alle Menschen gerettet werden« (1 Tim, 2,4). So wollten wir diese Synode in den Zusammenhang des Außerordentlichen Jubiläumsjahres der Barmherzigkeit einfügen, das die Kirche zu leben berufen ist, und diesen Zusammenhang lebendig erfahren.

Die Erfahrung der Synode hat uns auch besser begreifen lassen, dass die wahren Verteidiger der Lehre nicht jene sind, die den Buchstaben verteidigen, sondern die, welche den Geist verteidigen; die nicht die Ideen, sondern den Menschen verteidigen; nicht die Formeln, sondern die Unentgeltlichkeit der Liebe Gottes und seiner Vergebung. Das bedeutet keineswegs, die Bedeutung der Formeln – sie sind notwendig! –, der Gesetze und der göttlichen Gebote zu schmälern, sondern die Größe des wahren Gottes zu preisen, der an uns nicht nach unseren Verdiensten und auch nicht nach unseren Werken, sondern einzig nach dem unbegrenzten Großmut seiner Barmherzigkeit handelt (vgl. Röm 3,21–30; Ps 130; Lk 11,37–54). Es bedeutet, die ständigen Versuchungen des älteren Bruders (vgl. Lk 15,25–32) oder der eifersüchtigen Arbeiter (vgl. Mt 20,1–16) zu überwinden. Ja, es bedeutet, die Gesetze und die Gebote, die für den Menschen geschaffen sind und nicht umgekehrt (vgl. Mk 2,27), noch mehr zur Geltung zu bringen.

In diesem Sinn bekommen die gebührende Reue, die Werke und die menschlichen Anstrengungen eine tiefere Bedeutung: nicht als Entgelt für das ohnehin nicht käufliche Heil, das Christus uns am Kreuz unentgeltlich erwirkt hat, sondern als Antwort an den, der uns zuerst geliebt und uns um den Preis seines unschuldigen Blutes gerettet hat, als wir noch Sünder waren (vgl. Röm 5,6).

Die erste Pflicht der Kirche ist nicht die, Verurteilungen und Bannflüche auszuteilen, sondern jene, die Barmherzigkeit Gottes zu verkünden, zur Umkehr aufzurufen und alle Menschen zum Heil des Herrn zu führen (vgl. Joh 12,44–50).

Der selige Paul VI. hat dafür wunderbare Worte gefunden: »Wir können also denken, dass jede unserer Sünden und jede Flucht vor Gott in ihm eine Flamme noch intensiverer Liebe entzündet, einen Wunsch, uns zurückzugewinnen und uns wieder in seinen Heilsplan einzufügen […] Gott offenbart sich in Christus als unendlich gut […] Gott ist gut. Und nicht nur in sich selbst; Gott – sagen wir es unter Tränen – ist gut für uns. Er liebt und sucht uns, er denkt an uns, kennt und inspiriert uns, und er erwartet uns: Er wird – wenn man das so sagen kann – glücklich sein an dem Tag, an dem wir umkehren und sagen: Herr, in deiner Güte verzeih mir! So wird also unsere Reue zur Freude Gottes«.[6]

Auch der heilige Johannes Paul II. bekräftigte: »Die Kirche lebt ein authentisches Leben, wenn sie das Erbarmen bekennt und verkündet [...] und wenn sie die Menschen zu den Quellen des Erbarmens des Heilandes führt, welche sie hütet und aus denen sie austeilt«.[7]

Und auch Papst Benedikt XVI. sagte: »Die Barmherzigkeit ist in Wirklichkeit der Wesenskern der Botschaft des Evangeliums, sie ist der Name Gottes selbst [...] Alles, was die Kirche sagt und vollbringt, zeigt die Barmherzigkeit, die Gott dem Menschen entgegenbringt und somit jedem von uns. Wenn die Kirche die Aufmerksamkeit auf eine verkannte Wahrheit oder ein verratenes Gut lenkt, so tut sie dies stets beseelt von der barmherzigen Liebe, damit die Menschen das Leben haben und es in Fülle haben (vgl. Joh 10,10)«.[8]

In diesem Licht und dank dieser Gnadenzeit, welche die Kirche erlebt hat, als sie über die Familie sprach und diskutierte, fühlen wir uns wechselseitig bereichert. Und viele von uns haben das Wirken des Heiligen Geistes erlebt; er ist der eigentliche Protagonist und Urheber der Synode. Für uns alle klingt das Wort »Familie« nicht mehr wie vor der Synode, so dass wir in ihm bereits die Zusammenfassung ihrer Berufung und die Bedeutung des ganzen synodalen Weges mithören.[9]

In der Tat, die Synode abzuschließen, bedeutet für die Kirche, wieder wirklich »gemeinsam voranzugehen«, um in alle Teile der Welt, in jede Diözese, in jede Gemeinschaft und in jede Situation das Licht des Evangeliums, die Umarmung der Kirche und die Unterstützung durch die Barmherzigkeit Gottes zu bringen! Danke!

Anmerkungen

1 Papst Franziskus, Ansprache des Heiligen Vaters zum Abschluss der XIV. Ordentlichen Generalversammlung der »Bischofssynode für die Familie 2015«, Synodenhalle, 24. Oktober 2015. Online: https://www.vatican.va/content/francesco/de/speeches/2015/october/documents/papa-francesco_20151024_sinodo-conclusione-lavori.html (Stand 04.05.2023).

2 Vgl. Brief an den Großkanzler der »Pontificia Universidad Católica Argentina« zum hundertjährigen Jubiläum der theologischen Fakultät, 3. März 2015.

3 Vgl. Päpstliche Bibelkommission, *Fede e cultura alla luce della bibbia. Atti della Sessione plenaria 1979 della Pontificia Commissione Biblica*, Turin 1981; Zweites Vatikanisches Konzil, Pastoralkonstitution *Gaudium et spes*, 44.

4 Schlussdokument (7. Dezember 1085) in: Schlussdokument der Außerordentlichen Bischofssynode 1985 und die Botschaft an die Christen in der Welt, hg. vom Sekretariat der Deutschen Bischofskonferenz (Verlautbarungen des Apostolischen Stuhls 68), Bonn 1985, Abschn. D, Kap. 7.

5 »Aufgrund ihres pastoralen Auftrags muss die Kirche immer aufmerksam auf die geschichtlichen Veränderungen und auf die Entwicklung der Mentalitäten bleiben. Selbstverständlich nicht, um sich ihnen zu unterwerfen, sondern um die Hindernisse zu überwinden, die sich der Annahme ihrer Empfehlungen und ihrer Weisungen entgegenstellen können« (Interview mit Kardinal Georges Cottier in: *La Civiltà Cattolica*, 3963–3964 [8. August 2015], S. 272).

6 Homilie (23. Juni 1968): Insegnamenti VI (1968), 1177–1178.

7 Johannes Paul II., Enzyklika *Dives in misericordia*, 13. Er sagte auch: »Im Ostergeheimnis [...] erscheint uns Gott als der, der er ist: ein Vater mit zärtlichem Herzen, der angesichts der Undankbarkeit seiner Kinder nicht aufgibt und immer bereit ist zu verzeihen.« (Regina Caeli, [23. April 1995]: *L'Osservatore Romano* [dt.], 25. Jg., Nr. 17, S. 3; Insegnamenti XVIII, 1 [1995], 1035). Und den Widerstand gegen die Barmherzigkeit beschrieb er so: »Die Mentalität von heute scheint sich vielleicht mehr als die der Vergangenheit gegen einen Gott des Erbarmens zu sträuben und neigt dazu, schon die Idee des Erbarmens aus dem Leben und aus den Herzen zu verdrängen. Das Wort und der Begriff ›Erbarmen‹ scheinen den Menschen zu befremden« (Enzyklika *Dives in misericordia* [30. November 1980], 2).

8 Regina Caeli [30 März 2008]: *L'Osservatore Romano* [dt.], 38. Jg., Nr. 14, S. 1; Insegnamenti IV, 1 (2008), 489–490; und als er von der Macht der Barmherzigkeit spricht, sagt er: »Sie ist es, die dem Bösen eine Schranke setzt. In ihr drückt sich das ganz eigene Wesen Gottes aus – seine Heiligkeit, die Macht der Wahrheit und der Liebe« (Homilie am Sonntag der Göttlichen Barmherzigkeit [15. April 2007]: *L'Osservatore Romano* [dt.], 37. Jg., Nr. 6, S. 2; Insegnamenti III, 1 [2007], 667).

9 Eine akrostichische Analyse des Wortes »FAMIGLIA – Familie« hilft uns, die Sendung der Kirche in ihren Aufgaben gegenüber der Familie zusammenzufassen (ein Buchstabenspiel, das leider in der Übersetzung nicht exakt wiederzugeben ist [Anm. d. Übers.]). *Formare* – erziehen: die neuen Generationen dazu erziehen, die Liebe ernsthaft zu leben, nicht als einen individualistischen Anspruch, der sich nur auf das Vergnügen und auf die »Wegwerfmentalität« gründet, sondern wieder an die echte, fruchtbare und dauerhafte Liebe zu glauben als den einzigen Weg,

um aus sich herauszugehen, um sich dem anderen zu öffnen, um sich aus der Einsamkeit zu befreien; um den Willen Gottes zu leben; um sich voll zu verwirklichen; um zu begreifen, dass die Ehe der »Bereich (ist), in dem sich die göttliche Liebe offenbart; um die Heiligkeit des Lebens, eines jeden Lebens zu verteidigen; um die Einheit und die Unauflöslichkeit des ehelichen Bandes zu verteidigen als ein Zeichen der Gnade Gottes und der Fähigkeit des Menschen, ernsthaft zu lieben« (Homilie in der Messe zur Eröffnung der Synode [4. Oktober 2015]: *L'Osservatore Romano* [dt.] 45. Jg., Nr. 41, S. 3) und um die Ehe-Vorbereitungskurse zu nutzen als Gelegenheit, den christlichen Sinn des Ehesakramentes zu vertiefen. *Andare* – gehen: auf die anderen zugehen, denn eine in sich verschlossene Kirche ist eine tote Kirche; eine Kirche, die nicht aus der eigenen Umzäunung herausgeht, um alle zu suchen, aufzunehmen und zu Christus zu führen, ist eine Kirche, die ihre Sendung und ihre Berufung Lügen straft. *Manifestare* – kundtun: die Barmherzigkeit Gottes kundtun und sie verbreiten unter den notleidenden Familien, den verlassenen Menschen, den vernachlässigten Alten, den durch die Trennung der Eltern verletzten Kindern; unter den armen Familien, die ums Überleben kämpfen; unter den Sündern, die an unsere Türen klopfen, und unter den Fernstehenden; unter den Menschen mit Behinderungen und unter allen, die sich an Leib und Seele verletzt fühlen; unter den Paaren, die von Schmerz, Krankheit, Tod oder Verfolgung gequält sind. *Illuminare* – erleuchten: die Gewissen erleuchten, die oft von schädlichen und unterschwelligen Dynamiken eingekreist sind und die sogar versuchen, den Platz des Schöpfergottes einzunehmen – diese Dynamiken müssen enttarnt und bekämpft werden unter vollkommener Achtung der Würde jedes Menschen. *Guadagnare* – gewinnen: in Demut das Vertrauen in die Kirche, das aufgrund des Verhaltens und der Sünden ihrer eigenen Kinder ernstlich geschwunden ist, zurückgewinnen und wieder aufbauen; leider haben das negative Zeugnis und die Skandale, die von einigen Klerikern innerhalb der Kirche verübt wurden, ihre Glaubwürdigkeit verletzt und den Glanz ihrer Heilsbotschaft verdunkelt. *Lavorare* – arbeiten: intensiv arbeiten, um die gesunden Familien, die treuen Familien, die kinderreichen Familien, die ungeachtet der täglichen Mühen weiter ein bedeutendes Zeugnis der Treue zu den Lehren der Kirche und den Geboten des Herrn geben, zu unterstützen und zu ermutigen. *Ideare* – ersinnen: eine neue Familienpastoral ersinnen, die auf dem Evangelium beruht und die kulturellen Unterschiede respektiert; eine Pastoral, die fähig ist, die Frohe Botschaft in anziehender, froher Sprache zu vermitteln und den Herzen der jungen Menschen die Angst zu nehmen, endgültige Verpflichtungen einzugehen; eine Pastoral, die den Kindern eine besondere Aufmerksamkeit widmet, die die eigentlichen Opfer der familiären Risse sind; eine innovative Pastoral, die eine angemessene Vorbereitung auf das Ehesakrament durchführt und die bestehende Praxis einstellt, die sich oft mehr um den äußeren Anschein und die Formalitäten kümmert, als um eine Erziehung zu einer Verpflichtung, die das ganze Leben lang dauert. *Amare* – lieben: bedingungslos alle Familien lieben und besonders jene, die eine schwierige Zeit durchmachen – keine Familie darf sich allein oder von der Liebe bzw. von der Umarmung der Kirche ausgeschlossen fühlen; der wirkliche Skandal besteht in der Angst zu lieben und diese Liebe konkret zu zeigen.

12. Neue Zukunftshorizonte[1]

Im nachsynodalen Apostolischen Schreiben[2] habe ich versucht, die Synode so gut wie möglich zu berücksichtigen. Man wird hier keine kirchenrechtlichen Erläuterungen darüber finden, was man tun oder nicht tun darf oder muss. Es ist ein ruhiges und friedliches Nachdenken über die Schönheit der Liebe, darüber, wie man seine Kinder am besten erzieht, wie man sich auf die Ehe vorbereitet … Es lässt die Aufgaben zur Geltung kommen, die vom Päpstlichen Rat für die Laien begleitet werden könnten, als eine Art Leitfaden.

Über diesen Entwicklungsprozess hinaus müssen wir über die wahre Synodalität nachdenken, zumindest darüber, was katholische Synodalität bedeutet. Die Bischöfe sind *cum Petro, sub Petro* (mit dem Nachfolger Petri und unter dem Nachfolger Petri). Darin unterscheidet sie sich von der Synodalität in der orthodoxen und in den griechisch-katholischen Kirchen, wo der Patriarch genau eine Wahlstimme hat.

Das Zweite Vatikanische Konzil vermittelt das Ideal einer synodalen und bischöflichen Gemeinschaft. Wir müssen es weiter wachsen lassen, auch was die Vorschriften auf Pfarr-Ebene betrifft. Es gibt Pfarreien, die weder einen Pastoral- noch einen Vermögensverwaltungsrat haben, auch wenn sie vom Kirchenrecht dazu verpflichtet sind. Hier steht auch die Synodalität auf dem Spiel.

Das mögliche Thema der nächsten Synode

Synodalität ist auch eines der möglichen Themen für eine zukünftige Bischofssynode. »Für eine Synode zur Synodalität ist die Zeit noch nicht reif«, sagte der Papst auf Nachfrage. »La Croix« erfuhr außerdem, dass die anderen für eine zukünftige Synodalversammlung vorgeschlagenen Themen die Jugendlichen und die Priester sind.

Anmerkungen

1 Aus dem Interview von Guillaume Goubert und Sébastien Maillard, Entretien exclusif avec le pape François, »La Croix«, 17. Mai 2016.

2 Papst Franziskus, Nachsynodales Schreiben *Amoris laetitia*, April 2016 (Anm. d. Red.)

13. Auf das Volk Gottes blicken[1]

Zum Abschluss der Tagung der Kommission für Lateinamerika und die Karibik hatte ich Gelegenheit zur Begegnung mit allen Teilnehmern an der Versammlung, in der Ideen und Eindrücke über die Beteiligung der Laien im Leben unserer Völker ausgetauscht wurden.

Ich möchte den Gedankenaustausch, der bei dieser Gelegenheit stattgefunden hat, noch einmal aufgreifen und die Reflexion dieser Tage auf diesem Wege fortsetzen, damit der Geist der Entscheidungsfindung und der Reflexion nicht »ins Leere fällt«. Es möge uns helfen und weiter anspornen, Gottes treuem, heiligem Volk besser zu dienen.

Bei genau diesem Bild möchte ich unsere Reflexion über die öffentliche Tätigkeit der Laien in unserem lateinamerikanischen Kontext beginnen. Wenn wir Gottes treues, heiliges Volk betrachten, führen wir uns den Horizont vor Augen, auf den wir blicken müssen und bei dem unsere Reflexion ansetzen muss. Als Hirten sind wir stets aufgefordert, auf das treue, heilige Gottesvolk zu blicken, es zu schützen, zu begleiten, zu stützen und ihm zu dienen. Einen Vater begreift man nicht allein für sich, ohne seine Kinder. Er mag ein sehr guter Arbeiter, Berufstätiger, Ehemann, Freund sein. Was ihn jedoch zum Vater macht, hat ein Gesicht: Es sind seine Kinder. Dasselbe geschieht mit uns, wir sind Hirten. Einen Hirten versteht man nicht ohne eine Herde, der zu dienen er berufen ist. Der Hirte ist Hirte eines Volkes, und dem Volk dient man von innen heraus. Oft geht man voran und ebnet den Weg, manchmal geht man hinterher, damit niemand zurückbleibt, und nicht selten ist man in der Mitte, um den Pulsschlag der Menschen gut zu hören.

Wenn wir auf das treue, heilige Volk Gottes blicken und uns als Bestandteil desselben fühlen, positioniert uns das anders im Leben und somit bezüglich der Themen, die wir behandeln. Das hilft uns,

uns nicht Reflexionen hinzugeben, die an sich sehr gut sein können, letztlich jedoch das Leben unseres Volkes homogen machen oder so theoretisch sind, dass die Spekulation am Ende das Handeln tötet. Beständig auf das Gottesvolk zu blicken, bewahrt uns vor bestimmten plakativen Allgemeinbegriffen (Slogans), die schöne Worte sind, das Leben unserer Gemeinschaften jedoch nicht stützen können. Ich denke jetzt zum Beispiel an das berühmte Wort: »Es ist die Stunde der Laien« – die Uhr scheint jedoch stehengeblieben zu sein.

Auf das Gottesvolk zu blicken bedeutet, sich zu erinnern, dass wir alle als Laien in die Kirche aufgenommen worden sind. Das erste Sakrament, das unsere Identität für immer besiegelt und auf das wir immer stolz sein sollten, ist die Taufe. Durch sie und »die Salbung mit dem Heiligen Geist werden die Getauften zu einem geistigen Bau und einem heiligen Priestertum geweiht«.[2] Unsere erste und grundlegende Weihe hat ihre Wurzeln in unserer Taufe. Niemand wurde zum Priester oder zum Bischof getauft. Wir sind zu Laien getauft, und das ist das unauslöschliche Zeichen, das niemand uns jemals nehmen kann. Es tut uns gut, uns daran zu erinnern, dass die Kirche keine Elite der Priester, der geweihten Personen, der Bischöfe ist, sondern dass wir alle das heilige, gläubige Gottesvolk bilden. Das zu vergessen, bringt viele Gefahren und Verzerrungen mit sich, in unserem persönlichen ebenso wie im gemeinschaftlichen Leben, im Dienst, den die Kirche uns anvertraut hat. Wir sind, wie das Zweite Vatikanische Konzil hervorhebt, das Gottesvolk: »Seinem Stande eignet die Würde und die Freiheit der Kinder Gottes, in deren Herzen der Heilige Geist wie in einem Tempel wohnt«.[3] Gottes treues, heiliges Volk ist mit der Gnade des Heiligen Geistes gesalbt. Daher müssen wir beim Nachdenken, Überlegen, Beurteilen, Entscheiden sehr gut auf diese Salbung achten.

Gleichzeitig muss ich ein weiteres Element hinzufügen, das ich für die Frucht einer falschen Form halte, die vom Zweiten Vatikanischen Konzil aufgezeigte Ekklesiologie zu leben. Wir können nicht über das

Thema der Laien nachdenken und dabei eine der stärksten Verzerrungen übersehen, mit denen Lateinamerika konfrontiert ist und für die ich Sie um besondere Aufmerksamkeit bitte: den Klerikalismus. Diese Haltung macht nicht nur die Persönlichkeit der Christen zunichte, sondern sie neigt dazu, die Taufgnade zu mindern und abzuwerten, die der Heilige Geist in das Herz unseres Volkes eingegossen hat. Der Klerikalismus führt dazu, die Laien homogen zu machen; indem er sie als »Bittsteller« behandelt, beschneidet er die verschiedenen Initiativen, Bemühungen, ja ich wage sogar zu sagen die kühnen Taten, die notwendig sind, um die Frohbotschaft des Evangeliums in alle Bereiche des gesellschaftlichen und besonders des politischen Lebens zu tragen. Weit davon entfernt, den verschiedenen Beiträgen und Vorschlägen Impulse zu verleihen, löscht der Klerikalismus allmählich das prophetische Feuer aus, von dem die ganze Kirche in den Herzen ihrer Völker Zeugnis ablegen soll. Der Klerikalismus vergisst, dass die Sichtbarkeit und die Sakramentalität der Kirche zum ganzen Gottesvolk gehören[4] und nicht zu einigen wenigen Auserwählten und Erleuchteten.

Es gibt ein sehr interessantes Phänomen, das sich in unserem Lateinamerika herausgebildet hat. Ich wage sogar zu sagen: Ich glaube, es ist einer der wenigen Räume, in denen das Gottesvolk vom Einfluss des Klerikalismus unabhängig ist. Ich meine die Volksfrömmigkeit. Sie gehörte zu den wenigen Räumen, wo das Volk (einschließlich seiner Hirten) und der Heilige Geist einander begegnen konnten ohne den Klerikalismus, der versucht, die Salbung Gottes an den Seinen zu kontrollieren und zu bremsen. Wie wir wissen, hat die Volksfrömmigkeit, wie Paul VI. im Apostolischen Schreiben *Evangelii nuntiandi* gut dargelegt hat, »gewiss ihre Grenzen. Oft ist sie dem Eindringen von so manchen religiösen Fehlformen ausgesetzt [...]. Ist sie aber in der rechten Weise ausgerichtet, vor allem durch hinführende und begleitende Evangelisierung, dann birgt sie wertvolle Reichtümer in sich. In ihr kommt ein Hunger nach Gott zum Ausdruck, wie ihn nur die Einfachen und Armen kennen. Sie befähigt zur Großmut und zum Opfer, ja zum Heroismus, wenn es gilt, den Glauben zu bekunden. In ihr zeigt sich ein feines Gespür für tiefe Eigenschaften Gottes: seine Vaterschaft, seine Vorsehung, seine ständige, liebende Gegenwart. Sie führt zu inneren Haltungen, die man sonst kaum in diesem Maße findet: Geduld, das Wissen um die Notwendigkeit, das Kreuz im täglichen Leben zu tragen, Entsagung, Wohlwollen für andere, Respekt. Darum nennen Wir sie gern Volksfrömmigkeit, das heißt Religion des Volkes, anstatt Religiosität. [...] Gut ausgerichtet, kann die Volksfrömmigkeit mehr und mehr für die vielen im Volk zu einer echten Begegnung mit Gott in Jesus Christus werden«.[5] Papst Paul VI. gebraucht einen Ausdruck, den ich als Schlüsselbegriff betrachte: der Glaube unseres Volkes, seine Orientierungen, sein Suchen, seine Wünsche, seine Sehnsüchte. Wenn es gelingt, sie anzuhören und ihnen Orientierung zu verleihen, offenbaren sie uns letztendlich eine echte Gegenwart des Heiligen Geistes. Vertrauen wir unserem Volk, seiner Erinnerung und seinem »Gespür«, vertrauen wir darauf, dass der Heilige Geist in ihm und mit ihm wirkt und dass dieser Geist nicht nur »Eigentum« der kirchlichen Hierarchie ist.

Ich habe das Beispiel der Volksfrömmigkeit als hermeneutischen Schlüssel genommen, der uns helfen kann, das Handeln besser zu verstehen, das entsteht, wenn Gottes treues, heiliges Volk betet und handelt. Ein Handeln, das nicht in der privaten Sphäre der Person verhaftet bleibt, sondern sich im Gegenteil in Kultur verwandelt; »eine evangelisierte Volkskultur enthält Werte des Glaubens und der Solidarität, die die Entwicklung einer gerechteren und gläubigeren Gesellschaft auslösen können. Zudem besitzt sie eine besondere Weisheit, und man muss verstehen, diese mit einem Blick voller Dankbarkeit zu erkennen«.[6]

Von hier aus können wir uns also fragen: Was bedeutet es, dass die Laien im öffentlichen Leben tätig sein sollen?

In der heutigen Zeit sind viele unserer Städte wahre Orte des Überlebenskampfes geworden. Orte, in denen die Wegwerfkultur Einzug gehalten zu haben scheint, die wenig Raum für Hoffnung lässt. Hier begegnen wir unseren Brüdern, die in diesen Kampf eingebunden sind, mit ihren Familien, die nicht nur den Wunsch haben zu überleben, sondern die inmitten von Widersprüchen und Unrecht den Herrn suchen und von ihm Zeugnis geben wollen. Was bedeutet es für uns Hirten, dass die Laien im öffentlichen Leben tätig sind? Es bedeutet herauszufinden, wie man all die Versuche und Bemühungen, die heute bereits unternommen werden, um die Hoffnung und den Glauben aufrechtzuerhalten, ermutigen, begleiten und fördern kann, in einer Welt voller Widersprüche, besonders für die Ärmsten, besonders mit den Ärmsten. Es bedeutet, uns als Hirten mitten in unserem Volk einzusetzen und mit unserem Volk den Glauben und seine Hoffnung zu stützen. Indem wir Türen öffnen, mit ihnen arbeiten, mit ihnen träumen, mit ihnen nachdenken und vor allem mit ihnen beten.

»Wir müssen die Stadt« – und somit alle Räume, wo das Leben unseres Volkes sich abspielt – »von einer kontemplativen Sicht her, das heißt mit einem Blick des Glaubens erkennen, der jenen Gott entdeckt, der in ihren Häusern, auf ihren Straßen und auf ihren Plätzen wohnt. […] Er lebt unter den Bürgern und fördert die Solidarität, die Brüderlichkeit und das Verlangen nach dem Guten, nach Wahrheit und Gerechtigkeit. Diese Gegenwart muss nicht hergestellt, sondern entdeckt, enthüllt werden. Gott verbirgt sich nicht vor denen, die ihn mit ehrlichem Herzen suchen«.[7] Es ist nie der Hirte, der dem Laien sagt, was er tun oder sagen muss – sie wissen es genauso gut oder besser als wir. Nicht der Hirte hat zu bestimmen, was die Gläubigen in den verschiedenen Bereichen sagen müssen. Als Hirten, mit unserem Volk vereint, tut es uns gut, uns zu fragen, wie wir die Nächstenliebe und die Brüderlichkeit, den Wunsch nach Wohlergehen, Wahrheit und Gerechtigkeit unterstützen und fördern. Wie wir dafür sorgen, dass die Verderbnis sich nicht in unserem Herzen einnistet.

Oft sind wir der Versuchung anheimgefallen zu meinen, der engagierte Laie sei jener, der in den Werken der Kirche und/oder in der Pfarrgemeinde oder der Diözese tätig ist. Und wir haben wenig darüber nachgedacht, wie man einen Getauften in seinem öffentlichen und täglichen Leben begleiten kann; wie er sich in seinem täglichen Dasein mit den Verantwortungen, die er trägt, als Christ im öffentlichen Leben einsetzt. Wir haben, ohne uns dessen bewusst zu sein, eine Elite von Laien hervorgebracht, in dem Glauben, dass nur jene engagierte Laien sind, die mit den Dingen »der Priester« befasst sind, und haben den Gläubigen vergessen, vernachlässigt, dessen Hoffnung oft im täglichen Kampf, den Glauben zu leben, schwindet. Diese Situationen kann der Klerikalismus nicht sehen, denn er ist mehr darum besorgt, Räume zu beherrschen als Prozesse zu erzeugen. Daher müssen wir erkennen, dass der Laie aufgrund seiner eigenen Wirklichkeit, aufgrund seiner eigenen Identität, weil er in das gesellschaftliche, öffentliche und politische Leben eingebunden ist, weil er an neuen kulturellen Formen beteiligt ist, die sich ständig weiterentwickeln, Anspruch auf neue Formen der Organisation und der Feier des Glaubens hat. Die gegenwärtigen Rhythmen sind ganz anders (ich sage nicht besser oder schlechter) als jene, in denen man vor 30 Jahren lebte! »Das erfordert, neuartige Räume für Gebet und Gemeinschaft zu erfinden, die« – besonders – »für die Stadtbevölkerungen anziehender und bedeutungsvoller sind«.[8] Natürlich dürfen wir nicht meinen – das wäre sogar unmöglich –, dass wir als Hirten das Lösungsmonopol für die zahlreichen Herausforderungen besitzen müssen, vor die das heutige Leben uns stellt. Im Gegenteil, wir müssen unserem Volk zur Seite stehen, es auf seiner Suche begleiten und die Vorstellungskraft anregen, um auf die gegenwärtige Problematik eine Antwort zu finden – und zwar, indem wir mit unserem Volk und nie für unser Volk oder ohne unser Volk Entscheidungen treffen. Der heilige Ignatius würde sagen: »den Orten, Zeiten und Personen gemäß«. Das heißt, ohne zu vereinheitlichen. Man kann keine allgemeinen Anweisungen geben für eine Organisation des Gottesvolkes in seinem öffentlichen Leben.

Die Inkulturation ist ein Prozess, den wir Hirten anregen müssen, indem wir die Menschen ermutigen, ihren Glauben dort zu leben, wo sie sind, und mit wem sie zusammen sind. Inkulturation bedeutet entdecken zu lernen, wie ein bestimmter Teil des heutigen Volkes im Hier und Jetzt der Geschichte seinen Glauben lebt, feiert und verkündigt. Mit seiner besonderen Eigenart und mit den Problemen, mit denen er konfrontiert ist, ebenso wie mit allen Gründen, die er zum Feiern hat. Die Inkulturation ist ein Handwerk und keine Fabrik zur serienmäßigen Herstellung von Prozessen, die dazu dienen sollen, »christliche Welten oder Räume zu produzieren«.

Zwei Erinnerungen müssen wir in unserem Volk bewahren. Die Erinnerung an Jesus Christus und die Erinnerung an unsere Vorfahren. Den Glauben haben wir empfangen, er war ein Geschenk, das wir oftmals aus den Händen unserer Mütter, unserer Großmütter erhalten haben. Sie waren die lebendige Erinnerung an Jesus Christus in unserem Heim. In der Stille des Familienlebens haben die meisten von uns gelernt zu beten, zu lieben, den Glauben zu leben. In einem Familienleben, das später die Form von Pfarrgemeinden, Schulen, Gemeinschaften angenommen hat, wurde der Glaube mit unserem Leben verbunden und hat Fleisch angenommen. Dieser einfache Glaube hat uns oft auch in den Wechselfällen unseres Weges begleitet. Die Erinnerung zu verlieren bedeutet, die Wurzeln unserer Herkunft zu verlieren, und daher wissen wir auch nicht, wohin wir gehen. Das ist grundlegend: Wenn wir einem Laien die Wurzeln seines Glaubens, seiner Herkunft nehmen; wenn wir ihm seine Wurzeln im treuen, heiligen Gottesvolk nehmen, dann nehmen wir ihm die Wurzeln seiner Identität als Getaufter und berauben ihn so der Gnade des Heiligen Geistes. Dasselbe geschieht mit uns: Wenn wir als Hirten unsere Wurzeln aus unserem Volk entfernen, gehen wir in die Irre.

Unsere Rolle, unsere Freude, die Freude des Hirten besteht darin zu helfen und anzuregen, so wie viele vor uns es getan haben: Mütter, Großmütter, Väter, die wahren Protagonisten der Geschichte. Nicht weil wir es ihnen gutwillig gewährt haben, sondern mit eigenem Fug und Recht. Die Laien sind Teil des treuen, heiligen Gottesvolkes und daher die Protagonisten der Kirche und der Welt. Wir sind berufen, ihnen zu dienen, und nicht, uns ihrer zu bedienen. Auf meiner Reise nach Mexiko hatte ich jüngst Gelegenheit, allein zu sein mit der Gottesmutter, und ich ließ mich von ihr anblicken. Während dieses Gebets konnte ich ihr auch mein Herz, das Herz eines Sohnes, darbringen. In diesem Augenblick waren auch Sie mit Ihren Gemeinschaften anwesend. In diesem Augenblick des Gebets habe ich Maria gebeten, dass sie nie nachlassen möge, den Glauben unseres Volkes zu stützen, wie sie es mit der Urgemeinde getan hat. Möge die allerseligste Jungfrau stets Fürsprache für Sie halten, Sie schützen und begleiten.

Anmerkungen

1 Schreiben von Papst Franziskus an den Präsidenten der Päpstlichen Kommission für Lateinamerika, Kardinal Marc Ouellet. 2016. Online: https://www.vatican.va/content/francesco/de/letters/2016/documents/papa-francesco_20160319_pont-comm-america-latina.html (Stand: 04.05.2023).
2 Zweites Vatikanisches Konzil, Dogmatische Konstitution *Lumen gentium*, 10.
3 Zweites Vatikanisches Konzil, Dogmatische Konstitution *Lumen gentium*, 9.
4 Vgl. Zweites Vatikanisches Konzil, Dogmatische Konstitution *Lumen gentium*, 9–14.
5 Paul VI., Apostolisches Schreiben *Evangelii nuntiandi*, Nr. 48.
6 Papst Franziskus, Apostolisches Schreiben *Evangelii gaudium*, 68.
7 Papst Franziskus, Apostolisches Schreiben *Evangelii gaudium*, 71.
8 Papst Franziskus, Apostolisches Schreiben *Evangelii gaudium*, 73.

14. Auf dieser Synode tönt es laut: »Wir Jugendlichen sind hier!«[1]

Dieser Abend stellt einen doppelten Beginn dar: erstens den Beginn des Weges hin zur Synode, die einen langen Namen hat: »Die Jugend, der Glaube und die Berufungsentscheidung« – aber sagen wir ruhig: »die Jugendsynode«, das versteht man besser! Und zweitens den Beginn des Weges nach Panama: Hier ist auch der Erzbischof von Panama (er zeigt auf ihn und wendet sich ihm zu). Ich grüße dich vielmals!

Wir haben das Evangelium gehört, wir haben gebetet, wir haben gesungen, wir haben der Madonna, der Mutter Blumen gebracht; und wir haben das Kreuz getragen, das aus Krakau kommt und morgen den Jugendlichen Panamas übergeben wird. Von Krakau nach Panama; und in der Mitte die Synode. Eine Synode, bei der sich kein Jugendlicher ausgeschlossen fühlen darf! »Aber … machen wir die Synode für die katholischen Jugendlichen … für die Jugendlichen, die katholischen Vereinigungen angehören, so ist sie viel stärker …« Nein! Die Synode ist die Synode für und von allen Jugendlichen! Die Jugendlichen sind die Hauptakteure. »Aber auch die Jugendlichen, die sich für Agnostiker halten?«. Ja! »Auch die Jugendlichen, die einen lauen Glauben haben?«. Ja! »Auch die Jugendlichen, die sich von der Kirche entfernt haben?« Ja! »Auch die Jugendlichen – ich weiß nicht, ob da jemand ist … vielleicht wird da jemand sein –, die sich für Atheisten halten?« Ja! Dies ist die Synode der Jugendlichen und wir alle wollen einander zuhören. Jeder junge Mensch hat den anderen etwas zu sagen, hat den Erwachsenen etwas zu sagen, hat den Priestern, den Ordensschwestern, den Bischöfen und dem Papst etwas zu sagen. Wir alle müssen euch zuhören!

Erinnern wir uns ein bisschen an Krakau; das Kreuz erinnert uns daran. Dort habe ich zwei Dinge gesagt, vielleicht erinnert sich jemand: Es ist schlimm, einen Jugendlichen zu sehen, der mit 20 Jahren in Pension geht, das ist schlimm. Und es ist auch schlimm, einen Jugendlichen zu sehen, der auf dem Sofa lebt. Ist es nicht wahr? Keine Jugendlichen »in Pension« und keine Jugendlichen »auf dem Sofa«. Jugendliche, die auf den Beinen sind, Jugendliche auf dem Weg, Jugendliche, die vorwärts gehen, einer neben dem anderen, und doch in die Zukunft schauen!

Wir haben das Evangelium gehört.[2] Als Maria jenes Geschenk, jene übergroße Berufung empfängt, das Geschenk Gottes zu uns zu bringen, sagt das Evangelium, dass sie – auf die Nachricht hin, ihre greise Cousine würde ein Kind erwarten und Hilfe benötigen, – sich »eilends« auf den Weg macht. Sie eilt! Die heutige Welt braucht Jugendliche, die sich »eilends« auf den Weg machen, die nicht müde werden zu eilen; Jugendliche, die jene Berufung haben zu hören, dass ihnen das Leben eine Mission anbietet. Und wie Maria Lisa (eine junge Ordensschwester) in ihrem Zeugnis so oft gesagt hat, Jugendliche sind auf dem Weg. Sie hat ihre ganze Erfahrung erzählt: Es war eine Erfahrung auf dem Weg. Wir brauchen Jugendliche auf dem Weg. Die Welt kann sich nur verändern, wenn die Jugendlichen auf dem Weg sind. Aber dies ist das Drama dieser Welt: dass die Jugendlichen – und dies ist das Drama der Jugend von heute! – dass die Jugendlichen oft ausgeschlossen sind. Sie haben keine Arbeit, sie können keinem Ideal folgen, es mangelt an Ausbildung, es mangelt an Integration … Viele Jugendliche müssen fliehen, in andere Länder auswandern … Die Jugendlichen heute, das ist hart zu sagen, sind oft Wegwerfmaterial. Und dies können wir nicht dulden! Und wir müssen diese Synode machen, um zu sagen: »Wir Jugendliche sind hier!« Und wir gehen nach Panama, um zu sagen: »Wir Jugendliche sind hier, auf dem Weg. Wir wollen kein Wegwerfmaterial sein! Wir haben etwas Wichtiges zu geben«.

Als Pompeo (beim zweiten Zeugnis) sprach, dachte ich: Zweimal war er nahezu an der Grenze, Wegwerfmaterial zu sein, mit 8 Jahren und mit 18 Jahren. Und er hat es geschafft. Er hat es geschafft. Er war fähig, wieder aufzustehen. Und das Leben, wenn wir den Horizont anschauen – so sagte auch Maria Lisa –, überrascht uns immer wieder. Beide haben es gesagt.

Wir sind auf dem Weg – zur Synode und nach Panama. Und dieser Weg ist riskant; aber wenn ein Jugendlicher nichts riskiert, ist er alt geworden. Und wir müssen etwas riskieren.

Maria Lisa hat gesagt, dass sie sich nach dem Sakrament der Firmung von der Kirche entfernt hat. Ihr wisst zu gut, dass hier in Italien das Sakrament der Firmung »das Sakrament des Abschieds« genannt wird! Nach der Firmung kommt man nicht mehr in die Kirche. Und warum? Weil viele Jugendliche nicht wissen, was sie da machen sollen … Und sie (Maria Lisa) ist nie stehengeblieben, sie war immer auf dem Weg: manchmal auf dunklen Straßen, auf Straßen ohne Licht, ohne Ideale oder mit Idealen, die sie nicht ganz verstand; aber schließlich hat auch sie es geschafft. Ihr Jugendlichen müsst im Leben etwas riskieren. Heute müsst ihr die Zukunft vorbereiten. Die Zukunft liegt in euren Händen. In euren Händen!

Auf der Synode will die ganze Kirche die Jugendlichen hören: Was denken sie, was fühlen sie, was wollen sie, was kritisieren sie und welche Dinge bereuen sie? Alles. Die Kirche braucht noch mehr Frühling, und der Frühling ist die Jahreszeit der Jugendlichen.

Außerdem möchte ich euch einladen, diesen Weg, diese Straße zur Synode und nach Panama zu gehen und sie mit Freude zu gehen, sie mit euren Hoffnungen zu gehen, ohne Angst, ohne Scham, sie mutig zu gehen. Man braucht Mut. Und zu versuchen, die Schönheit in den kleinen Dingen zu ergreifen, wie Pompeo gesagt hat, jene Schönheit des Alltags: Ergreife sie, lass die Gelegenheit nicht aus! Und dafür zu danken, was du bist: »Ich bin so: Danke!« Oft im

Leben verlieren wir Zeit damit, uns zu fragen: »Aber wer bin ich?« Aber du kannst dich fragen, wer du bist, und das ganze Leben mit der Suche verbringen, wer du bist. Aber frage dich: »Für wen bin ich da?« Wie die selige Jungfrau Maria, die fähig war, sich zu fragen: »Für wen, für welche Person bin ich da, in diesem Moment? Für meine Cousine«. Und sie ist losgegangen. Für wen bin ich da, nicht wer bin ich: Dies kommt später. Ja, das ist eine Frage, die man stellen muss – aber vor allem, warum eine Arbeit verrichten, eine Arbeit eines ganzen Lebens, eine Arbeit, die dich nachdenken lässt, die dich spüren lässt, die dich wirken lässt. Die drei Ausdrucksweisen: die Sprache des Verstandes, die Sprache des Herzens und die Sprache der Hände. Und immer weitergehen.

Und eine andere Sache möchte ich euch sagen: Die Synode ist kein »Kaffeeklatsch«. Der Weltjugendtag wird kein »Kaffeeklatsch« sein oder ein Ich-weiß-nicht-was oder eine schöne Sache, ein Fest und dann »Tschüss«, ich habe es vergessen. Nein, es geht um konkrete Dinge! Das Leben verlangt Konkretes. In dieser Kultur im Fluss braucht man etwas Konkretes und die Konkretheit ist eure Berufung.

Und ich will schließen – es gab eine geschriebene Ansprache, aber nachdem ich euch gesehen und die beiden Zeugnisse gehört habe, wollte ich dies alles sagen: Es wird Augenblicke geben, in denen ihr nichts verstehen werdet, dunkle Augenblicke, schlimme, schöne Augenblicke, dunkle Augenblicke, helle Augenblicke … aber da gibt es eine Sache, die ich unterstreichen möchte. Wir stehen in der Gegenwart. In meinem Alter sind wir dabei abzutreten … oder nicht? (Lacht). Wer garantiert das Leben? Niemand. Euer Alter hat die Zukunft vor sich. Das Leben bittet die Jugendlichen heute um eine Mission – die Kirche bittet euch um eine Mission, und ich möchte euch diese Mission geben: zurückgehen und mit den Großeltern sprechen. Das brauchen wir heute mehr denn je, wir brauchen diese Brücke, den Dialog zwischen Großeltern und Jugendlichen, zwischen alten und jungen Menschen. Der Prophet Joel sagt dies im 3. Kapitel, Vers 1 als Prophetie: »Eure Alten werden Träume haben, und eure jungen Männer haben Visionen«. Das heißt, sie bringen mit den Prophetien die konkreten Dinge voran. Dies ist die Aufgabe, die ich euch im Namen der Kirche gebe: mit den älteren Menschen sprechen. »Aber das ist langweilig …, sie sagen immer die gleichen Dinge …« Nein. Höre dem älteren Menschen zu. Sprich, erfrage Dinge. Lass sie träumen und geh du selbst durch diese Träume weiter, um prophetisch zu sprechen und um die Prophetie konkret werden zu lassen. Das ist eure Mission heute, das ist die Mission, um die euch die Kirche heute bittet.

Liebe junge Freunde, seid mutig! »Aber, Pater, ich habe gesündigt, oft falle ich…« Mir kommt ein sehr schönes Lied in den Sinn, das die Gebirgsjäger singen: »In der Kunst aufzusteigen ist es nicht wichtig, nicht zu fallen, sondern nicht liegenzubleiben.« Auf geht's! Du fällst? Auf und weiter. Aber denke an das, was der Großvater geträumt hat, was der alte Mann oder die alte Frau geträumt haben. Lass sie sprechen, nimm die Dinge auf und bilde die Brücke in die Zukunft. Das ist die Aufgabe und die Mission, die euch die Kirche heute gibt.

Vielen Dank für euren Mut, und … auf Wiedersehen nach Panama! Ich weiß nicht, ob ich es sein werde, aber es wird sicher der Papst da sein. Und der Papst wird euch in Panama fragen: »Habt ihr mit den älteren Menschen gesprochen? Habt ihr die Träume der Alten aufgenommen, und habt ihr sie in konkrete Prophetie verwandelt?« Das ist eure Aufgabe. Der Herr segne euch. Betet für mich und bereiten wir uns alle zusammen auf die Synode und auf Panama vor. Danke.

Anmerkungen

1 Papst Franziskus, Ansprache zur Gebetswache in Vorbereitung auf den Weltjugendtag, Päpstliche Basilika Santa Maria Maggiore, 8. April 2017. Online: https://www.vatican.va/content/francesco/de/speeches/2017/april/documents/papa-francesco_20170408_veglia-preparazione-gmg.html (Stand: 04.05.2023).

2 Vgl. Lk 1,39–45.

15. Um die Wahrheit in unserem Leben erstrahlen zu lassen[1]

In der vergangenen Woche habe ich die letzten Dokumente empfangen, die den Bericht ergänzen, den mir meine beiden Sondergesandten in Chile am 20. März 2018 überreicht haben und der insgesamt über 2.300 Seiten umfasst. Das veranlasst mich, Euch diesen Brief zu schreiben. Ich versichere Euch meines Gebets und möchte mit Euch die Überzeugung teilen, dass die gegenwärtigen Schwierigkeiten auch eine Gelegenheit sind, das Vertrauen in die Kirche wiederherzustellen – ein Vertrauen, das durch unsere Fehler und Sünden zerstört wurde – und die Wunden zu heilen, die in der Gesamtheit der chilenischen Gesellschaft nicht aufhören zu bluten.

Ohne den Glauben und ohne das Gebet ist die Brüderlichkeit unmöglich. Daher unterbreite ich Euch an diesem 2. Sonntag der Osterzeit, dem Barmherzigkeitssonntag, diese Reflexion mit dem Wunsch, dass jeder von Euch mich begleiten möge auf dem inneren Weg, den ich in den letzten Wochen beschreite, auf dass der Heilige Geist uns mit seiner Gabe leiten möge, und nicht unsere Interessen oder, noch schlimmer, unser verletzter Stolz.

Manchmal, wenn solche Übel unsere Seele zerbrechen und uns mutlos, erschrocken und in unsere bequemen »Winterpaläste« verschanzt der Welt aussetzen, dann kommt die Liebe Gottes uns entgegen und läutert unseren Willen, um als freie, reife und kritische Menschen zu lieben. Wenn die Kommunikationsmittel uns beschämen, indem sie eine Kirche präsentieren, die fast immer im Neumond steht, der Sonne der Gerechtigkeit beraubt,[2] und wir versucht sind, am österlichen Sieg des Auferstandenen zu zweifeln, dann glaube ich, dass wir wie der heilige Thomas nicht den Zweifel fürchten müssen,[3] sondern die Anmaßung, sehen zu wollen, ohne dem Zeugnis derer zu vertrauen, die aus dem Mund des Herrn die schönste Verheißung vernommen haben.[4]

Heute möchte ich nicht über Gewissheiten zu Euch sprechen, sondern über das Einzige, das der Herr uns jeden Tag erfahren lässt: die Freude, den Frieden, die Vergebung unserer Sünden und das Wirken seiner Gnade.

In diesem Zusammenhang möchte ich dem Erzbischof von Malta, Charles Scicluna, sowie dem Beamten der Kongregation für die Glaubenslehre, Hochwürden Jordi Bertomeu Farnós, meine Dankbarkeit zum Ausdruck bringen für ihren enormen Einsatz, ruhig und einfühlsam die 64 Zeugenaussagen anzuhören, die sie in jüngster Zeit sowohl in New York als auch in Santiago de Chile gesammelt haben. Ich habe sie gesandt, von Herzen und mit Demut zuzuhören. Später, als sie mir den Bericht und insbesondere ihre rechtliche und pastorale Bewertung der gesammelten Informationen übergeben haben, haben sie mir gegenüber bekannt, dass sie sich bedrückt fühlten durch den Schmerz der vielen Opfer schwerwiegenden Missbrauchs des Gewissens und der Macht und insbesondere des sexuellen Missbrauchs Minderjähriger durch verschiedene geweihte Personen Eures Landes, der seinerzeit geleugnet wurde und ihnen sogar die Unschuld geraubt hat.

Denselben tiefempfundenen und herzlichen Dank müssen wir als Hirten jenen zum Ausdruck bringen, die mit Aufrichtigkeit, Mut und kirchlichem Bewusstsein um eine Begegnung mit meinen Gesandten gebeten und ihnen die Wunden ihrer Seele gezeigt haben. Erzbischof Scicluna und Hochwürden Bertomeu haben mir berichtet, dass einige Bischöfe, Priester, Diakone sowie Männer und Frauen im Laienstand aus Santiago und Osorno sich mit überwältigender Reife, Achtung und Liebenswürdigkeit in die Pfarrei »Holy Name« in New York sowie in die Niederlassung von »Sotero Sanz« in Providencia begeben haben.

Andererseits gaben die Tage nach besagter Sondermission Zeugnis von einer weiteren verdienstvollen Tatsache, die wir uns bei anderen Gelegenheiten gut vor Augen halten müssen: Es wurde nicht nur die vertrauensvolle Atmosphäre bewahrt, die während der Visitation erlangt wurde, sondern man ist in keinem Augenblick der Versuchung erlegen, diese heikle Mission zu einem Medienspektakel zu machen. Diesbezüglich möchte ich den verschiedenen Organisationen und Kommunikationsmitteln für ihren professionellen Umgang mit diesem so schwierigen Fall danken, da sie das Recht der Bürger auf Information und den guten Ruf der Aussagenden geachtet haben.

Jetzt, nach einer aufmerksamen Lektüre der Protokolle dieser »Sondermission«, glaube ich sagen zu können, dass alle in ihnen gesammelten Zeugnisse nüchtern, ohne Zusätze oder Verharmlosungen, von vielen gekreuzigten Leben sprechen, und ich bekenne Euch, dass dies mir Schmerz und Scham bereitet. Im Hinblick auf all diese Dinge schreibe ich Euch, die Ihr zu Eurer 115. Vollversammlung zusammengekommen seid, um demütig um Eure Zusammenarbeit und Euren Beistand zu bitten, um kurz-, mittel- und langfristige Maßnahmen zur Wiederherstellung der kirchlichen Gemeinschaft in Chile zu finden, mit dem Ziel, den Skandal soweit wie möglich wiedergutzumachen und die Gerechtigkeit wiederherzustellen.

Ich möchte Euch nach Rom einberufen, um über die Schlussfolgerungen der erwähnten Visitation sowie über meine eigenen Schlussfolgerungen zu sprechen. Ich stelle mir die besagte Begegnung als brüderlichen Augenblick vor, ohne Vorurteile oder vorgefasste Ideen, einzig mit dem Ziel, die Wahrheit in unserem Leben wieder erstrahlen zu lassen. Bezüglich des Termins beauftrage ich den Sekretär der Bischofskonferenz, mir die Möglichkeiten zukommen zu lassen.

Was mich betrifft, so bekenne ich – und möchte, dass Ihr es treu weitergebt –, dass ich schwerwiegende Fehler gemacht habe in der Bewertung und Wahrnehmung der Situation, besonders aus Mangel an wahrhaftiger und ausgewogener Information. Bereits jetzt bitte ich alle um Vergebung, die ich verletzt habe, und ich hoffe, dies in den kommenden Wochen auch persönlich tun zu können, in den Zusammenkünften, die ich mit Vertretern der befragten Personen abhalten werde.

»Bleibt in mir«:[5] Diese Worte des Herrn erklingen ein ums andere Mal in diesen Tagen. Sie sprechen von persönlichen Beziehungen, von Gemeinschaft, von Brüderlichkeit, die anzieht und zusammenruft. Mit Christus vereint wie die Reben am Weinstock lade ich Euch ein, in Euer Gebet in den nächsten Tagen eine Großherzigkeit hineinzunehmen, die uns auf die erwähnte Begegnung vorbereitet und es später gestatten wird, die Dinge, über die wir nachgedacht haben, in konkrete Taten umzusetzen. Vielleicht wäre es sogar angemessen, die Kirche in Chile in einen Zustand des Gebets zu versetzen. Heute dürfen wir weniger denn je in die Versuchung geraten, zu viele Worte zu machen oder bei »Allgemeinheiten« zu bleiben. Blicken wir in diesen Tagen auf Christus. Blicken wir auf sein Leben und seine Gesten, vor allem dort, wo er sich mitfühlend und barmherzig zeigt mit jenen, die Fehler gemacht haben. Lieben wir die Wahrheit, bitten wir um die Weisheit des Herzens und lassen wir uns bekehren.

In Erwartung Eurer Nachricht und mit der Bitte an Bischof Santiago Silva Tetamales, den Präsidenten der Chilenischen Bischofskonferenz, das vorliegende Schreiben schnellstmöglich zu veröffentlichen, erteile ich Euch meinen Segen und bitte Euch, nicht aufzuhören, für mich zu beten.

Anmerkungen

1 Papst Franziskus, Brief des Heiligen Vaters an die chilenischen Bischöfe, 8. April 2018. Online: https://www.vatican.va/content/francesco/de/letters/2018/documents/papa-francesco_20180408_lettera-vescovi-cile.html (Stand: 04.05.2023).

2 Vgl. Ambrosius, *Hexaemeron IV*,8,32.

3 Vgl. Joh 20,25.

4 Vgl. Mt 28,20.

5 Joh 15,4.

16. Eine Aufgabe, die das ganze Volk Gottes mit einbezieht und betrifft[1]

»Wenn darum ein Glied leidet, leiden alle Glieder mit« (1 Kor 12,26.). Diese Worte des heiligen Paulus hallen mit Macht in meinem Herzen wider, wenn ich mir wieder einmal das Leiden vergegenwärtige, das viele Minderjährige wegen sexuellem wie Macht- und Gewissensmissbrauch seitens einer beträchtlichen Zahl von Klerikern und Ordensleuten erfahren haben. Es ist ein Verbrechen, das tiefe Wunden des Schmerzes und der Ohnmacht erzeugt, besonders bei den Opfern, aber auch bei ihren Familienangehörigen und in der gesamten Gemeinschaft, seien es Gläubige oder Nicht-Gläubige. Wenn wir auf die Vergangenheit blicken, ist es nie genug, was wir tun, wenn wir um Verzeihung bitten und versuchen, den entstandenen Schaden wiedergutzumachen. Schauen wir in die Zukunft, so wird es nie zu wenig sein, was wir tun können, um eine Kultur ins Leben zu rufen, die in der Lage ist, dass sich solche Situationen nicht nur nicht wiederholen, sondern auch keinen Raum finden, wo sie versteckt überleben könnten. Der Schmerz der Opfer und ihrer Familien ist auch unser Schmerz; deshalb müssen wir dringend noch einmal unsere Anstrengung verstärken, den Schutz von Minderjährigen und von Erwachsenen in Situationen der Anfälligkeit zu gewährleisten.

Wenn ein Glied leidet

Vor einigen Tagen wurde ein Bericht veröffentlicht, in dem die Erfahrungen von mindestens tausend Personen beschrieben werden, die im Zeitraum der letzten siebzig Jahre Opfer von sexuellem wie

Macht- und Gewissensmissbrauch durch Priester wurden. Auch wenn man sagen kann, dass der größte Teil der Fälle die Vergangenheit betrifft, sind wir uns doch im Laufe der Zeit des Schmerzes vieler Opfer bewusst geworden und müssen feststellen, dass die Wunden nie verschwinden, und uns mit Nachdruck verpflichten, diese Gräueltaten zu verdammen, wie auch die Anstrengungen zu bündeln, um diese Kultur des Todes auszumerzen; die Wunden »verjähren nie«. Der Schmerz dieser Opfer ist eine Klage, die zum Himmel aufsteigt und die Seele berührt, die aber für lange Zeit nicht beachtet, versteckt und zum Schweigen gebracht wurde. Doch ihr Schrei war stärker als alle Maßnahmen, die danach strebten, ihn zum Schweigen zu bringen, oder auch versucht haben, ihn mit Entscheidungen zu beruhigen, die seinen Schmerz vergrößerten, weil sie in Komplizenschaft gerieten. Ein Schrei, den der Herr gehört hat. Er lässt uns wieder einmal sehen, auf welcher Seite er steht. Der Lobgesang der Maria geht nicht fehl und durchläuft die Geschichte wie eine Hintergrundmusik weiter; denn der Herr denkt an seine Verheißung, die er unseren Vätern gegeben hat: »Er zerstreut, die im Herzen voll Hochmut sind; er stürzt die Mächtigen vom Thron und erhöht die Niedrigen. Die Hungernden beschenkt er mit seinen Gaben und lässt die Reichen leer ausgehen« (Lk 1,51–53). Und wir schämen uns, wenn wir uns bewusst werden, dass unser Lebensstil das verleugnet hat und verleugnet, was wir mit unserer Stimme aufsagen.

Mit Scham und Reue geben wir als Gemeinschaft der Kirche zu, dass wir nicht dort gestanden haben, wo wir eigentlich hätten stehen sollen, und dass wir nicht rechtzeitig gehandelt haben, als wir den Umfang und die Schwere des Schadens erkannten, der sich in so vielen Menschenleben auswirkte. Wir haben die Kleinen vernachlässigt und allein gelassen. Ich mache mir die Worte des damaligen Kardinal Ratzingers zu eigen, der bei dem für den Karfreitag im Jahr

2005 verfassten Kreuzweg sich mit dem Schmerzensschrei so vieler Opfer verband und mit Nachdruck sagte: »Wie viel Schmutz gibt es in der Kirche und gerade auch unter denen, die im Priestertum ihm ganz zugehören sollten? Wie viel Hochmut und Selbstherrlichkeit? Wie wenig achten wir das Sakrament der Versöhnung, in dem er uns erwartet, um uns von unserem Fall aufzurichten? All das ist in seiner Passion gegenwärtig. Der Verrat der Jünger, der unwürdige Empfang seines Leibes und Blutes, muss doch der tiefste Schmerz des Erlösers sein, der ihn mitten ins Herz trifft. Wir können nur aus tiefster Seele zu ihm rufen: *Kyrie, eleison* – Herr, rette uns (vgl. Mt 8,25)« (Neunte Station).

Leiden alle Glieder mit

Der Umfang und das Ausmaß der Ereignisse verlangt, sich dieser Sache in umfassender Weise mit vereinten Kräften anzunehmen. Obwohl es bei jedem Prozess der Umkehr wichtig und nötig ist, dass man sich des Vorgefallenen bewusst wird, reicht dies in sich selbst nicht aus. Heute sind wir als Volk Gottes gefragt, uns des Schmerzes unserer an Leib und Seele verwundeten Brüder und Schwestern anzunehmen. Wenn in der Vergangenheit die Unterlassung eine Form der Antwort werden konnte, so wollen wir heute, dass die Solidarität, in ihrer tiefsten und anspruchsvollsten Bedeutung, unsere Weise wird, die heutige und zukünftige Geschichte in einem Umfeld zu schreiben, wo die Konflikte, die Spannungen und besonders die Opfer jeder Form von Missbrauch eine ausgestreckte Hand finden können, die sie beschützt und aus ihrem Schmerz erlöst.[2] Diese Solidarität verlangt ihrerseits von uns, all das anzuprangern, was die Unversehrtheit irgendeiner Person in Gefahr bringen könnte. Es ist eine Solidarität, die zum Kampf gegen jede Art von Korruption, insbesondere der spirituellen, aufruft, »weil es sich um eine bequeme und selbstgefällige Blindheit handelt, wo schließlich alles zulässig erscheint: Unwahrheit, üble Nachrede, Egoismus und viele subtile Formen von Selbstbezogenheit – denn schon ›der Satan tarnt sich als Engel des Lichts‹ (2 Kor 11,14)«.[3] Der Appell des heiligen Paulus, mit den Leidenden zu leiden, ist das beste Heilmittel gegen jeden Drang, weiterhin unter uns die Worte Kains zu wiederholen: »Bin ich der Hüter meines Bruders?« (Gen 4,9).

Ich bin mir der Bemühungen und der Arbeit bewusst, die in verschiedenen Teilen der Welt unternommen wurden, um die notwendigen Vermittlungen zu gewährleisten und auszuführen, die Sicherheit geben und die Unversehrtheit der Kinder und der Erwachsenen im Zustand der Anfälligkeit schützen. Dazu gehört auch die Verbreitung der »Null-Toleranz-Haltung« und der Maßnahmen, Rechenschaft zu fordern von allen, die diese Verbrechen begehen oder decken. Wir haben diese so notwendigen Aktionen und Sanktionen mit Verspätung angewandt, aber ich bin zuversichtlich, dass sie dazu beitragen, eine bessere Kultur des Schutzes in der Gegenwart und in der Zukunft zu gewährleisten.

Verbunden mit diesen Bemühungen ist es nötig, dass jeder Getaufte sich einbezogen weiß in diese kirchliche und soziale Umgestaltung, die wir so sehr nötig haben. Eine solche Umgestaltung verlangt die persönliche und gemeinschaftliche Umkehr. Sie leitet uns an, in die gleiche Richtung zu schauen wie der Herr. So sagte der heilige Johannes Paul II.: »Wenn wir wirklich von der Betrachtung Christi ausgegangen sind, werden wir in der Lage sein, ihn vor allem im Antlitz derer zu erkennen, mit denen er sich selbst gern identifiziert hat«.[4] Lernen zu schauen, wohin der Herr geschaut hat. Lernen dort zu stehen, wo der Herr uns haben will, um das Herz, das in seiner Gegenwart steht, zu bekehren. Zu diesem Zweck helfen Gebet und

Buße. Ich lade das ganze heilige gläubige Volk Gottes zu dieser Bußübung des Gebets und des Fastens entsprechend der Aufforderung des Herrn[5] ein. Er weckt unser Gewissen, unsere Solidarität und unseren Einsatz für eine Kultur des Schutzes und des »Nie wieder« gegenüber jeder Art und jeder Form von Missbrauch.

Es ist unmöglich, sich eine Umkehr des kirchlichen Handelns vorzustellen ohne die aktive Teilnahme aller Glieder des Volks Gottes. Mehr noch: Jedes Mal, wenn wir versucht haben, das Volk Gottes auszustechen, zum Schweigen zu bringen, zu übergehen oder auf kleine Eliten zu reduzieren, haben wir Gemeinschaften, Programme, theologische Entscheidungen, Spiritualitäten und Strukturen ohne Wurzeln, ohne Gedächtnis, ohne Gesicht, ohne Körper und letztendlich ohne Leben geschaffen.[6] Das zeigt sich deutlich in einer anomalen Verständnisweise von Autorität in der Kirche – sehr verbreitet in zahlreichen Gemeinschaften, in denen sich Verhaltensweisen des sexuellen wie des Macht- und Gewissensmissbrauchs ereignet haben –, nämlich als Klerikalismus, jene Haltung, die »nicht nur die Persönlichkeit der Christen zunichte [macht], sondern dazu [neigt], die Taufgnade zu mindern und unterzubewerten, die der Heilige Geist in das Herz unseres Volkes eingegossen hat«.[7] Der Klerikalismus, sei er nun von den Priestern selbst oder von den Laien gefördert, erzeugt eine Spaltung im Leib der Kirche, die dazu anstiftet und beiträgt, viele der Übel, die wir heute beklagen, weiterlaufen zu lassen. Zum Missbrauch Nein zu sagen, heißt zu jeder Form von Klerikalismus mit Nachdruck Nein zu sagen.

Es ist immer gut, sich daran zu erinnern, dass der Herr »in der Heilsgeschichte ein Volk gerettet [hat]. Es gibt keine vollständige Identität ohne Zugehörigkeit zu einem Volk. Deshalb kann sich niemand allein, als isoliertes Individuum, retten, sondern Gott zieht uns an, wobei er das komplexe Geflecht zwischenmenschlicher

Beziehungen berücksichtigt, das der menschlichen Gemeinschaft innewohnt: Gott wollte in eine soziale Dynamik eintreten, in die Dynamik eines Volkes«.[8] Deshalb ist dies die einzige Möglichkeit, die wir haben, um auf dieses Übel, das so viele Leben geraubt hat, zu antworten, es als Aufgabe zu leben, die uns alle als Volk Gottes einbezieht und betrifft. Dieses Bewusstsein, dass wir uns als Teil eines Volkes und einer gemeinsamen Geschichte fühlen, gestattet uns, unsere Sünden und die Fehler der Vergangenheit in einer bußfertigen Offenheit zu erkennen, die fähig ist, sich von innen her erneuern zu lassen. Alles, was man unternimmt, um die Kultur des Missbrauchs aus unseren Gemeinschaften auszumerzen, ohne alle Glieder der Kirche aktiv daran teilhaben zu lassen, wird nicht dazu in der Lage sein, die nötigen Dynamiken für eine gesunde und wirksame Umgestaltung zu erzeugen. Die büßende Dimension des Fastens und des Gebets wird uns als Volk Gottes helfen, uns vor den Herrn und vor unsere verwundeten Brüder und Schwestern zu stellen – als Sünder, die die Verzeihung sowie die Gnade der Scham und der Umkehr erflehen und somit Maßnahmen erarbeiten, die Dynamiken im Einklang mit dem Evangelium erzeugen. Denn »jedes Mal, wenn wir versuchen, zur Quelle zurückzukehren und die ursprüngliche Frische des Evangeliums wiederzugewinnen, tauchen neue Wege, kreative Methoden, andere Ausdrucksformen, aussagekräftigere Zeichen und Worte reich an neuer Bedeutung für die Welt von heute auf«.[9]

Es ist unumgänglich, dass wir als Kirche die von Ordensleuten und Priestern begangenen Gräueltaten wie auch die von all jenen, die den Auftrag hatten, die am meisten Verwundbaren zu behüten und zu beschützen, anerkennen und mit Schmerz und Scham verdammen. Wir bitten um Vergebung für die eigenen und für die Sünden anderer. Das Bewusstsein der Sünde hilft uns, die Fehler, die Vergehen und die in der Vergangenheit verursachten Wunden anzuerkennen, und es gestattet uns, uns zu öffnen und in der Gegenwart stärker für einen Weg erneuerter Umkehr einzusetzen.

Zugleich werden uns die Buße und das Gebet helfen, unsere Augen und unser Herz für das Leiden der anderen zu schärfen und die Begierde des Herrschens und des Besitzens zu besiegen, die so oft die Wurzel dieser Übel sind. Möge das Fasten und das Gebet unsere Ohren öffnen für den leisen Schmerz der Kinder, der Jugendlichen und der Behinderten. Fasten, das uns Hunger und Durst nach Gerechtigkeit schaffen und uns antreiben möge, in der Wahrheit zu wandeln und uns auf alle Rechtsmittel zu stützen, die nötig sind. Ein Fasten, das uns schüttelt und uns dazu bringt, uns mit allen Menschen guten Willens und der Gesellschaft insgesamt in der Wahrheit und in der Liebe zu engagieren, um jede Art von sexuellem wie Macht- und Gewissensmissbrauch zu bekämpfen.

Auf diese Weise werden wir unseren Auftrag deutlich machen können, zu dem wir berufen sind, nämlich »Zeichen und Werkzeug für die innigste Vereinigung mit Gott wie für die Einheit der ganzen Menschheit«[10] zu sein.

»Wenn darum ein Glied leidet, leiden alle Glieder mit«, sagte uns der heilige Paulus. Mittels der betenden und büßenden Haltung können wir in persönlichen und gemeinschaftlichen Einklang mit dieser Mahnung eintreten, auf dass unter uns die Gaben des Mitleids, der Gerechtigkeit, der Vorbeugung und der Wiedergutmachung wachsen mögen. Maria hat es vermocht, am Fuß des Kreuzes ihres Sohnes zu stehen. Sie hat es nicht in irgendeiner Weise getan, sondern sie stand aufrecht und direkt daneben. Mit dieser Haltung bekundet sie ihre Weise, im Leben zu stehen. Wenn wir die Trostlosigkeit erfahren, die uns diese kirchlichen Wunden verursacht, wird es uns mit Maria guttun, »mit Maria mehr im Gebet zu verharren«,[11] indem wir versuchen, in der Liebe und der Treue zur Kirche zu wachsen. Sie, die erste Jüngerin, lehrt uns Jünger alle, wie wir uns angesichts des Leidens des Unschuldigen zu verhalten haben, ohne Ausflüchte und Verzagtheit. Auf Maria zu schauen heißt entdecken lernen, wo und wie wir als Jünger Christi zu stehen haben.

Der Heilige Geist schenke uns die Gnade der Umkehr und die innere Stärkung, damit wir unsere Reue angesichts dieser Verbrechen des Missbrauchs zum Ausdruck bringen können und unsere Entscheidung, sie mutig zu bekämpfen.

Anmerkungen

1 Papst Franziskus, Schreiben an das Volk Gottes, 20. August 2018. Online: https://www.vatican.va/content/francesco/de/letters/2018/documents/papa-francesco_20180820_lettera-popolo-didio.html (Stand: 04.05.2023).
2 Vgl. Papst Franziskus, Apostolisches Schreiben *Evangelii gaudium*, 228.
3 Papst Franziskus, Apostolisches Schreiben *Gaudete et exsultate*, 165.
4 Johannes Paul II., Apostolisches Schreiben *Novo millennio ineunte*, 49.
5 »Diese Art kann nur durch Gebet und Fasten ausgetrieben werden« (Mt 17,21).
6 Vgl. Papst Franziskus, Schreiben an das pilgernde Volk Gottes in Chile, 31. Mai 2018.
7 Papst Franziskus, Schreiben an Kard. Marc Ouellet, Präsident der Päpstlichen Kommission für Lateinamerika, 31. März 2016.
8 Papst Franziskus, Apostolisches Schreiben *Gaudete et exsultate*, 6.
9 Papst Franziskus, Apostolisches Schreiben *Evangelii gaudium*, 11.
10 Zweites Vatikanisches Konzil, Dogmatische Konstitution *Lumen gentium*, 1
11 Ignatius von Loyola, *Geistliche Exerzitien*, 319.

17. Ein bevorzugtes Instrument, um auf das Volk Gottes zu hören[1]

So ist der Bischof gleichzeitig Lehrer und Lernender. Er ist Lehrer, wenn er unter dem besonderen Beistand des Heiligen Geistes den Gläubigen das Wort der Wahrheit im Namen Christi, des Hauptes und Hirten, verkündet. Aber er ist auch ein Lernender, wenn er in dem Wissen, dass der Geist jedem Getauften geschenkt ist, auf die Stimme Christi hört, die durch das ganze Volk Gottes spricht und es *in credendo* unfehlbar macht.[2] Denn »die Gesamtheit der Gläubigen, welche die Salbung von dem Heiligen haben (vgl. 1 Joh 2,20 und 27), kann im Glauben nicht irren. Und diese ihre besondere Eigenschaft macht sie durch den übernatürlichen Glaubenssinn des ganzen Volkes dann kund, wenn sie ›von den Bischöfen bis zu den letzten gläubigen Laien‹ ihre allgemeine Übereinstimmung in Sachen des Glaubens und der Sitten äußert«.[3] Aus diesem Grund soll der Bischof vor dem Volk »gehen und den Weg weisen; mitten unter ihm gehen, um es in der Einheit zu stärken; hinter ihm gehen, sowohl damit niemand zurückbleibt, aber vor allem, um dem Spürsinn zu folgen, den das Volk Gottes hat, um neue Wege zu finden. Ein Bischof, der mitten unter seinen Gläubigen lebt, hat offene Ohren, um zu hören, ›was der Geist den Gemeinden sagt‹ (Offb 2,7) und die ›Stimme der Schafe‹, auch durch jene diözesanen Einrichtungen, die die Aufgabe haben, den Bischof zu beraten, indem er einen loyalen und konstruktiven Dialog fördert«.[4]

Auch die Bischofssynode muss immer mehr zu einem bevorzugten Instrument des Hörens auf das Volk Gottes werden: »Vom Heiligen Geist erbitten wir für die Synodenväter vor allem die Gabe des Hörens: des Hörens auf Gott, so dass wir mit Ihm den Schrei des Volkes hören; des Hörens auf das Volk, so dass wir dort den Willen wahrnehmen, zu dem Gott uns ruft«.[5]

Obwohl sie in ihrer Zusammensetzung eine wesenhaft bischöfliche Einrichtung darstellt, ist die Synode daher nicht losgelöst von den übrigen Gläubigen. Im Gegenteil, sie ist ein geeignetes Instrument, um dem ganzen Volk Gottes gerade durch die Bischöfe, die von Gott »als authentische Hüter, Ausleger und Zeugen des Glaubens der ganzen Kirche«[6] eingesetzt wurden, Stimme zu verleihen, und sich so von Versammlung zu Versammlung als eloquenter Ausdruck der Synodalität als »konstitutive Dimension der Kirche«[7] erweist.

Die Kirchengeschichte bezeugt vielfach die Bedeutung des Konsultationsprozesses, um die Meinung der Hirten und der Gläubigen hinsichtlich des Wohls der Kirche erkennen zu können. Es ist daher von großer Bedeutung, dass – auch bei der Vorbereitung der Synodenversammlungen – der Konsultation aller Teilkirchen besondere Aufmerksamkeit geschenkt wird. In dieser ersten Phase legen die Bischöfe entsprechend den Anweisungen des Generalsekretariats der Synode den Priestern, Diakonen und Laien ihrer Kirchen – Einzelpersonen oder auch entsprechenden Vereinigungen – die Fragen vor, die in der Synodenversammlung behandelt werden sollen, ohne dabei den wertvollen Beitrag zu vernachlässigen, der von den gottgeweihten Männern und Frauen kommen kann. Vor allem der Beitrag der Teilhabegremien der Teilkirche, insbesondere des Priester- und des Pastoralrates, kann von grundlegender Bedeutung sein. Gerade von diesen ausgehend kann »eine synodale Kirche allmählich Gestalt annehmen«.[8]

Auf die Konsultation der Gläubigen folgt während jeder Synodenversammlung der Unterscheidungsprozess seitens der eigens dazu ausgewählten Hirten, die vereint nach einem Konsens streben, der nicht menschlicher Denkweise, sondern dem gemeinsamen Gehorsam gegenüber dem Geist Christi entspringt. Aufmerksam gegenüber dem *sensus fidei* des Volkes Gottes – »wobei sie verstehen müssen, diesen von den oft wechselhaften Strömungen der öffentlichen Meinung zu unterscheiden«[9] – legen die Mitglieder der Versammlung dem Papst ihre Meinung vor, damit ihm dies in seinem Dienst als universalem Hirten der Kirche helfen kann. »Die Tatsache, dass der Synode normalerweise beratende und nur in Ausnahmefällen beschließende Funktion zukommt, mindert nicht ihre Bedeutung. In der Kirche ist nämlich der Zweck eines jeden Kollegialorgans, sei es beratend oder beschließend, immer auf die Wahrheit oder auf das Wohl der Kirche ausgerichtet. Wenn es sich dann um die Feststellung des gemeinsamen Glaubens handelt, wird der *consensus Ecclesiae* nicht durch die Auszählung der Stimmen gewonnen, sondern ist Frucht des Wirkens des Geistes, der die Seele der einzigen Kirche Christi ist«.[10] Deshalb hat das Votum der Synodenväter, »wenn moralisch einmütig, ein qualitatives kirchliches Gewicht, das über den rein formalen Aspekt des beratenden Votums hinausgeht«.[11]

Auf die Synodenversammlung muss schließlich die Phase ihrer Umsetzung folgen, mit dem Ziel, in allen Teilkirchen die Rezeption der Synodenentscheidungen, die sich der Papst in einer ihm geeignet erscheinenden Weise zu Eigen gemacht hat, auf den Weg zu bringen. Dabei ist zu beachten, dass »die Kulturen untereinander sehr verschieden [sind], und jeder allgemeine Grundsatz […] inkulturiert werden [muss], wenn er beachtet und angewendet werden soll«.[12] Auf diese Weise wird sichtbar, dass der synodale Prozess nicht nur seinen Ausgangs- sondern auch seinen Zielpunkt im Volk Gottes hat, auf das sich die mittels der Versammlung der Hirten gewährten Gnadengaben des Heiligen Geistes ergießen sollen.

Unabhängig davon, wie sie abgehalten wird, ist jede Vollversammlung ein bedeutsamer Moment des gemeinsamen Zuhörens auf das, was der Heilige Geist »den Gemeinden sagt« (Offb 2,7). Es ist daher wichtig, während der Arbeit der Synode besonderen Nachdruck auf liturgische Feiern und weitere Formen des gemeinschaftlichen Gebetes zu legen, um für die Mitglieder der Versammlung die Gabe der Unterscheidung und der Eintracht zu erbitten. Es ist auch angebracht, dass nach der alten Synodentradition das Evangeliar zu Beginn eines jeden Tages feierlich inthronisiert wird und so alle Teilnehmer auch symbolisch an die Notwendigkeit erinnert, dem göttlichen Wort, dem »wahren Wort« (Kol 1,5), gehorsam zu sein.

Anmerkungen

1 Auszug aus: Papst Franziskus, Apostolische Konstitution, *Episcopalis communio* (Über die Bischofssynode); Online: https://www.vatican.va/content/francesco/de/apost_constitutions/documents/papa-francesco_costituzione-ap_20180915_episcopalis-communio.html (Stand: 02.05.2023).

2 Papst Franziskus, Apostolisches Schreiben *Evangelii gaudium*, 119.

3 Zweites Vatikanisches Konzil, Dogmatische Konstitution *Lumen gentium*, 12.

4 Ansprache an die neuernannten Bischöfe, die an einem von der Kongregation für die Bischöfe und die Kongregation für die Orientalischen Kirchen organisierten Kurs teilgenommen haben (19. September 2013). Vgl. Papst Franziskus, Apostolisches Schreiben *Evangelii gaudium*, 31.

5 Papst Franziskus, Ansprache bei der Gebetsvigil zur Vorbereitung auf die Bischofssynode über die Familie (4. Oktober 2014).

6 Papst Franziskus, Ansprache zur 50-Jahr-Feier der Einrichtung der Bischofssynode (17. Oktober 2015).

7 Ebd.

8 Papst Franziskus, Ansprache zur 50-Jahr-Feier der Einrichtung der Bischofssynode. Vgl. Papst Franziskus, Apostolisches Schreiben *Evangelii gaudium*, 31.

9 Papst Franziskus, Ansprache zur 50-Jahr-Feier der Einrichtung der Bischofssynode.

10 Johannes Paul II., Nachsynodale Apostolisches Schreiben *Pastores gregis*, 58.

11 Johannes Paul II., Ansprache an den Rat des Generalsekretariats der Bischofssynode (30. April 1983).

12 Papst Franziskus, Ansprache zum Abschluss der XIV. Ordentlichen Generalversammlung der Bischofssynode (24. Oktober 2015).

18. Die kirchliche Akt der Unterscheidung[1]

Wenn wir diese Aula betreten, um über die jungen Menschen zu sprechen, so spürt man bereits die Kraft ihrer Anwesenheit, die eine positive Stimmung und einen Enthusiasmus verbreitet, die im Stande sind, nicht nur diese Aula zu erfüllen und zu erfreuen, sondern die gesamte Kirche und die ganze Welt.

Deshalb kann ich nicht anfangen, ohne euch zu danken! Danke den Anwesenden, danke so vielen Personen, die während eines langen zweijährigen Vorbereitungswegs – hier in der Kirche von Rom und in allen Kirchen der Welt – mit Hingabe und Leidenschaft gearbeitet haben, um diesen Augenblick zu ermöglichen. Ich danke von Herzen Kardinal Lorenzo Baldisseri, Generalsekretär der Synode, den delegierten Vorsitzenden, Kardinal Sérgio da Rocha, Generalrelator, dem Untersekretär Bischof Fabio Fabene, den Sachbearbeitern des Generalsekretariats und den Assistenten; ich danke euch allen, den Synodenvätern, den Auditoren und Auditorinnen, den Experten und Konsultoren, den brüderlichen Abgesandten (*delegati fraterni*), den Übersetzern, den Sängern und den Journalisten. Einen herzlichen Dank an alle für eure aktive und fruchtbare Teilnahme.

Ein aufrichtiges Wort des Dankes verdienen die zwei Spezialsekretäre, der Jesuitenpater Giacomo Costa und der Salesianer Don Rossano Sala, die mit großzügigem Einsatz und Opferbereitschaft gearbeitet haben. In der Vorbereitung haben sie sich förmlich aufgerieben!

Ich möchte auch aufrichtig den in diesem Augenblick mit uns verbundenen jungen Menschen danken und allen, die sich auf vielerlei Weise zu Wort gemeldet haben. Ich danke ihnen für ihre Überzeugung, dass es sich lohnt, sich als Teil der Kirche zu fühlen oder mit ihr in Dialog zu treten; es lohnt sich, die Kirche als Mutter, als Lehrmeisterin, als Zuhause, als Familie zu haben, die trotz menschlicher Schwächen und Schwierigkeiten fähig ist, zu leuchten und die unvergängliche Botschaft Christi weiterzugeben; es ist lohnend, sich am Schiff der Kirche festzuklammern, die auch durch die unerbittlichen Stürme der Welt hindurch fortfährt, allen Zuflucht und Aufnahme anzubieten; es lohnt sich, einander zuzuhören; es lohnt sich, gegen den Strom zu schwimmen und sich an hohe Werte zu binden: die Familie, die Treue, die Liebe, den Glauben, das Opfer, den Dienst, das ewige Leben. Unsere Verantwortung hier bei der Synode ist es, ihnen gegenüber redlich zu sein, ja, ihnen zu zeigen, dass ihre Überzeugung gerechtfertigt ist: Es lohnt sich wahrhaft, es ist wirklich keine verlorene Zeit!

Und ich danke insbesondere euch, liebe anwesende junge Freunde! Der Vorbereitungsweg für die Synode hat uns gelehrt, dass die Welt der jungen Menschen so vielfältig ist, dass sie hier nicht vollständig repräsentiert werden kann, aber ihr seid gewiss ein wichtiges Zeichen dafür. Eure Teilnahme erfüllt uns mit Freude und Hoffnung.

Die Synode, die wir nun erleben, ist ein Moment des Teilens. Ich möchte daher zu Beginn des Wegs der Synodenversammlung alle dazu einladen, mit Mut und *Parrhesia* zu sprechen, also Freiheit, Wahrheit und Liebe miteinander zu verbinden. Nur der Dialog kann uns wachsen lassen. Eine ehrliche und transparente Kritik ist konstruktiv und hilft, was für unnützes Gerede, Gerüchte, Unterstellungen oder Vorurteile nicht gilt.

Und der Mut zum Sprechen und die Demut des Zuhörens gehören zusammen. Ich habe den jungen Menschen in der vorsynodalen Versammlung gesagt: »Wenn jemand spricht, den ich nicht mag, dann muss ich ihm erst recht zuhören, denn jeder hat das Recht, angehört zu werden, und jeder hat das Recht zu reden«. Dieses offene Zuhören erfordert Mut, das Wort zu ergreifen und den hier nicht anwesenden jungen Menschen in der Welt eine Stimme zu verleihen. Dieses Zuhören eröffnet den Raum für den Dialog. Die Synode muss ein Akt des Dialogs sein, vor allem unter den Teilnehmern. Und die erste Frucht dieses Dialogs ist, dass jeder offen ist für Neues, um die eigene Meinung aufgrund dessen zu ändern, was er von den anderen gehört hat. Dies ist für die Synode wichtig. Viele von euch haben ihre Diskussionsbeiträge schon vorbereitet, bevor sie hierhergekommen sind – und ich danke euch für diese Arbeit –, aber ich lade euch ein, euch frei zu fühlen, das von euch Vorbereitete als einen vorläufigen Entwurf zu betrachten, der für eventuelle Ergänzungen und Änderungen offen ist, die der synodale Weg vielleicht nahelegt. Fühlen wir uns frei, die anderen anzunehmen und zu verstehen und dann auch unsere Überzeugungen und Haltungen zu ändern: Das ist Zeichen großer menschlicher und geistlicher Reife.

Die Synode ist ein kirchlicher Akt der Unterscheidung. Direktheit im Sprechen und Offenheit im Zuhören sind grundlegend, damit die Synode ein Prozess der Unterscheidung wird. Die Unterscheidung ist nicht ein Werbeslogan, sie ist nicht eine Organisationstechnik und auch nicht eine Mode dieses Pontifikats, sondern eine innere Haltung, die in einem Glaubensakt verwurzelt ist. Die Unterscheidung ist die Methode und zugleich das Ziel, das wir uns vornehmen: Sie gründet auf der Überzeugung, dass Gott in der Geschichte der Welt, in den Ereignissen des Lebens, in den Personen, denen ich begegne und die mit mir sprechen, am Werk ist. Deshalb sind wir gerufen, auf das zu hören, was der Geist uns in oftmals unvorhersehbaren Arten und Richtungen eingibt. Die Unterscheidung bedarf des Raums und der Zeit. Deshalb verfüge ich, dass während der Arbeiten in der Vollversammlung und den Gruppen nach je 5 Beiträgen ein Augenblick der Stille eingehalten wird – circa drei

Minuten –, um jedem zu ermöglichen, auf den Widerhall aufmerksam zu sein, den die gehörten Dinge in seinem Herzen erwecken, um in die Tiefe zu gehen und das zu erfassen, was ihn am meisten beeindruckt. Diese Aufmerksamkeit für die Innerlichkeit ist der Schlüssel, um den Weg des Erkennens, des Interpretierens und der Entscheidung zu gehen.

Wir sind Zeichen einer Kirche, die zuhört und unterwegs ist. Die Haltung des Zuhörens kann sich nicht auf die Worte beschränken, die wir während der synodalen Arbeit austauschen werden. Der Vorbereitungsweg für diesen Augenblick hat eine Kirche erkennen lassen, die »Gehör schuldet«, auch den jungen Menschen gegenüber, die sich von der Kirche in ihrer Originalität oft nicht verstanden und in ihrem wirklichen Sosein nicht angenommen, ja bisweilen sogar zurückgewiesen fühlen. Diese Synode hat die Gelegenheit, die Aufgabe und die Pflicht, zeichenhaft eine Kirche zu sein, die wirklich zuhört, die sich von den Instanzen derjenigen, die sie trifft, anfragen lässt und nicht immer eine schon vorbereitete fertige Antwort hat. Eine Kirche, die nicht zuhört, zeigt sich für die Neuheit verschlossen, verschlossen für die Überraschungen Gottes und wird nicht glaubwürdig erscheinen, insbesondere bei den jungen Menschen, die sich unvermeidlich entfernen werden, anstatt sich zu nähern.

Lassen wir Vorurteile und Klischees hinter uns. Ein erster Schritt in Richtung des Zuhörens ist, unseren Geist und unsere Herzen von Vorurteilen und Klischees zu befreien: Wenn wir denken, schon zu wissen, wer der andere ist und was er will, dann haben wir wirklich Mühe, ihm ernsthaft zuzuhören. Die Beziehungen zwischen den Generationen sind ein Boden, auf dem die Vorurteile und die Klischees mit einer solch sprichwörtlichen Leichtigkeit Wurzeln schlagen, dass wir uns oftmals dessen nicht einmal bewusst sind. Die jungen Menschen sind versucht, die Erwachsenen als überholt zu betrachten; die Erwachsenen sind versucht, die jungen Menschen für unerfahren zu halten, zu wissen, wie sie sind und vor allem wie sie sich verhalten müssten. All dies kann ein mächtiges Hindernis für den Dialog und die Begegnung unter den Generationen darstellen. Der Großteil der Anwesenden gehört nicht der jungen Generation an, weshalb es klar ist, dass wir vor allem vor der Gefahr auf der Hut sein müssen, ausgehend von bereits überholten Kategorien und Denkschemata über die jungen Menschen zu sprechen. Wenn wir es verstehen werden, diese Gefahr zu vermeiden, werden wir dazu beitragen, einen Pakt zwischen den Generationen zu ermöglichen. Die Erwachsenen müssten die Versuchung überwinden, die Fähigkeiten der jungen Menschen zu unterschätzen und sie negativ zu beurteilen. Ich hatte einmal gelesen, dass die erste Erwähnung dieser Tatsache auf das Jahr 3000 vor Christus zurückgeht: Auf einem alten babylonischen Tongefäß findet sich eine Inschrift, die sagt, dass die Jugend unmoralisch sei und die jungen Menschen nicht im Stande seien, die Kultur des Volkes zu retten. Das ist bei uns Alten eine alte Tradition! Andererseits sollten die jungen Menschen die Versuchung überwinden, den Erwachsenen kein Gehör zu schenken, die Alten als »altes, vergangenes und langweiliges Zeug« zu betrachten und dabei zu vergessen, dass es töricht ist, immer bei Null beginnen zu wollen, als ob das Leben nur mit jedem von ihnen anfangen würde. In Wirklichkeit bleiben die Alten trotz ihrer körperlichen Gebrechlichkeit immer das Gedächtnis unserer Menschheit, die Wurzeln unserer Gesellschaft, der »Puls« unserer Zivilisation. Sie geringzuschätzen, sie loswerden zu wollen, sie in isolierte Reservate einzuschließen oder auf sie herabzuschauen, zeigt ein Nachgeben gegenüber der Denkweise der Welt, die unser Zuhause von innen verschlingt. Den Erfahrungsschatz zu vernachlässigen, den jede Generation erbt und der anderen weitergibt, ist ein Akt der Selbstzerstörung.

Schließlich muss man einerseits mit Entschiedenheit das Übel des Klerikalismus überwinden. In der Tat sind das Zuhören und der

Verzicht auf die vorgefassten Meinungen ein starkes Gegenmittel gegen die Gefahr des Klerikalismus, der eine Versammlung wie diese unvermeidlich ausgesetzt ist, über die guten Absichten eines jeden von uns hinaus. Der Klerikalismus entsteht aus einer elitären und ausschließenden Sicht von Berufung, die das empfangene Amt als eine auszuübende Macht versteht und nicht als einen mit Selbstlosigkeit und Großmut anzubietenden Dienst. Jene Haltung führt zu der Auffassung, man gehöre zu einer Gruppe, die alle Antworten besitzt und nicht mehr zuhören und nichts mehr zu lernen braucht. Oder sie tut nur so, als hörte sie zu. Der Klerikalismus ist eine Perversion und die Wurzel vieler Übel in der Kirche: Für diese müssen wir demütig um Vergebung bitten. Vor allem aber müssen wir Bedingungen schaffen, dass sich diese Übel nicht mehr wiederholen.

Man muss allerdings andererseits auch den Virus der Selbstgenügsamkeit behandeln wie auch die übereilten Schlussfolgerungen vieler junger Menschen. Ein ägyptisches Sprichwort sagt: »Wenn es in deinem Haus keinen Alten gibt, kauf dir einen; denn er wird dir nützen«. Sich von allem loszusagen und alles abzulehnen, was durch die Jahrhunderte überliefert wurde, führt nur zu einem schädlichen Verlust, der leider unsere Menschheit immer mehr bedroht. Er bringt einen Zustand der Leere hervor, der in die Herzen ganzer Generationen eingedrungen ist. Die Ansammlung von menschlichen Erfahrungen im Lauf der Geschichte ist der kostbarste und verlässlichste Schatz, den eine Generation von der anderen erben kann. Dabei vergessen wir nie die göttliche Offenbarung, welche die Geschichte und unsere Existenz erleuchtet und ihnen Sinn gibt.

Brüder und Schwestern, die Synode möge unsere Herzen aufwecken! Die Gegenwart, auch die der Kirche, scheint mit Mühen, Problemen und Lasten beladen zu sein. Der Glaube sagt uns jedoch, dass sie auch der *kairos* ist, in dem der Herr uns entgegenkommt, um uns zu lieben und zur Fülle des Lebens zu rufen. Die Zukunft ist keine Bedrohung, die man fürchten müsste, sondern eine Zeit, die der Herr uns verheißt, damit wir die Erfahrung der Gemeinschaft mit ihm machen können, mit den Brüdern und Schwestern sowie mit der gesamten Schöpfung. Wir müssen die Gründe unserer Hoffnung wiederfinden und sie vor allem den jungen Menschen übermitteln, die nach Hoffnung dürsten; wie es das Zweite Vatikanische Konzil schön formuliert hat: »Mit Recht dürfen wir annehmen, dass das künftige Schicksal der Menschheit in den Händen jener ruht, die den kommenden Geschlechtern Triebkräfte des Lebens und der Hoffnung vermitteln können.«[2]

Die Begegnung der Generationen kann höchst fruchtbar sein in Bezug auf die Erweckung von Hoffnung. Das lehrt der Prophet Joël in dem, was – wie ich schon den jungen Teilnehmern des vorsynodalen Treffens in Erinnerung gerufen habe – ich für die Prophetie unserer Zeit halte: »Eure Alten werden Träume haben, und eure jungen Männer haben Visionen« (3,1) und werden Propheten sein.

Es sind keine ausgefeilten theologischen Argumentationen nötig, um unsere Pflicht deutlich zu machen, der heutigen Welt zu helfen, auf das Reich Gottes zuzugehen ohne falsche Hoffnungen und ohne nur Brüche und Unheil zu sehen. Der heilige Johannes XXIII. sagte über die Menschen, welche die Gegebenheiten mit mangelnder Objektivität und Umsicht beurteilen: »Sie sehen in den modernen Zeiten nur Unrecht und Niedergang. Sie sagen ständig, unsere Zeit habe sich im Vergleich zur Vergangenheit dauernd zum Schlechteren gewandelt. Sie betragen sich, als hätten sie nichts aus der Geschichte gelernt, die doch Lehrmeisterin des Lebens ist.«[3]

Wir wollen uns also nicht von den »Unglückspropheten« in Versuchung führen lassen und nicht Energien vergeuden, um »Misserfolge aufzurechnen und Bitterkeit einander vorzuhalten«. Konzentrieren wir uns auf das Gute, das »oft keinen Lärm macht, kein Thema der blogs ist und keine Schlagzeilen produziert«, und erschrecken wir nicht »vor den Wunden im Fleisch Christi, die immer von der Sünde geschlagen worden sind [...] und nicht selten seitens der Söhne und Töchter der Kirche.«[4]

Bemühen wir uns also um ein »Rendezvous mit der Zukunft«. Von dieser Synode soll nicht nur ein Dokument erscheinen – das normalerweise von wenigen gelesen, aber von vielen kritisiert wird –, sondern vor allem konkrete pastorale Initiativen erarbeitet werden, die in der Lage sind, den Auftrag der Synode selbst zu verwirklichen; das heißt, Träume aufkommen zu lassen, Prophetien und Visionen zu wecken, Hoffnungen erblühen zu lassen, Vertrauen zu stimulieren, Wunden zu verbinden, Beziehungen zu knüpfen, eine Morgenröte der Hoffnung aufleben zu lassen, voneinander zu lernen und eine positive Vorstellungswelt zu schaffen, die den Verstand erleuchtet, das Herz erwärmt, neue Kraft zum Anpacken gibt und die jungen Menschen inspiriert – alle jungen Menschen ohne Ausnahme –, eine Vision von Zukunft, die erfüllt ist von der Freude des Evangeliums. Danke.

Anmerkungen

1 Papst Franziskus, Ansprache des Heiligen Vaters zu Beginn der Jugendsynode, 3. Oktober 2018. Online: https://www.vatican.va/content/francesco/de/speeches/2018/october/documents/papa-francesco_20181003_apertura-sinodo.html (Stand: 04.05.2023).

2 Zweites Vatikanisches Konzil, Pastoralkonstitution *Gaudium et spes*, 31.

3 Johannes XXIII., Ansprache zur feierlichen Eröffnung des Zweiten Vatikanischen Konzils, 11. Oktober 1962.

4 Vgl. Papst Franziskus, Ansprache an die neuernannten Bischöfe, die an einem Kurs der Kongregationen für die Bischöfe und für die orientalischen Kirchen teilnehmen, 13. September 2018.

19. Ein Weg des Miteinanders und der Zusammenarbeit[1]

Ein *synodaler Stil*, dessen Hauptziel nicht die Erstellung eines Dokuments ist, das ebenfalls wertvoll und nützlich ist. Mehr als das Dokument ist es jedoch wichtig, dass sich ein Weg des Miteinanders und der Zusammenarbeit zwischen jung und alt, des Zuhörens und der Unterscheidung durchsetzt, um zu pastoralen Entscheidungen zu gelangen, die der Wirklichkeit entsprechen.

Anmerkungen

1 Papst Franziskus, Angelus, Petersplatz, 28. Oktober 2018.

20. Jugendpastoral ist immer synodal Natur[1]

Die Jugendpastoral, wie sie für gewöhnlich durchgeführt wurde, hat die Welle der gesellschaftlichen und kulturellen Änderungen erlebt. Junge Menschen finden in den üblichen Strukturen oft keine Antworten auf das, was sie bewegt, auf ihre Bedürfnisse, Probleme und Verwundungen. Die Verbreitung und das Wachsen von Vereinigungen und Bewegungen mit überwiegend jugendlicher Prägung können als ein Handeln des Heiligen Geistes interpretiert werden, der neue Wege eröffnet. Dennoch muss man ihre Beteiligung an der gesamten Pastoral der Kirche vertiefen, und es braucht eine größere Gemeinschaft unter ihnen und eine bessere Koordinierung ihres Handelns. Wenn es auch nicht immer einfach ist, die jungen Menschen anzusprechen, so treten zwei Aspekte deutlicher hervor: das Bewusstsein, dass die ganze Gemeinschaft sie evangelisieren muss, und die Dringlichkeit, dass die jungen Menschen bei den pastoralen Angeboten eine größere Rolle spielen müssen.

Eine synodale Pastoral

Ich möchte unterstreichen, dass die jungen Menschen selbst die in der Jugendpastoral Tätigen sind – begleitet und angeleitet, doch frei, um voll Kreativität und Kühnheit immer neue Wege zu suchen. Folglich wäre es überflüssig, wollte ich an dieser Stelle eine Art Handbuch der Jugendpastoral oder einen Führer der praktischen Pastoral vorlegen. Vielmehr geht es darum, dass die jungen Menschen die Pfiffigkeit, den Einfallsreichtum und die Kenntnis einbringen, die sie im Hinblick auf die Sensibilität, die Sprache und die Fragen der anderen Jugendlichen haben.

Sie führen uns vor Augen, wie sehr neue Stile und neue Strategien notwendig sind. Während zum Beispiel die Erwachsenen gewohnt sind, dafür zur sorgen, dass alles geplant ist – mit regelmäßigen Sitzungen und festgelegten Zeiten –, fühlt sich heute die Mehrheit der jungen Menschen kaum von pastoralen Plänen dieser Art angezogen. Die Jugendpastoral muss flexibler sein und die jungen Menschen zu Events und Veranstaltungen einladen, wo sie dann nicht nur eine Unterweisung erhalten, sondern ihnen ebenso die Gelegenheit gegeben wird, sich über das Leben auszutauschen, zu feiern, zu singen, konkrete Zeugnisse zu hören und als Gemeinschaft die Begegnung mit dem lebendigen Gott zu erfahren.

Andererseits wäre es sehr wünschenswert, noch mehr die gute Praxis aufzugreifen, die Methoden, Ausdrucksweisen, Motivationen, die wirklich attraktiv waren, um die jungen Menschen zu Christus und zur Kirche zu bringen. Es ist unerheblich, welcher Farbe sie sind, ob sie »konservativ oder progressistisch« sind, ob sie »von rechts oder von links« kommen. Wichtig ist, dass wir alles aufnehmen, was gute Ergebnisse gebracht hat und wirksam ist, um die Freude des Evangeliums weiterzugeben.

Die Jugendpastoral kann nur synodal sein, das heißt, einem »gemeinsamen Vorangehen« Gestalt geben. Dies beinhaltet eine »Wertschätzung der Charismen, die der Heilige Geist je nach Berufung und Rolle eines jeden Glieds (der Kirche) durch die Dynamik der Mitverantwortung schenkt. […] Von diesem Geist beseelt, können wir uns zu einer partizipativen, mitverantwortlichen Kirche entwickeln, die in der Lage ist, den Reichtum der Vielfalt, aus der sie besteht, zur Geltung zu bringen und dabei auch den Beitrag von Laien, einschließlich junger Menschen und Frauen, von Personen des geweihten Lebens sowie von Gruppen, Verbänden und Bewegungen dankbar willkommen zu heißen. Niemand sollte ins Abseits gedrängt werden oder beiseite treten müssen.«[2]

Auf diese Weise können wir, wenn wir voneinander lernen, dieses wunderbare Polyeder, das die Kirche Jesu Christi bilden muss, besser widerspiegeln. Sie kann die jungen Menschen eben deshalb anziehen, weil sie keine monolithische Einheit darstellt, sondern ein Geflecht unterschiedlicher Gaben, die der Heilige Geist unaufhörlich in ihr ausgießt. So macht er sie immer wieder neu trotz ihrer Armseligkeiten.

Auf der Synode wurden viele konkrete Vorschläge gemacht, um die Jugendpastoral zu erneuern und sie von Plänen zu befreien, die nicht mehr wirksam sind, weil sie mit der gegenwärtigen Jugendkultur nicht in Dialog treten. Verständlicherweise ist es unmöglich, hier alle anzuführen; einige kann man im Abschlussdokument der Synode finden.

Anmerkungen

1 Auszug aus: Papst Franziskus, Nachsynodales Apostolisches Schreiben *Christus vivit* an die Jungen Menschen und das ganze Volk Gottes. Online: https://www.vatican.va/content/francesco/de/apost_exhortations/documents/papa-francesco_esortazione-ap_20190325_christus-vivit.html (Stand: 04.05.2023).

2 *Abschlussdokument*, 123.

21. Was der Herr von uns verlangt, ist schon im Wort »Synode« enthalten[1]

Ich danke euch für diese Begegnung, von der ich möchte, dass sie zu einem hilfreichen Augenblick für die pastorale Entscheidungsfindung über das Leben und die Sendung der italienischen Kirche wird. Ich danke euch auch für die Anstrengungen, die ihr täglich unternehmt, um die Sendung voranzubringen, die der Herr euch anvertraut hat: dem Gottesvolk zu dienen mit und nach dem Herzen des guten Hirten.

Ich möchte heute zu euch erneut über einige Fragen sprechen, die wir in unseren vorherigen Begegnungen behandelt haben, um sie zu vertiefen, durch neue Fragen zu ergänzen und gemeinsam zu schauen, an welchem Punkt wir uns befinden. Ich werde euch anschließend das Wort erteilen, um Fragen, Zweifel, Inspirationen und Kritik an mich zu richten – all das, was ihr im Herzen tragt. Ich möchte über drei Punkte sprechen.

Synodalität und Kollegialität

Anlässlich der 50-Jahr-Feier der Errichtung der Bischofssynode am 17. Oktober 2015 habe ich deutlich gemacht: Der »Weg der Synodalität ist das, was Gott sich von der Kirche des dritten Jahrtausends erwartet«. Er ist »konstitutive Dimension der Kirche«, denn »was der Herr von uns verlangt, ist in gewisser Weise schon im Wort ›Synode‹ enthalten«.[2]

Auch im neuen Dokument der Internationalen Theologischen Kommission, »Die Synodalität in Leben und Sendung der Kirche«, das im Rahmen der Vollversammlung von 2017 entstanden ist, heißt es: »Die Synodalität deutet in diesem ekklesiologischen Kontext auf den spezifischen *modus vivendi et operandi* der Kirche als Gottesvolk, das seine Existenz als Gemeinschaft und Weggemeinschaft manifestiert und konkretisiert, indem es in der Versammlung zusammenkommt und indem alle seine Mitglieder aktiv an seinem Auftrag der Evangelisierung teilnehmen.« Weiter heißt es dort: »Während die Idee der Synodalität auf die Beteiligung des ganzen Gottesvolkes am Leben und an der Sendung der Kirche verweist, präzisiert der Begriff der Kollegialität die theologische Bedeutung und die Form der Ausübung des Bischofsamtes im Dienst der Partikularkirche, die der pastoralen Sorge eines jeden anvertraut ist, und in der Gemeinschaft der Partikularkirchen im Leib der einen und universalen Kirche Christi, durch die hierarchische Gemeinschaft des Bischofskollegiums mit dem Bischof von Rom. Die Kollegialität ist insofern eine spezifische Form, in der sich die kirchliche Synodalität manifestiert und realisiert, und zwar durch das Bischofsamt auf der Ebene der Gemeinschaft der Partikularkirchen einer Region und auf der Ebene der Gemeinschaft aller Kirchen in der Universalkirche. Jede authentische Manifestation von Synodalität erfordert daher wesentlich die Ausübung durch das kollegiale Bischofsamt.«[3]

Ich freue mich daher, dass eure Versammlung dieses Thema vertiefen wollte, das in Wirklichkeit die »Krankenakte« des Gesundheitszustands der italienischen Kirche sowie eures pastoralen und kirchlichen Wirkens beschreibt. Es könnte hilfreich sein, sich in diesem Kontext der eventuell mangelnden Kollegialität und Beteiligung an der Führung der Italienischen Bischofskonferenz sowohl in der Festlegung der Pastoralpläne als auch in den programmatischen wirtschaftlichen und finanziellen Bemühungen zu stellen.

Was die Synodalität betrifft, auch im Zusammenhang einer eventuellen Synode über die italienische Kirche – ich habe darüber neulich ein »Gerücht« gehört, das bis nach Santa Marta vorgedrungen ist! –, so gibt es zwei Richtungen: die Synodalität von unten nach oben, also die Sorge um die Existenz und das gute Funktionieren der Diözesen: die Räte, die Pfarreien, die Beteiligung der Laien … (vgl. CIC, 469–494). Bei den Diözesen beginnen: Man kann keine große Synode abhalten, ohne an die Basis zu gehen. Das ist die Bewegung von unten nach oben – und die Wertschätzung der Rolle der Laien. Und dann gibt es noch die Synodalität von oben nach unten, gemäß meiner Ansprache an die Kirche in Italien auf dem 5. Nationalen Kongress in Florenz am 10. November 2015,[4] die immer noch gültig ist und uns auf diesem Weg begleiten muss. Wenn man daran denkt, eine Synode über die Kirche in Italien abzuhalten, dann muss man von unten nach oben beginnen, und von oben nach unten mit dem Dokument von Florenz. Und das wird Zeit brauchen, aber man wird auf sicherem Boden wandeln, nicht auf Ideen.

Anmerkungen

1 Papst Franziskus, Ansprache an die italienische Bischofskonferenz, 20. Mai 2019. Online: https://www.vatican.va/content/francesco/de/speeches/2019/may/documents/papa-francesco_20190520_cei.html (Stand: 04.05.2023).

2 AAS 107 (2015), 1139; in O. R. dt., Nr. 44, S. 7.

3 Internationale Theologische Kommission, *Die Synodalität in Leben und Sendung der Kirche*, Verlautbarungen des Apostolischen Stuhls, Nr. 215, Bonn 2018, S. 12–13.

4 Online: https://www.vatican.va/content/francesco/de/speeches/2015/november/documents/papa-francesco_20151110_firenze-convegno-chiesa-italiana.html (Stand: 04.05.2023).

22. Ein Weg unter der Führung des Heiligen Geistes[1]

Die Betrachtung der Lesungen der österlichen Festzeit aus der Apostelgeschichte hat mich bewegt, euch diesen Brief zu schreiben. In diesen Lesungen begegnen wir der allerersten apostolischen Gemeinde, die ganz von dem neuen Leben durchdrungen ist, das der Heilige Geist geschenkt hat, der gleichzeitig alle Umstände so gefügt hat, dass daraus gute Anlässe zur Verkündigung geworden sind. Die Jünger schienen damals alles verloren zu haben und am ersten Tag der Woche, zwischen Bitterkeit und Traurigkeit, hörten sie aus dem Munde einer Frau, dass der Herr lebe. Nichts und niemand konnte das Eindringen des Ostergeheimnisses in ihr Leben aufhalten, und zugleich konnten die Jünger nicht begreifen, was ihre Augen geschaut und ihre Hände berührt haben (vgl. 1 Joh 1,1).

Angesichts dessen und mit der Überzeugung, dass der Herr »mit seiner Neuheit immer unser Leben und unsere Gemeinschaft erneuern kann«,[2] möchte ich Euch nahe sein und Eure Sorge um die Zukunft der Kirche in Deutschland teilen. Wir sind uns alle bewusst, dass wir nicht nur in einer Zeit der Veränderungen leben, sondern vielmehr in einer Zeitenwende, die neue und alte Fragen aufwirft, angesichts derer eine Auseinandersetzung berechtigt und notwendig ist. Die Sachlagen und Fragestellungen, die ich mit Euren Hirten anlässlich des letzten *Ad-limina*-Besuches besprechen konnte, finden sicherlich weiterhin Resonanz in Euren Gemeinden. Wie bei jener Gelegenheit, möchte ich Euch meine Unterstützung anbieten, meine Nähe auf dem gemeinsamen Weg kundtun und zur Suche nach einer freimütigen Antwort auf die gegenwärtige Situation ermuntern.

Mit Dankbarkeit betrachte ich das feine Netzwerk von Gemeinden und Gemeinschaften, Pfarreien und Filialgemeinden, Schulen und Hochschulen, Krankenhäusern und anderen Sozialeinrichtungen, die im Laufe der Geschichte entstanden sind und von lebendigem Glauben Zeugnis ablegen, der sie über mehrere Generationen hinweg erhalten, gepflegt und belebt hat. Dieser Glaube ist durch Zeiten gegangen, die bestimmt waren von Leiden, Konfrontation und Trübsal, und zeichnet sich gleichzeitig durch Beständigkeit und Lebendigkeit aus; auch heute noch zeigt er sich in vielen Lebenszeugnissen und in Werken der Nächstenliebe reich an Frucht. Die katholischen Gemeinden in Deutschland in ihrer Diversität und Pluralität sind weltweit anerkannt für ihr Mitverantwortungsbewusstsein und ihre Großzügigkeit, die es verstanden hat, die Hand auszustrecken und die Umsetzung von Evangelisierungsprozessen in Regionen in benachteiligten Gegenden mit fehlenden Möglichkeiten zu erreichen und zu begleiten. Diese Großherzigkeit hat sich in der jüngeren Geschichte nicht nur in Form von ökonomischer und materieller Hilfe gezeigt, sondern auch dadurch, dass sie im Laufe der Jahre zahlreiche Charismen geteilt und Personal ausgesandt hat: Priester, Ordensfrauen und Ordensmänner sowie Laien, die ganz treu und unermüdlich ihren Dienst und ihre Mission unter oft sehr schwierigen Bedingungen erfüllt haben.[3] Ihr habt der Weltkirche große heilige Männer und Frauen, große Theologen und Theologinnen sowie geistliche Hirten und Laien geschenkt, die ihren Beitrag für das Gelingen einer fruchtbaren Begegnung zwischen dem Evangelium und den Kulturen geleistet haben, hin auf neue Synthesen und fähig, das Beste aus beiden für zukünftige Generationen im gleichen Eifer der Anfänge zu erwecken.[4] Dies ermöglichte bemerkenswerte Bemühungen, pastorale Antworten auf die Herausforderungen zu finden, die sich Euch gestellt haben.

Hingewiesen sei auch auf den von Euch eingeschlagenen ökumenischen Weg, dessen Früchte sich anlässlich des Gedenkjahres »500 Jahre Reformation« gezeigt haben. Dieser Weg ermuntert zu weiteren Initiativen im Gebet sowie zum kulturellen Austausch und zu Werken der Nächstenliebe, die befähigen, die Vorurteile und Wunden der Vergangenheit zu überwinden, damit wir die Freude am Evangelium besser feiern und bezeugen können.

Heute indes stelle ich gemeinsam mit euch schmerzlich die zunehmende Erosion und den Verfall des Glaubens fest mit all dem, was dies nicht nur auf geistlicher, sondern auch auf sozialer und kultureller Ebene einschließt. Diese Situation lässt sich sichtbar feststellen, wie dies bereits Benedikt XVI. aufgezeigt hat, nicht nur »im Osten, wie wir wissen, wo ein Großteil der Bevölkerung nicht getauft ist und keinerlei Kontakt zur Kirche hat und oft Christus überhaupt nicht kennt«,[5] sondern sogar in sogenannten »traditionell katholischen Gebieten mit einem drastischen Rückgang der Besucher der Sonntagsmesse sowie beim Empfang der Sakramente«.[6] Es ist dies ein sicherlich facettenreicher und weder bald noch leicht zu lösender Rückgang. Er verlangt ein ernsthaftes und bewusstes Herangehen und fordert uns in diesem geschichtlichen Moment wie jenen Bettler heraus, wenn auch wir das Wort des Apostels hören: » Silber und Gold besitze ich nicht; was ich aber habe, das gebe ich dir: Im Namen Jesu Christi des Nazoräers, geh umher!« (Apg 3,6)

Um dieser Situation zu begegnen, haben Eure Bischöfe einen synodalen Weg vorgeschlagen. Was dieser konkret bedeutet und wie er sich entwickelt, wird sicherlich noch tiefer in Betracht gezogen werden müssen. Meinerseits habe ich meine Betrachtungen zum Thema Synodalität anlässlich der Feier des 50-jährigen Bestehens der Bischofssynode dargelegt.[7] Es handelt sich im Kern um einen *synodos*, einen gemeinsamen Weg unter der Führung des Heiligen Geistes. Das aber bedeutet, sich gemeinsam auf den Weg zu begeben mit der ganzen Kirche unter dem Licht des Heiligen Geistes, unter seiner Führung und seinem Aufrütteln, um das Hinhören zu lernen und den immer neuen Horizont zu erkennen, den er uns schenken möchte. Denn die Synodalität setzt die Einwirkung des Heiligen Geistes voraus und bedarf ihrer.

Anlässlich der letzten Vollversammlung der italienischen Bischöfe hatte ich die Gelegenheit, diese für das Leben der Kirche zentrale Wirklichkeit nochmals in Erinnerung zu rufen, indem ich die doppelte Perspektive, die sie verfolgt, einbrachte: »Synodalität von unten nach oben, das bedeutet die Pflicht, für die Existenz und die ordnungsgemäßen Funktionsvorgänge der Diözese, der Räte, der Pfarrgemeinden, für die Beteiligung der Laien Sorge zu tragen … (vgl.469–494 CIC), angefangen bei der Diözese. So ist es nicht möglich, eine große Synode zu halten, ohne die Basis in Betracht zu ziehen … Dann erst kommt die Synodalität von oben nach unten«, die es erlaubt, in spezifischer und besonderer Weise die kollegiale Dimension des bischöflichen Dienstes und des Kirche-Seins zu leben.[8] Nur so gelangen wir in Fragen, die für den Glauben und das Leben der Kirche wesentlich sind, zu reifen Entscheidungen. Möglich sein wird das unter der Bedingung, dass wir uns auf den Weg machen, gerüstet mit Geduld und der demütigen und gesunden Überzeugung, dass es uns niemals gelingen wird, alle Fragen und Probleme gleichzeitig lösen zu können. Die Kirche ist und wird immer Pilgerin auf dem Weg der Geschichte sein; dabei ist sie Trägerin eines Schatzes in irdenen Gefäßen (vgl. 2 Kor 4,7). Das ruft uns in Erinnerung: In dieser Welt wird die Kirche nie vollkommen sein, während ihre Lebendigkeit und ihre Schönheit in jenem Schatz gründet, zu dessen Hüterin sie von Anfang an bestellt ist.[9]

Die aktuellen Herausforderungen sowie die Antworten, die wir geben, verlangen im Blick auf die Entwicklung eines gesunden *Aggiornamento* »einen langen Reifungsprozess und die Zusammenarbeit eines ganzen Volkes über Jahre hinweg«.[10] Dies regt das Entstehen und Fortführen von Prozessen an, die uns als Volk Gottes aufbauen, statt nach unmittelbaren Ergebnissen mit voreiligen und medialen

Folgen zu suchen, die flüchtig sind wegen mangelnder Vertiefung und Reifung oder weil sie nicht der Berufung entsprechen, die uns gegeben ist.

In diesem Sinne kann man bei aller ernsthaften und unvermeidlichen Reflexion leicht in subtile Versuchungen geraten, denen man, meines Erachtens, besondere Aufmerksamkeit schenken und deshalb Vorsicht walten lassen sollte, da sie uns, alles andere als hilfreich für einen gemeinsamen Weg, in vorgefassten Schemata und Mechanismen festhalten, die in einer Entfremdung oder einer Beschränkung unserer Mission enden. Mehr noch kommt als erschwerender Umstand hinzu: Wenn wir uns dieser Versuchungen nicht bewusst sind, enden wir leicht in einer komplizierten Reihe von Argumentationen, Analysen und Lösungen mit keiner anderen Wirkung, als uns von der wirklichen und täglichen Begegnung mit dem treuen Volk und dem Herrn fernzuhalten.

Die derzeitige Situation anzunehmen und sie zu ertragen, impliziert nicht Passivität oder Resignation und noch weniger Fahrlässigkeit; sie ist im Gegenteil eine Einladung, sich dem zu stellen, was in uns und in unseren Gemeinden abgestorben ist, was der Evangelisierung und der Heimsuchung durch den Herrn bedarf. Das aber verlangt Mut, denn, wessen wir bedürfen, ist viel mehr als ein struktureller, organisatorischer oder funktionaler Wandel.

Ich erinnere daran, was ich anlässlich der Begegnung mit Euren Oberhirten im Jahre 2015 sagte, dass nämlich eine der ersten und größten Versuchungen im kirchlichen Bereich darin bestehe zu glauben, dass die Lösungen der derzeitigen und zukünftigen Probleme ausschließlich auf dem Wege der Reform von Strukturen, Organisationen und Verwaltung zu erreichen sei, dass diese aber schlussendlich in keiner Weise die vitalen Punkte berühren, die eigentlich der Aufmerksamkeit bedürfen. »Es handelt sich um eine Art neuen Pelagianismus, der dazu führt, unser Vertrauen auf die Verwaltung zu setzen, auf den perfekten Apparat. Eine übertriebene Zentralisierung verkompliziert aber das Leben der Kirche und ihre missionarische Dynamik, anstatt ihr zu helfen (vgl. *Evangelii gaudium*, 32)«.[11]

Die Grundlage dieser Versuchung ist der Gedanke, die beste Antwort angesichts der vielen Probleme und Mängel bestehe in einem Reorganisieren der Dinge, in Veränderungen und in einem »Zurechtflicken«, um so das kirchliche Leben zu ordnen und zu glätten, indem man es der derzeitigen Logik oder jener einer bestimmten Gruppe anpasst. Auf einem solchen Weg scheinen alle Schwierigkeiten gelöst zu sein und scheinbar finden die Dinge wieder ihre Bahn, so dass das kirchliche Leben eine »ganz bestimmte« neue oder alte Ordnung findet, die dann die Spannungen beendet, die unserem Mensch-Sein zu eigen sind und die das Evangelium hervorrufen will.[12]

Auf diese Weise wären Spannungen im kirchlichen Leben nur scheinbar zu beseitigen. Nur »in Ordnung und im Einklang« sein zu wollen, würde mit der Zeit lediglich das Herz unseres Volkes einschläfern und zähmen und die lebendige Kraft des Evangeliums, die der Geist schenken möchte, verringern oder gar zum Schweigen bringen: »Das aber wäre die größte Sünde der Verweltlichung und verweltlichter Geisteshaltung gegen das Evangelium«.[13] So käme man vielleicht zu einem gut strukturierten und funktionierenden, ja sogar »modernisierten« kirchlichen Organismus; er bliebe jedoch ohne Seele und ohne die Frische des Evangeliums. Wir würden lediglich ein »gasförmiges«, vages Christentum ohne den notwendigen »Biss« des Evangeliums leben.[14] »Heute sind wir gerufen, Ungleichgewichte und Missverhältnisse zu bewältigen. Wir werden nicht in der Lage sein, irgendetwas Gutes zu tun, was dem Evangelium entspricht, wenn wir davor Angst haben«.[15] Wir dürfen nicht vergessen, dass es Spannungen und Ungleichgewichte gibt, die den Geschmack des Evangeliums haben, die beizubehalten sind, weil sie neues Leben verheißen.

Daher erscheint es mir wichtig, das nicht aus den Augen zu verlieren, was »die Kirche wiederholt gelehrt hat, dass wir nicht durch unsere Werke oder unsere Anstrengungen gerechtfertigt werden, sondern durch die Gnade des Herrn, der die Initiative ergreift«.[16] Ohne diese Dimension der göttlichen Tugenden laufen wir Gefahr, in den verschiedenen Erneuerungsbestrebungen das zu wiederholen, was heute die kirchliche Gemeinschaft daran hindert, die barmherzige Liebe Gottes zu verkündigen. Die Art und Weise der Annahme der derzeitigen Situation wird bestimmend sein für die Früchte, die sich daraus entwickeln werden. Darum appelliere ich, dass dies im Ton der göttlichen Tugenden geschehen soll. Das Evangelium der Gnade mit der Heimsuchung des Heiligen Geistes sei das Licht und der Führer, damit ihr euch diesen Herausforderungen stellen könnt. Sooft eine kirchliche Gemeinschaft versucht hat, alleine aus ihren Problemen herauszukommen, und lediglich auf die eigenen Kräfte, die eigenen Methoden und die eigene Intelligenz vertraute, endete das darin, die Übel, die man überwinden wollte, noch zu vermehren und aufrechtzuerhalten. Die Vergebung und das Heil sind nicht etwas, das wir erkaufen müssen, »oder was wir durch unsere Werke oder unsere Bemühungen erwerben müssen. Er vergibt und befreit uns unentgeltlich. Seine Hingabe am Kreuz ist etwas so Großes, dass wir es weder bezahlen können noch sollen, wir können dieses Geschenk nur mit größter Dankbarkeit entgegennehmen, voll Freude, so geliebt zu werden, noch bevor wir überhaupt daran denken«.[17]

Das gegenwärtige Bild der Lage erlaubt uns nicht, den Blick dafür zu verlieren, dass unsere Sendung sich nicht an Prognosen, Berechnungen oder ermutigenden oder entmutigenden Umfragen festmacht, und zwar weder auf kirchlicher noch auf politischer, ökonomischer oder sozialer Ebene, und ebensowenig an erfolgreichen Ergebnissen unserer Pastoralplanungen.[18] Alles das ist von Bedeutung: Auch diese Dinge sind es wert, angehört, gewogen und beachtet zu werden; darin erschöpft sich jedoch nicht unser Gläubig-Sein. Unsere Sendung und unser Daseinsgrund wurzeln darin, dass »Gott die Welt so sehr geliebt hat, dass er seinen einzigen Sohn dahingab, damit alle, die an ihn glauben, nicht verloren gehen, sondern das ewige Leben haben« (Joh 3,16). »Ohne neues Leben und echten, vom Evangelium inspirierten Geist, ohne ›Treue der Kirche gegenüber ihrer eigenen Berufung‹ wird jegliche neue Struktur in kurzer Zeit verderben«.[19]

Deshalb kann der bevorstehende Wandlungsprozess nicht ausschließlich reagierend auf äußere Fakten und Notwendigkeiten antworten, wie es zum Beispiel der starke Rückgang der Geburtenzahl und die Überalterung der Gemeinden sind, die nicht erlauben, einen normalen Generationenwechsel ins Auge zu fassen. Objektive und gültige Ursachen würden jedoch, werden sie isoliert vom Geheimnis der Kirche betrachtet, eine lediglich reaktive Haltung – sowohl positiv wie negativ – begünstigen und anregen. Ein wahrer Wandlungsprozess beantwortet, stellt aber zugleich auch Anforderungen, die unserem Christ-Sein und der ureigenen Dynamik der Evangelisierung der Kirche entspringen; ein solcher Prozess verlangt eine pastorale Bekehrung. Wir werden aufgefordert, eine Haltung einzunehmen, die darauf abzielt, das Evangelium zu leben und transparent zu machen, indem sie mit »dem grauen Pragmatismus des täglichen Lebens der Kirche bricht, in dem anscheinend alles normal abläuft, aber in Wirklichkeit der Glaube nachlässt und ins Schäbige absinkt«.[20] Pastorale Bekehrung ruft uns in Erinnerung, dass die Evangelisierung unser Leitkriterium schlechthin sein muss, unter dem wir alle Schritte erkennen können, die wir als kirchliche Gemeinschaft in Gang zu setzen gerufen sind; Evangelisieren bildet die eigentliche und wesentliche Sendung der Kirche.[21]

Deshalb ist es, wie Eure Bischöfe bereits betont haben, notwendig, den Primat der Evangelisierung zurückzugewinnen, um die Zukunft mit Vertrauen und Hoffnung in den Blick zu nehmen, denn

»die Kirche, Trägerin der Evangelisierung, beginnt damit, sich selbst zu evangelisieren. Als Gemeinschaft von Gläubigen, als Gemeinschaft gelebter und gepredigter Hoffnung, als Gemeinschaft brüderlicher Liebe muss die Kirche unablässig selbst vernehmen, was sie glauben muss, welches die Gründe ihrer Hoffnung sind und was das neue Gebot der Liebe ist«.[22]

Die so gelebte Evangelisierung ist keine Taktik kirchlicher Neupositionierung in der Welt von heute, kein Akt der Eroberung, der Dominanz oder territorialen Erweiterung; sie ist keine »Retusche«, die die Kirche an den Zeitgeist anpasst, sie aber ihre Originalität und ihre prophetische Sendung verlieren lässt. Auch bedeutet Evangelisierung nicht den Versuch, Gewohnheiten und Praktiken zurückzugewinnen, die in anderen kulturellen Zusammenhängen einen Sinn ergaben. Nein, die Evangelisierung ist ein Weg der Jüngerschaft in Antwort auf die Liebe zu Dem, der uns zuerst geliebt hat (vgl. 1 Joh 4,19); ein Weg also, der einen Glauben ermöglicht, der mit Freude gelebt, erfahren, gefeiert und bezeugt wird. Die Evangelisierung führt uns dazu, die Freude am Evangelium wiederzugewinnen, die Freude, Christen zu sein. Es gibt ganz sicher harte Momente und Zeiten des Kreuzes; nichts aber kann die übernatürliche Freude zerstören, die es versteht sich anzupassen, sich zu wandeln und die immer bleibt, wie ein wenn auch leichtes Aufstrahlen von Licht, das aus der persönlichen Sicherheit hervorgeht, unendlich geliebt zu sein, über alles andere hinaus. Die Evangelisierung bringt innere Sicherheit hervor, »eine hoffnungsfrohe Gelassenheit, die eine geistliche Zufriedenheit schenkt, die für weltliche Maßstäbe unverständlich ist«.[23] Verstimmung, Apathie, Bitterkeit, Kritiksucht sowie Traurigkeit sind keine guten Zeichen oder Ratgeber; vielmehr gibt es Zeiten, in denen »die Traurigkeit mitunter mit Undankbarkeit zu tun hat: Man ist so in sich selbst verschlossen, dass man unfähig wird, die Geschenke Gottes anzuerkennen«.[24]

Deshalb muss unser Hauptaugenmerk sein, wie wir diese Freude mitteilen: indem wir uns öffnen und hinausgehen, um unseren Brüdern und Schwestern zu begegnen, besonders jenen, die an den Schwellen unserer Kirchentüren, auf den Straßen, in den Gefängnissen, in den Krankenhäusern, auf den Plätzen und in den Städten zu finden sind. Der Herr drückte sich klar aus: »Sucht aber zuerst sein Reich und seine Gerechtigkeit; dann wird euch alles andere dazugegeben« (Mt 6,33). Das bedeutet hinauszugehen, um mit dem Geist Christi alle Wirklichkeiten dieser Erde zu salben, an ihren vielfältigen Scheidewegen, ganz besonders dort, »wo die neuen Geschichten und Paradigmen entstehen, um mit dem Wort Jesu den innersten Kern der Seele der Städte zu erreichen«.[25] Das bedeutet mitzuhelfen, dass das Leiden Christi wirklich und konkret jenes vielfältige Leiden und jene Situationen berühren kann, in denen sein Angesicht weiterhin unter Sünde und Ungleichheit leidet. Möge dieses Leiden den alten und neuen Formen der Sklaverei, welche Männer und Frauen gleichermaßen verletzen, die Maske herunterreißen, besonders heute, da wir immer neu ausländerfeindlichen Reden gegenüberstehen, die eine Kultur fördern, die als Grundlage die Gleichgültigkeit, die Verschlossenheit sowie den Individualismus und die Ausweisung hat. Und es sei im Gegenzug das Leiden Christi, das in unseren Gemeinden und Gemeinschaften, besonders unter den jüngeren Menschen, die Leidenschaft für sein Reich erwecke!

Das fordert von uns, »ein geistliches Wohlgefallen daran zu finden, nahe am Leben der Menschen zu sein, bis zu dem Punkt, dass man entdeckt, dass dies eine Quelle höherer Freude ist. Die Mission ist eine Leidenschaft für Jesus, zugleich aber eine Leidenschaft für sein Volk«.[26]

So müssten wir uns also fragen, was der Geist heute der Kirche sagt (vgl. Offb 2,7), um die Zeichen der Zeit zu erkennen,[27] was nicht gleichbedeutend ist mit einem bloßen Anpassen an den Zeitgeist (vgl. Röm 12,2). Alle Bemühungen des Hörens, des Beratens und der Unterscheidung zielen darauf ab, dass die Kirche im Verkünden der Freude des Evangeliums, der Grundlage, auf der alle Fragen Licht und Antwort finden können, täglich treuer, verfügbarer, gewandter und transparenter wird.[28] »Die Herausforderungen existieren, um überwunden zu werden. Seien wir realistisch, doch ohne die Heiterkeit, den Wagemut und die hoffnungsvolle Hingabe zu verlieren! Lassen wir uns die missionarische Kraft nicht nehmen!«.[29]

Das Zweite Vatikanische Konzil war ein wichtiger Schritt für die Heranbildung des Bewusstseins, das die Kirche sowohl von sich selbst als auch von ihrer Mission in der heutigen Welt hat. Dieser Weg, der vor über fünfzig Jahren begann, spornt uns weiterhin zu seiner Rezeption und Weiterentwicklung an und ist jedenfalls noch nicht an seinem Ende angelangt, insbesondere bezüglich der Synodalität, die berufen ist, sich auf den verschiedenen Ebenen des kirchlichen Lebens zu entfalten (Pfarrei, Diözesen, auf nationaler Ebene, in der Weltkirche sowie in den verschiedenen Kongregationen und Gemeinschaften). Es ist Aufgabe dieses Prozesses, gerade in diesen Zeiten starker Fragmentierung und Polarisierung sicherzustellen, dass der *Sensus Ecclesiae* auch tatsächlich in jeder Entscheidung lebt, die wir treffen, und alle Ebenen nährt und durchdringt. Es geht um das Leben und das Empfinden mit der Kirche und in der Kirche, das uns in nicht wenigen Situationen auch Leiden in der Kirche und an der Kirche verursachen wird. Die Weltkirche lebt in und aus den Teilkirchen,[30] so wie die Teilkirchen in und aus der Weltkirche leben und erblühen; falls sie von der Weltkirche getrennt wären, würden sie sich schwächen, verderben und sterben. Daraus ergibt sich die Notwendigkeit, die Gemeinschaft mit dem ganzen Leib der Kirche immer lebendig und wirksam zu erhalten. Das hilft uns, die Angst zu überwinden, die uns in uns selbst und in unseren Besonderheiten isoliert, damit wir demjenigen in die Augen schauen und zuhören oder damit wir auf Bedürfnisse verzichten können und so denjenigen zu begleiten vermögen, der am Straßenrand liegen geblieben ist. Manchmal kann sich diese Haltung in einer minimalen Geste zeigen, wie jene des Vaters des Verlorenen Sohnes, der die Türen offen hält, so dass der Sohn, wenn er zurückkehrt, ohne Schwierigkeiten eintreten kann.[31] Das bedeutet nicht, nicht zu gehen, nicht voranzuschreiten, nichts zu ändern und vielleicht nicht einmal zu debattieren und zu widersprechen, sondern es ist einfach die Folge des Wissens, dass wir wesentlich Teil eines größeren Leibes sind, der uns beansprucht, der auf uns wartet und uns braucht, und den auch wir beanspruchen, erwarten und brauchen. Es ist die Freude, sich als Teil des heiligen und geduldigen treuen Volkes Gottes zu fühlen.

Die anstehenden Herausforderungen, die verschiedenen Themen und Fragestellungen können nicht ignoriert oder verschleiert werden; man muss sich ihnen stellen, wobei darauf zu achten ist, dass wir uns nicht in ihnen verstricken und den Weitblick verlieren, der Horizont sich dabei begrenzt und die Wirklichkeit zerbröckelt. »Wenn wir im Auf und Ab der Konflikte verharren, verlieren wir den Sinn für die tiefe Einheit der Wirklichkeit«.[32] In diesem Sinne schenkt uns der *Sensus Ecclesiae* diesen weiten Horizont der Möglichkeit, aus dem heraus versucht werden kann, auf die dringenden Fragen zu antworten. Der *Sensus Ecclesiae* erinnert uns zugleich an die Schönheit des vielgestaltigen Angesichts der Kirche.[33] Dieses Gesicht ist vielfältig, nicht nur aus einer räumlichen Perspektive heraus, in ihren Völkern, Rassen und Kulturen,[34] sondern auch aus ihrer zeitlichen Wirklichkeit heraus, die es uns erlaubt, in die Quellen der lebendigsten und vollsten Tradition einzutauchen. Ihrerseits ist diese Tradition berufen, das Feuer am Leben zu erhalten, statt lediglich die Asche zu bewahren.[35] Sie erlaubt es allen Generationen, die erste Liebe mit Hilfe des Heiligen Geistes wieder zu entzünden.

Der *Sensus Ecclesiae* befreit uns von Eigenbrötelei und ideologischen Tendenzen, um uns einen Geschmack dieser Gewissheit des

Zweiten Vatikanischen Konzils zu geben, als es bekräftigte, dass die Salbung des Heiligen (vgl. 1 Joh 2,20.27) zur Gesamtheit der Gläubigen gehört.[36] Die Gemeinschaft mit dem heiligen und treuen Volk Gottes, dem Träger der Salbung, hält die Hoffnung und die Gewissheit am Leben, dass der Herr an unserer Seite wandelt und dass er es ist, der unsere Schritte stützt. Ein gesundes gemeinsames Auf-dem-Weg-Sein muss diese Überzeugung durchscheinen lassen in der Suche nach Mechanismen, durch die alle Stimmen, insbesondere die der Einfachen und Kleinen, Raum und Gehör finden. Die Salbung des Heiligen, die über den ganzen kirchlichen Leib ausgegossen wurde, »verteilt besondere Gnaden unter den Gläubigen eines jeden Standes und jeder Lebensbedingung und verteilt seine Gaben an jeden nach seinem Willen (1 Kor 12,11). Durch diese macht er sie geeignet und bereit, für die Erneuerung und den vollen Aufbau der Kirche verschiedene Werke und Dienste zu übernehmen gemäß dem Wort: Jedem wird der Erweis des Geistes zum Nutzen gegeben (1 Kor 12,7)«.[37] Dies hilft uns, auf diese alte und immer neue Versuchung der Förderer des Gnostizismus zu achten, die, um sich einen eigenen Namen zu machen und den Ruf ihrer Lehre und ihren Ruhm zu mehren, versucht haben, etwas immer Neues und Anderes zu sagen als das, was das Wort Gottes ihnen geschenkt hat. Es ist das, was der heilige Johannes mit dem Terminus *proagon* beschreibt (2 Joh 9); gemeint ist damit derjenige, der voraus sein will, der Fortgeschrittene, der vorgibt, über das »kirchliche Wir« hinauszugehen, das jedoch vor den Exzessen bewahrt, die die Gemeinschaft bedrohen.[38]

Deshalb achtet aufmerksam auf jede Versuchung, die dazu führt, das Volk Gottes auf eine erleuchtete Gruppe reduzieren zu wollen, die nicht erlaubt, die unscheinbare, zerstreute Heiligkeit zu sehen, sich an ihr zu freuen und dafür zu danken. Diese Heiligkeit, die da lebt »im geduldigen Volk Gottes: in den Eltern, die ihre Kinder mit so viel Liebe erziehen, in den Männern und Frauen, die arbeiten, um das tägliche Brot nach Hause zu bringen, in den Kranken, in den älteren Ordensfrauen, die weiter lächeln. In dieser Beständigkeit eines tagtäglichen Voranschreitens sehe ich die Heiligkeit der streitenden Kirche. Oft ist das die Heiligkeit ›von nebenan‹, derer, die in unserer Nähe wohnen und die ein Widerschein der Gegenwart Gottes sind«.[39] Das ist die Heiligkeit, die die Kirche vor jeder ideologischen, pseudo-wissenschaftlichen und manipulativen Reduktion schützt und immer bewahrt hat. Diese Heiligkeit regt uns an, erinnert daran und lädt ein, diesen marianischen Stil im missionarischen Wirken der Kirche zu entwickeln, die so in der Lage ist, Gerechtigkeit mit Barmherzigkeit, Kontemplation mit Aktion und Zärtlichkeit mit Überzeugung auszudrücken. »Denn jedes Mal, wenn wir auf Maria schauen, glauben wir wieder an das Revolutionäre der Zärtlichkeit und der Liebe. An ihr sehen wir, dass die Demut und die Zärtlichkeit nicht Tugenden der Schwachen, sondern der Starken sind, die nicht andere schlecht zu behandeln brauchen, um sich wichtig zu fühlen«.[40]

In meinem Heimatland gibt es ein zum Nachdenken anregendes und kraftvolles Sprichwort, das das erhellen kann: »Vereint seien die Brüder, denn das ist das erste Gesetz; sie mögen die Einheit wahren zu jeder Zeit, denn wenn sie untereinander kämpfen, werden sie von den Außenstehenden verschlungen«.[41] Brüder und Schwestern, haben wir Sorge füreinander! Achten wir auf die Versuchung durch den Vater der Lüge und der Trennung, den Meister der Spaltung, der beim Antreiben der Suche nach einem scheinbaren Gut oder einer Antwort auf eine bestimmte Situation letztendlich den Leib des heiligen und treuen Volkes Gottes zerstückelt! Begeben wir uns als apostolische Körper gemeinsam auf den Weg und hören wir einander unter der Führung des Heiligen Geistes – auch wenn wir nicht in gleicher Weise denken, – aus der weisen Überzeugung heraus, dass »die Kirche im Gang der Jahrhunderte ständig der Fülle der göttlichen Wahrheit entgegenstrebt, bis an ihr sich Gottes Worte erfüllen«.[42]

Die synodale Sichtweise hebt weder Gegensätze oder Verwirrungen auf, noch werden durch sie Konflikte den Beschlüssen eines »guten Konsenses« untergeordnet, die den Glauben kompromittieren, den Ergebnissen von Volkszählungen oder Erhebungen, die sich zu diesem oder jenem Thema ergeben. Das wäre sehr einschränkend. Mit dem Hintergrund und der Zentralität der Evangelisierung und dem *Sensus Ecclesiae* als bestimmenden Elementen unserer kirchlichen DNA beansprucht die Synodalität bewusst, eine Art und Weise des Kirche-Seins anzunehmen, bei dem »das Ganze mehr ist als der Teil, und es ist auch mehr als ihre einfache Summe. Man darf sich also nicht zu sehr in Fragen verbeißen, die begrenzte Sondersituationen betreffen, sondern muss immer den Blick weiten, um ein größeres Gut zu erkennen, das uns allen Nutzen bringt. Das darf allerdings nicht den Charakter einer Flucht oder einer Entwurzelung haben. Es ist notwendig, die Wurzeln in den fruchtbaren Boden zu senken und in die Geschichte des eigenen Ortes, die ein Geschenk Gottes ist. Man arbeitet im Kleinen, mit dem, was in der Nähe ist, jedoch mit einer weiteren Perspektive«.[43]

Dies verlangt vom ganzen Volk Gottes und besonders von ihren Hirten eine Haltung der Wachsamkeit und der Bekehrung, die es ermöglicht, das Leben und die Wirksamkeit dieser Wirklichkeiten zu erhalten. Die Wachsamkeit und die Bekehrung sind Gaben, die nur der Herr uns schenken kann. Uns muss es genügen, durch Gebet und Fasten um seine Gnade zu bitten. Immer hat es mich beeindruckt, wie der Herr während seines irdischen Lebens, insbesondere in den Augenblicken großer Entscheidungen, in besonderer Weise versucht wurde. Gebet und Fasten hatten eine besondere und bestimmende Bedeutung für sein gesamtes nachfolgendes Handeln (vgl. Mt 4,1–11). Auch die Synodalität kann sich dieser Logik nicht entziehen und muss immer von der Gnade der Umkehr begleitet sein, damit unser persönliches und gemeinschaftliches Handeln sich immer mehr der *Kenosis* Christi angleichen und sie darstellen kann (vgl. Phil 2,1–11). Als Leib Christi zu sprechen, zu handeln und zu antworten bedeutet auch, in der Art und Weise Christi mit den gleichen Haltungen, mit derselben Umsicht und denselben Prioritäten zu sprechen und zu handeln. Dem Beispiel des Meisters folgend, der »sich selbst entäußerte und wie ein Sklave wurde« (Phil 2,7), befreit uns die Gnade der Bekehrung deshalb von falschen und sterilen Protagonismen. Sie befreit uns von der Versuchung, in geschützten und bequemen Positionen zu verharren, und lädt uns ein, an die Ränder zu gehen, um uns selbst zu finden und besser auf den Herrn zu hören.

Diese Haltung der Entäußerung erlaubt es uns auch, die kreative und immer reiche Kraft der Hoffnung zu erfahren, die aus der Armut des Evangeliums geboren wurde, zu der wir berufen sind; sie macht uns frei zur Evangelisierung und zum Zeugnis. So erlauben wir dem Geist, unser Leben zu erfrischen und zu erneuern, indem er es von Sklaverei, Trägheit und nebensächlichem Komfort befreit, die uns daran hindern, hinauszugehen und, vor allem, anzubeten. Denn in der Anbetung erfüllt der Mensch seine höchste Pflicht und sie erlaubt ihm, einen Blick auf die kommende Klarheit zu werfen, die uns hilft, die neue Schöpfung zu verkosten.[44]

Ohne diese Perspektive laufen wir Gefahr, von uns selbst oder vom Wunsch nach Selbstrechtfertigung und Selbsterhaltung auszugehen, was zu Veränderungen und Regelungen führt, die auf halbem Weg steckenbleiben. Weit davon entfernt, die Probleme zu lösen, endet das darin, dass wir uns in einer endlosen Spirale verfangen und damit die schönste, befreiende und verheißungsvolle Verkündigung erstickt und abgetötet wird, die wir haben und die unserer Existenz einen Sinn gibt: Jesus Christus ist der Herr! Wir bedürfen des Gebetes, der Buße und der Anbetung, die es uns ermöglichen, mit dem Zöllner zu sprechen: »Gott, sei mir Sünder gnädig!« (Lk 18,13) – nicht in heuchlerischer, infantiler oder kleinmütiger Weise, sondern mit dem Mut, die Tür zu öffnen und das zu sehen, was normalerweise durch Oberflächlichkeit, durch die Kultur des Wohlbefindens und des Augenscheins verdeckt bleibt.[45]

Im Grunde genommen ermöglichen uns diese Geisteshaltungen – wahre geistliche Heilmittel (Gebet, Buße und Anbetung) –, noch einmal zu erfahren, dass Christ-Sein bedeutet, sich selig und gesegnet und somit Träger der Glückseligkeit für die anderen zu wissen. Christ-Sein bedeutet, der Kirche der Seligpreisungen für die Seliggepriesenen von heute anzugehören: die Armen, die Hungrigen, die Weinenden, die Gehassten, die Ausgeschlossenen und die Beschimpften (vgl. Lk 6,20–23). Vergessen wir nicht: »In den Seligpreisungen zeigt der Herr uns den Weg. Wenn wir den Weg der Seligpreisungen gehen, können wir zum wahrsten menschlichen und göttlichen Glück gelangen. Die Seligpreisungen sind der Spiegel, der uns mit einem Blick darauf kundtut, ob wir auf einem richtigen Weg gehen: Dieser Spiegel lügt nicht!«[46]

Liebe Brüder und Schwestern, ich weiß um Eure Standfestigkeit und mir ist bekannt, was Ihr für den Namen des Herrn durchgestanden und erduldet habt; ich weiß auch um Euren Wunsch und Euer Verlangen, die erste Liebe in der Kirche mit der Kraft des Geistes wiederzubeleben (vgl. Offb 2,1–5). Dieser Geist, der das gebrochene Schilfrohr nicht zerbricht und den glimmenden Docht nicht auslöscht (vgl. Jes 42,3), nähre und belebe das Gute, das Euer Volk auszeichnet, und lasse es erblühen! Ich möchte Euch zur Seite stehen und Euch begleiten in der Gewissheit, dass, wenn der Herr uns für würdig hält, diese Stunde zu leben, Er das nicht getan hat, um uns angesichts der Herausforderungen zu beschämen oder zu lähmen.

Vielmehr will er, dass Sein Wort einmal mehr unser Herz herausfordert und entzündet, wie Er es bei Euren Vätern getan hat, damit Eure Söhne und Töchter Visionen und Eure Alten wieder prophetische Träume empfangen (vgl. Joel 3,1). Seine Liebe »erlaubt uns, das Haupt zu erheben und neu zu beginnen. Fliehen wir nicht vor der Auferstehung Jesu, geben wir uns niemals geschlagen, was auch immer geschehen mag. Nichts soll stärker sein als sein Leben, das uns vorantreibt!«.[47] Und so bitte ich Euch, betet für mich!

Anmerkungen

1 Papst Franziskus, Schreiben an das pilgernde Volk Gottes in Deutschland, 29. Juni2019. Online: https://www.vatican.va/content/francesco/de/letters/2019/documents/papa-francesco_20190629_lettera-fedeligermania.html (Stand: 04.05.2023).

2 Papst Franziskus, Apostolisches Schreiben *Evangelii gaudium*, 11.

3 Vgl. Benedikt XVI., Begegnung mit den Deutschen Bischöfen in Köln, XX. Weltjugendtag (21. August 2005).

4 Vgl. Zweites Vatikanisches Konzil, Pastoralkonstitution *Gaudium et spes*, 58.

5 Benedikt XVI., Begegnung mit den Deutschen Bischöfen in Köln, XX. Weltjugendtag (21. August 2005).

6 Papst Franziskus, Ad limina Besuch der Deutschen Bischöfe (20. November 2015).

7 Vgl. Papst Franziskus, Apostolische Konstitution *Episcopalis communio* (15. September 2018).

8 Vgl. Zweites Vatikanisches Konzil, Dogmatische Konstitution über die Kirche *Lumen gentium*, 23; Konzilsdekret über den Dienst der Bischöfe *Christus Dominus*, 3. Mit einem Zitat der Internationale Theologenkommission aus deren jüngstem Dokument Die Synodalität im Leben und in der Sendung der Kirche, sagte ich den italienischen Bischöfen: «Die Kollegialität ist deshalb die spezifische Form in der die kirchliche Synodalität zum Ausdruck kommt; sie verwirklicht sich durch den Dienst der Bischöfe auf der Ebene der communio unter den Teilkirchen einer Region und durch die communio unter allen Teilkirchen in der Weltkirche. Ein jeder authentische Ausdruck der Synodalität verlangt wesensmäßig den kollegialen Dienst der Bischöfe», vgl. Ansprache an die Italienische Bischofskonferenz (20. Mai 2019).

9 Vgl. Zweites Vatikanisches Konzil, Dogmatische Konstitution *Lumen gentium*, 8.
10 Yves Congar, *Vera e falsa riforma nella Chiesa*, S. 259.
11 Papst Franziskus, Ansprache an die Deutsche Bischofkonferenz (20. November 2015).
12 Schlussendlich ist es die Logik eines technokratischen Denkens, das sich allen Entscheidungen, Beziehungen und Nuancen unseres Lebens aufnötigt (vgl. Papst Franziskus, Enzyklika *Laudato si'*, 106–114). Deshalb beeinflusst eine solche Logik auch unser Denken und Fühlen und unsere Art und Weise, Gott und den Nächsten zu lieben.
13 Papst Franziskus, Diözesanversammlung des Bistums Rom (9. Mai 2019).
14 Vgl. Papst Franziskus, Apostolisches Schreiben *Evangelii gaudium*, 97: »Gott befreie uns von einer weltlichen Kirche unter spirituellen oder pastoralen Drapierungen! Diese erstickende Weltlichkeit erfährt Heilung, wenn man die reine Luft des Heiligen Geistes kostet, der uns davon befreit, um uns selbst zu kreisen, verborgen in einem religiösen Anschein über gottloser Leere. Lassen wir uns das Evangelium nicht nehmen!.«
15 Papst Franziskus, Diözesanversammlung des Bistums Rom (9. Mai 2019).
16 Papst Franziskus, Apostolisches Schreiben *Gaudete et exsultate*, 52.
17 Papst Franziskus, Nachsynodales Apostolisches Schreiben *Christus vivit*, 121.
18 Eine Haltung, die entweder einen Geist des uneingeschränkten Verlangens nach Erfolg entfacht im Falle günstigen Windes oder eine Opferhaltung hervorbringt, wenn »es gilt, gegen den Wind zu rudern«. Diese Denkweisen sind dem Geist des Evangeliums fremd und lassen eine elitäre Glaubenspraxis durchscheinen. Weder das eine, noch das andere; der Christ lebt aus der Danksagung.
19 Papst Franziskus, Apostolisches Schreiben *Evangelii gaudium*, 26.
20 Papst Franziskus, Apostolisches Schreiben *Evangelii gaudium*, 83.
21 Vgl. Paul VI., Apostolisches Schreiben *Evangelii nuntiandi*, 14.
22 Ebd, 15.
23 Vgl. Papst Franziskus, Apostolisches Schreiben *Gaudete et exsultate*, 125.
24 Ebd, 126.
25 Papst Franziskus, Apostolisches Schreiben *Evangelii gaudium*, 74.
26 Ebd, 268.
27 Vgl. Zweites Vatikanisches Konzil, Pastoralkonstitution *Gaudium et spes*, 4; 11.
28 Vgl. Papst Franziskus, Apostolisches Schreiben *Evangelii gaudium*, 28.
29 Ebd, 109.
30 Vgl. Zweites Vatikanisches Konzil, Dogmatische Konstitution *Lumen gentium*, 23.
31 Vgl. Papst Franziskus, Apostolisches Schreiben *Evangelii gaudium*, 46.
32 Papst Franziskus, Apostolisches Schreiben *Evangelii gaudium*, 226.
33 Vgl. Johannes Paul II., Apostolisches Schreiben *Novo millennio ineunte*, 40.
34 Vgl. Zweites Vatikanisches Konzil, Dogmatische Konstitution *Lumen gentium*, 13.
35 Gustav Mahler (zugeschrieben): »die Tradition ist die Gewähr für die Zukunft und nicht die Hüterin der Asche«.
36 Vgl. Zweites Vatikanisches Konzil, Dogmatische Konstitution *Lumen gentium*, 12.
37 Vgl. Zweites Vatikanisches Konzil, Dogmatische Konstitution *Lumen gentium*, 12.
38 Vgl. Joseph Ratzinger, *Der Gott Jesu Christi*, München 1976, S. 142.

39 Papst Franziskus, Apostolisches Schreiben *Gaudete et exsultate*, 7.
40 Papst Franziskus, Apostolisches Schreiben *Evangelii gaudium*, 288.
41 José Hernandez, Martín Fierro, secunda parte, Decimoséptima sextina.
42 Zweites Vatikanisches Konzil, Dogmatische Konstitution über die göttliche Offenbarung *Dei Verbum*, 8.
43 Papst Franziskus, Apostolisches Schreiben *Evangelii gaudium*, 235.
44 Vgl. Romano Guardini, *Glaubenserkenntnis*, Mainz 3. Aufl. 1997, S. 16.
45 Vgl. J. M. Bergoglio, *Sobre la acusación de sí*, 2.
46 Papst Franziskus, Ansprache vor dem 5. Nationalen Kongress der Kirche in Italien, Florenz, 10. November 2015.
47 Papst Franziskus, Apostolisches Schreiben *Evangelii gaudium*, 3.

23. Eine Synode »sein«, nicht eine Synode »haben«[1]

Es war mein Wunsch, euch hier nach Rom einzuladen zu einem brüderlichen Austausch, auch mit den Oberen der zuständigen Dikasterien der Römischen Kurie. Ich danke euch, dass ihr die Einladung angenommen habt; es ist schön, euch zu sehen. Die Ukraine erlebt seit einiger Zeit eine schwierige und heikle Situation: Seit über fünf Jahren ist sie verwundet von einem Konflikt, den viele als »hybrid« bezeichnen, da er sich zusammensetzt aus Kriegshandlungen, bei denen die Verantwortlichen sich tarnen; von einem Konflikt, in dem die Schwachen und die Kleinen den höchsten Preis bezahlen; von einem Konflikt, der erschwert wird durch propagandistische Verfälschungen und Manipulationen verschiedener Art und auch von dem Versuch, den religiösen Aspekt hineinzuziehen.

Ich trage euch im Herzen und bete für euch, liebe ukrainische Brüder. Und ich sage euch im Vertrauen, dass ich es manchmal mit den Gebeten tue, an die ich mich erinnere und die ich von Bischof Stepan Czmil, damals Salesianerpriester, gelernt habe. Er hat sie mich gelehrt, als ich zwölf Jahre alt war, 1949, und von ihm habe ich gelernt, bei der Göttlichen Liturgie zu dienen, dreimal die Woche. Ich danke euch für eure Treue zum Herrn und zum Nachfolger Petri, für die ihr im Laufe der Geschichte oft einen hohen Preis bezahlt habt, und ich bitte den Herrn, dass er das Handeln aller politisch Verantwortlichen begleiten möge, damit sie nicht nach dem sogenannten partikularen Wohl streben, das letztlich immer Interesse zum Nachteil eines anderen ist, sondern nach dem Gemeinwohl, dem Frieden. Und ich bitte den »Gott allen Trostes« (2 Kor 1,3), die Herzen derer zu trösten, die Angehörige durch den Krieg verloren haben; derer, die die Wunden des Krieges am Leib und im Geist tragen; derer, die ihr Zuhause und ihre Arbeit verlassen und die Gefahr auf sich nehmen mussten, andernorts, fern der Heimat eine menschlichere Zukunft zu suchen. Ihr sollt wissen, dass mein Blick jeden Morgen und jeden Abend zur Muttergottes geht, die Seine Seligkeit mir geschenkt hat, als er Buenos Aires verlassen hat, um das Amt des Großerzbischofs zu übernehmen, das die Kirche ihm anvertraut hatte. Vor diesem Bild beginne und beende ich den Tag, indem ich euch alle, eure Kirche der Zärtlichkeit der Jungfrau Maria anvertraue, die Mutter ist. Man könnte sagen, dass ich die Tage »auf Ukrainisch« beginne und beende, indem ich auf die Muttergottes blicke.

Die wichtigste Rolle der Kirche in den schwierigen Situationen, die von den Konflikten hervorgerufen werden, besteht darin, ein Zeugnis christlicher Hoffnung zu bieten. Keine weltliche Hoffnung, die sich auf vergängliche Dinge stützt, die kommen und gehen und oft zu Spaltungen führen, sondern die Hoffnung, die nicht zugrunde gehen lässt, die nicht der Entmutigung weicht, die jede Bedrängnis in der sanften Kraft des Heiligen Geistes zu überwinden versteht (vgl. Röm 5,2–5). Die christliche Hoffnung, genährt vom Licht Christi, lässt die Auferstehung und das Leben auch in den finstersten Nächten der Welt erstrahlen. Daher, liebe Brüder, meine ich, dass in schwierigen Zeiten noch mehr als in den Zeiten des Friedens die Priorität für die Gläubigen darin besteht, vereint zu sein mit Jesus, unserer Hoffnung. Es geht darum, jene Einheit zu erneuern, die in der Taufe gründet, im Glauben verwurzelt ist, in der Geschichte unserer Gemeinden verwurzelt ist, in den großen Zeugen verwurzelt ist: Ich denke an die Schar der Helden des Alltags, an jene zahlreichen Heiligen von nebenan, die in eurem Volk mit Einfachheit das Böse durch das Gute besiegt haben (vgl. Röm 12,21). Sie sind die Vorbilder, auf die man blicken muss: jene, die in der Sanftheit der Seligpreisungen den christlichen Mut hatten, dem Bösen keinen Widerstand zu leisten, die Feinde zu lieben und für die Verfolger zu beten (vgl. Mt 5,39.44). Sie haben auf dem gewalttätigen Feld der Geschichte das Kreuz Christi gepflanzt. Und sie haben Frucht getragen. Diese eure Brüder und Schwestern, die Verfolgungen und Martyrium erlitten haben und die, allein um den Herrn Jesus geschart, die Logik der Welt zurückgewiesen haben, nach der man auf Gewalt mit Gegengewalt antwortet, und die mit dem Leben reinste Kapitel des Glaubens geschrieben haben: Sie sind fruchtbare Samen der christlichen Hoffnung. Ich habe das Buch »*Perseguitati per la verità*« (Für den Glauben verfolgt) tiefbewegt gelesen. Hinter jenen Priestern, Bischöfen, Ordensfrauen steht das Volk Gottes, das das ganze Volk mit dem Glauben und dem Gebet voranbringt.

Vor einigen Jahren hat die Bischofssynode der griechisch-katholischen Kirche in der Ukraine den Pastoralplan mit dem Titel »Die lebendige Pfarrei, Ort der Begegnung mit dem lebendigen Christus« angenommen. In einigen Übersetzungen wurde der Ausdruck »lebendige Pfarrei« mit dem Adjektiv »vibrierend« wiedergegeben. Tatsächlich vermitteln die Begegnung mit Jesus, das geistliche Leben, das Gebet, das in der Schönheit eurer Liturgie »vibriert«, jene schöne Kraft des Friedens, die Wunden lindert und Mut, aber keine Aggressivität einflößt. Wenn wir wie aus einem Quellwasserbrunnen diese geistliche Lebenskraft schöpfen und weitergeben, wird die Kirche fruchtbar, wird sie zur Verkündigerin des Evangeliums der Hoffnung, zur Lehrmeisterin jenes inneren Lebens, das keine andere Einrichtung bieten kann.

Darum möchte ich euch alle als Hirten des heiligen Gottesvolkes ermutigen, bei allen euren Tätigkeiten diese Sorge an die erste Stelle zu setzen: das Gebet, das geistliche Leben. Das ist die vorrangige Tätigkeit, keine andere darf ihr vorgezogen werden. Alle sollen wissen und sehen, dass ihr in eurer Tradition eine Kirche seid, die in geistlichen und nicht in weltlichen Worten zu sprechen versteht (vgl. 1 Kor 2,13). Denn den Himmel auf Erden braucht jeder Mensch, der sich der Kirche nähert, nichts anderes. Möge der Herr uns diese Gnade gewähren und dafür sorgen, dass wir alle uns unserer eigenen Heiligung und der der uns anvertrauten Gläubigen widmen. In der Nacht des Konflikts, die ihr durchmacht, bittet der Herr wie im Garten Getsemani die Seinen, zu »wachen und zu beten«; sich nicht zu verteidigen und schon gar nicht anzugreifen. Aber die Jünger schliefen, statt zu beten, und bei der Ankunft des Judas zogen sie das Schwert heraus. Sie hatten nicht gebetet und waren in Versuchung geraten, in die Versuchung der Weltlichkeit: Die gewalttätige Schwäche des Fleisches hatte die Oberhand gewonnen über die Sanftheit des Geistes. Nicht der Schlaf, nicht das Schwert, nicht die Flucht (vgl. Mt 26,40.52.56), sondern das Gebet und die Selbsthingabe bis ins Letzte sind die Antworten, die der Herr von den Seinen erwartet. Nur diese Antworten sind christlich, nur sie erlösen aus der weltlichen Spirale der Gewalt.

Die Kirche ist aufgerufen, ihre pastorale Sendung mit verschiedenen Mitteln durchzuführen. Nach dem Gebet kommt die Nähe. Was der Herr an jenem Abend von seinen Aposteln verlangt hat – bei ihm zu bleiben und zu wachen (vgl. Mk 14,34) –, das verlangt er heute von seinen Hirten: bei den Menschen zu sein, bei denen zu wachen, die durch die Nacht des Schmerzes hindurchgehen. Die Nähe der Hirten zu den Gläubigen ist ein Kanal, der Tag für Tag gebaut wird und der das lebendige Wasser der Hoffnung bringt. Man baut ihn so, Begegnung für Begegnung, mit den Priestern, die die Sorgen der Menschen kennen und sich zu Herzen nehmen, und mit den Gläubigen, die durch die Fürsorge, die sie empfangen, die Verkündigung des Evangeliums, das die Hirten weitergeben, in sich aufnehmen. Sie verstehen es nicht, wenn die Hirten sich anschicken, von Gott nur zu sprechen; sie begreifen es, wenn sie sich bemühen, Gott zu geben: indem sie sich selbst hinschenken, nahe sind, als Zeugen des Gottes der Hoffnung, der Mensch geworden ist, um auf den Wegen der Menschen zu wandeln. Die Kirche soll der Ort sein, wo man Hoffnung schöpft, wo man die Tür immer offen findet, wo man Trost und Ermutigung empfängt. Nie Verschlossenheit, gegenüber niemandem, sondern ein offenes Herz; nie auf die Uhr schauen, nie jene nach Hause schicken, die angehört werden müssen. Wir sind Diener der Zeit. Wir leben in der Zeit. Bitte geratet nicht in die Versuchung, als Sklaven der Uhr zu leben! Die Zeit, nicht die Uhr.

Zur Hirtensorge gehört an erster Stelle die Liturgie, die, wie der Großerzbischof oft betont hat, zusammen mit der Spiritualität und der Katechese ein Element darstellt, das die Identität der griechisch-katholischen Kirche in der Ukraine kennzeichnet. Der »so häufig von Egoismus und Gier entstellten Welt […] enthüllt die Liturgie den Weg zur Ausgeglichenheit des neuen Menschen«:[2] den Weg der Nächstenliebe, der bedingungslosen Liebe, in der jede andere Tätigkeit sich einen Weg bahnen muss, damit die brüderliche Bindung unter den Menschen genährt wird, innerhalb und außerhalb der Gemeinschaft. Mit diesem Geist der Nähe habe ich 2016 eine humanitäre Initiative ins Leben gerufen und die Kirchen in Europa eingeladen, sich daran zu beteiligen, um jenen Hilfe anzubieten, die unmittelbar vom Konflikt betroffen waren. Ich danke noch einmal von Herzen allen, die zur Verwirklichung dieser Kollekte beigetragen haben, sowohl auf wirtschaftlicher als auch auf organisatorischer und technischer Ebene. Ich möchte, dass auf diese erste Initiative, die nunmehr im Wesentlichen abgeschlossen ist, weitere besondere Projekte folgen. Bereits in dieser Versammlung können einige Informationen geliefert werden. Es ist sehr wichtig, allen nahe zu sein und konkret zu sein, auch um die Gefahr zu vermeiden, dass eine Situation schweren Leidens der allgemeinen Vergessenheit anheimfällt. Man darf den leidenden Bruder nicht vergessen, woher auch immer er kommt. Man darf den leidenden Bruder nicht vergessen.

Zum Gebet und zur Nähe möchte ich ein drittes Wort hinzufügen, das euch sehr vertraut ist: Synodalität. Kirche zu sein bedeutet, Gemeinschaft zu sein, die gemeinsam unterwegs ist. Es genügt nicht, eine Synode *zu haben*, man muss Synode *sein*. Die Kirche braucht einen tiefen inneren Austausch: einen lebendigen Dialog zwischen den Hirten sowie zwischen den Hirten und den Gläubigen. Als katholische Ostkirche habt ihr in eurer kirchenrechtlichen Ordnung bereits einen ausgeprägten synodalen Ausdruck, der einen häufigen und regelmäßigen Rückgriff auf die Versammlungen der Bischofssynode vorsieht. Man muss jedoch jeden Tag Synode halten und sich bemühen, gemeinsam unterwegs zu sein, nicht nur mit den Gleichgesinnten – das wäre einfach –, sondern mit allen, die an Jesus glauben.

Drei Aspekte beleben die Synodalität. Vor allem das *Hören*: die Erfahrungen und die Vorschläge der Mitbrüder im Bischofs- und im Priesteramt anhören. Es ist wichtig, dass jeder im Synod sich gehört fühlt. Hören ist umso wichtiger, je mehr man in der Hierarchie aufsteigt. Hören bedeutet Empfänglichkeit und Offenheit für die Meinungen der Brüder, auch der jüngeren, auch derer, die als weniger erfahren gelten. Ein zweiter Aspekt: die *Mitverantwortung*. Wir dürfen nicht gleichgültig sein gegenüber den Fehlern oder der Unachtsamkeit der anderen, ohne brüderlich, aber überzeugt einzugreifen: Unsere Mitbrüder brauchen unsere Gedanken, unsere Ermutigung ebenso wie unsere Zurechtweisungen, denn man ist ja berufen, gemeinsam unterwegs zu sein. Man kann das, was nicht geht, nicht verbergen und weitermachen, als ob nichts wäre, um den eigenen guten Ruf um jeden Preis zu verteidigen: Die Liebe muss immer in der Wahrheit, in der Transparenz, in jener *Parrhesia* gelebt werden, die die Kirche läutert und sie vorangehen lässt. Synodalität – dritter Aspekt – bedeutet auch *Einbindung der Laien*: Als vollberechtigte Glieder der Kirche sind auch sie aufgerufen, sich auszudrücken, Vorschläge zu machen. Als Teilnehmer am kirchlichen Leben müssen sie nicht nur angenommen, sondern gehört werden. Und ich unterstreiche dieses Verb: hören. Wer hört, kann danach gut sprechen. Wer gewohnt ist, nicht zu hören, der spricht nicht, sondern bellt.

Die Synodalität führt auch dazu, die Horizonte zu erweitern, den Reichtum der eigenen Tradition innerhalb der Universalität der Kirche zu leben: Nutzen zu ziehen aus den guten Beziehungen zu den anderen Riten; über die Schönheit nachzudenken, bedeutende Teile des eigenen theologischen und liturgischen Schatzes mit anderen, auch nichtkatholischen Gemeinschaften zu teilen; fruchtbare Beziehungen mit anderen Teilkirchen und auch mit den Dikasterien der Römischen Kurie zu knüpfen. Die Einheit in der Kirche wird umso fruchtbarer sein, je konkreter die Verständigung und der Zusammenhalt zwischen dem Heiligen Stuhl und den Teilkirchen sein wird. Genauer gesagt: je größer die Verständigung und der Zusammenhalt aller Bischöfe mit dem Bischof von Rom ist. Das darf natürlich »keine Verminderung im Bewusstsein der eigenen Authentizität und Originalität mit sich bringen«,[3] sondern muss dieses Bewusstsein innerhalb unserer katholischen, also universalen Identität herausformen. Als universale Identität ist sie gefährdet und kann von der übertriebenen Treue zu Partikularismen verschiedener Art geschädigt werden: kirchlichen Partikularismen, nationalistischen Partikularismen, politischen Partikularismen.

Liebe Brüder, diese zwei Tage der Begegnung, die ich sehr gewollt habe, mögen starke Augenblicke des Austauschs, des gegenseitigen Hörens, des freimütigen Gesprächs sein, stets beseelt von der Suche nach dem Wohl, im Geist des Evangeliums. Sie mögen uns helfen, besser gemeinsam unterwegs zu sein. Es handelt sich gewissermaßen um eine Art Synode, die den Themen gewidmet ist, die der griechisch-katholischen Kirche in der Ukraine in dieser Zeit am meisten am Herzen liegen. Diese Zeit ist belastet vom militärischen Konflikt, der immer noch im Gange ist, und geprägt von einer Reihe von politischen und kirchlichen Prozessen, die weit über unsere katholische

Kirche hinausgehen. Ich empfehle euch jedoch diesen Geist, diese Gabe der Unterscheidung, um euch zu prüfen: Gebet und geistliches Leben an erster Stelle; dann Nähe, vor allem zu den Leidenden; schließlich Synodalität, gemeinsamer Weg, offener Weg, Schritt für Schritt, mit Sanftheit und Fügsamkeit. Ich danke euch, ich begleite euch auf diesem Weg und ich bitte euch, in eurem Gebet an mich zu denken. Danke!

Anmerkungen

1 Papst Franziskus, Ansprache an die Vertreter der griechisch-katholischen Kirche der Ukraine, Bologna, 5. Juli 2019. Online: https://www.vatican.va/content/francesco/de/speeches/2019/july/documents/papa-francesco_20190705_sinodo-chiesaucraina.html (Stand: 04.05.2023).

2 Johannes Paul II., Apostolisches Schreiben *Orientale lumen*, 11.

3 Johannes Paul II., Apostolisches Schreiben *Orientale lumen*, 21.

24. Die ökumenische Seite der Synodalität[1]

Ich grüße euch alle sehr herzlich, die Präsidentin, der ich für ihre Worte danke, und alle Professorinnen und Professoren, Expertinnen und Experten des kanonischen Rechts, die Mitglieder in der Gesellschaft für das Recht der Ostkirchen sind. Ich gratuliere zum fünfzigsten Jahrestag der Gesellschaft, die im Jahr 1969, kurz nach dem Zweiten Vatikanischen Konzil, hier in Rom gegründet wurde. Ihr Gründer und Gestalter war Pater Ivan Žužek, der intensiv an der Ausarbeitung des Kodex der Kanones der Ostkirchen beteiligt war. Für euren Besuch bin ich dankbar, auch deshalb, weil euer Jubiläum mir die Freude bereitet hat, meinen lieben Bruder, Patriarch Bartholomäus, den ersten Vizepräsidenten der Gesellschaft, wiedersehen zu können.

Die Studienaktivität der Gesellschaft, die Experten verschiedener Kirchen zusammenführt – der katholischen Ostkirchen, der orthodoxen Kirchen wie der orthodoxen Ostkirchen –, ist für den ökumenischen Dialog von grundlegender Bedeutung. Wie viel können wir voneinander lernen! Und zwar in allen Bereichen des kirchlichen Lebens: in der Theologie, im spirituellen und liturgischen Leben, in der Seelsorge und – natürlich – auch im kanonischen Recht.

Das kanonische Recht ist für den ökumenischen Dialog ganz wesentlich. Viele von der katholischen Kirche geführten theologischen Dialoge, besonders mit der orthodoxen Kirche und den orthodoxen Ostkirchen, betreffen die Ekklesiologie. Da die Ekklesiologie in den Institutionen und im Recht der Kirchen zum Ausdruck kommt, haben diese Dialoge also auch kanonische Bedeutung. Das kanonische Recht ist also nicht nur eine Hilfe für den ökumenischen Dialog, sondern ein wesentlicher Bestandteil davon. Auf der anderen Seite ist offensichtlich, dass der ökumenische Dialog auch eine Bereicherung für das kanonische Recht ist. Hierfür möchte ich ein Beispiel geben: die Synodalität. Die in bestimmten kirchlichen Institutionen und Verfahren umgesetzte Synodalität zeigt die Bedeutung des kanonischen Rechts für die Ökumene sehr deutlich. Auf der einen Seite haben wir die Möglichkeit, von der synodalen Erfahrung der anderen Traditionen zu lernen, besonders von den Ostkirchen.[2] Auf der anderen Seite ist klar, dass die Art und Weise, wie die katholische Kirche Synodalität lebt, für ihre Beziehungen zu den anderen Christen wichtig ist. Es ist eine ökumenische Herausforderung; denn »das Engagement, eine synodale Kirche aufzubauen – eine Aufgabe, zu der wir alle berufen sind, jeder in der Rolle, die der Herr ihm anvertraut –, ist reich an Auswirkungen auf die Ökumene«.[3]

Indem sich der aktuelle theologische Dialog zwischen der katholischen und der orthodoxen Kirche auf das gemeinsame kanonische Erbe des ersten Jahrtausends gründet, strebt er nach einem gemeinsamen Verständnis des Primats und der Synodalität sowie ihrer wechselseitigen Beziehungen und dient damit der Einheit der Kirche.

Liebe Freundinnen und Freunde, auch euer Studium hat eine synodale Dimension: Ihr geht gemeinsam und vergleicht im gegenseitigen Zuhören eure Traditionen und Erfahrungen, um Wege zu einer vollständigen Einheit zu finden. Für eure Arbeit bin ich dankbar, ganz sicher wird sie nicht nur dazu beitragen, das kanonische Recht weiterzuentwickeln, sondern vor allem helfen, uns der Erfüllung des Gebets unseres Herrn näherzubringen: »Alle sollen eins sein, […] damit […] die Welt glaubt.« (Joh 17,21)

Für eure Gesellschaft erbitte ich den Segen Gottes und ich vertraue euch der Jungfrau Maria an, damit sie mit mütterlicher Liebe über euch wache. Ich versichere euch meines Gebets und bitte auch euch, für mich zu beten. Danke!

Anmerkungen

1 Papst Franziskus, Ansprache für die Teilnehmerinnen und Teilnehmer des Internationalen Kongresses der Gesellschaft für das Recht der Ostkirchen anlässlich ihres 50-jährigen Bestehens, 19. September 2019.

2 Vgl. Papst Franziskus, Apostolisches Schreiben *Evangelii gaudium*, 246

3 Papst Franziskus, Ansprache zur 50-Jahr-Feier der Errichtung der Bischofssynode, 17. Oktober 2015. Online: https://www.vatican.va/content/francesco/de/speeches/2015/october/documents/papa-francesco_20151017_50-anniversario-sinodo.html (Stand: 04.05.2023).

25. Der Empfang einer Gabe, um selbst Gabe zu sein[1]

Der Apostel Paulus, der größte Missionar der Kirchengeschichte, hilft uns, »Synode zu halten«, »gemeinsam voranzugehen«: Was er an Timotheus schreibt, scheint an uns gerichtet zu sein, die wir Hirten im Dienst des Volkes Gottes sind.

Vor allem sagt er: »Darum rufe ich dir ins Gedächtnis: Entfache wieder die Gnadengabe Gottes, die dir durch die Auflegung meiner Hände zuteilgeworden ist!« (2 Tim 1,6). Wir sind Bischöfe, weil wir eine Gabe Gottes empfangen haben. Wir haben nicht eine Vereinbarung unterschreiben, uns wurde nicht ein Arbeitsvertrag in die Hand gegeben, sondern die Hände auf das Haupt gelegt, um unserseits erhobene Hände, die beim Herrn eintreten, und zu den Brüdern ausgestreckte Hände zu sein. Wir haben eine Gabe empfangen, um Gabe zu sein. Eine Gabe kauft man nicht, man tauscht sie nicht ein, man verkauft sie nicht: Man empfängt sie, und man schenkt sie. Wenn wir uns ihrer bemächtigen, wenn wir uns in den Mittelpunkt stellen und nicht der Gabe die Mitte überlassen, werden wir von Hirten zu Funktionären: Wir machen aus der Gabe eine Funktion und es verschwindet die Unentgeltlichkeit und so dienen wir uns am Ende nur selbst und bedienen uns der Kirche. Unser Leben ist jedoch aufgrund der empfangenen Gabe zum Dienen bestimmt. Daran erinnert uns das Evangelium, das von »unnützen Knechten« (Lk 17,10) spricht: Ein Ausdruck, der auch »Knecht ohne Ertrag« bedeuten kann. Es bedeutet, dass wir uns nicht ans Werk machen, um einen Ertrag, einen Verdienst für uns zu erreichen, sondern weil wir umsonst empfangen haben und wir umsonst geben sollen (vgl. Mt 10,8). Unsere Freude wird ganz im Dienen bestehen, weil Gott uns gedient hat, der sich zu unserem Diener gemacht hat. Liebe Brüder, betrachten wir uns als hierher gerufen, um zu dienen, indem wir die Gabe Gottes in den Mittelpunkt stellen.

Um dieser unserer Berufung, unserer Sendung treu zu sein, erinnert uns der heilige Paulus daran, dass die Gnadengabe wiederentfacht werden muss. Das Wort, das er verwendet, ist faszinierend: wiederentfachen bedeutet wörtlich, im Original »ein Feuer entzünden« (*anazopurein*). Die Gabe, die wir empfangen haben, ist ein Feuer, ist brennende Liebe zu Gott und zu den Brüdern. Das Feuer speist sich nicht aus sich selbst, es erlischt, wenn es nicht lebendig erhalten wird, es geht aus, wenn die Asche es bedeckt. Wenn alles so bleibt, wie es ist, wenn unsere Tage von der Devise »Man hat es immer so gemacht« bestimmt werden, entschwindet die Gabe, sie wird unter der Asche der Ängste und der Sorge erstickt, den Status quo zu verteidigen. Aber »die Kirche darf sich keinesfalls auf eine Pastoral der ›Aufrechterhaltung‹ beschränken, die nur auf jene ausgerichtet ist, die das Evangelium Christi bereits kennen. Der missionarische Schwung ist ein klares Zeichen für die Reife einer kirchlichen Gemeinschaft«.[2] Denn die Kirche ist immer unterwegs, sie ist immer im Aufbruch, sie ist nie in sich selbst verschlossen. Jesus ist nicht gekommen, die Abendbrise, sondern das Feuer auf die Erde zu bringen.

Das Feuer, das die Gnadengabe wiederentfacht, ist der Heilige Geist, der Geber der Gaben. Daher fährt der heilige Paulus fort: »Bewahre das dir anvertraute kostbare Gut durch die Kraft des Heiligen Geistes, der in uns wohnt!« (2 Tim 1,14). Und weiter: »Denn Gott hat uns nicht einen Geist der Verzagtheit gegeben, sondern den Geist der Kraft, der Liebe und der Besonnenheit« (Vers 7). Nicht einen Geist der Verzagtheit, sondern der Klugheit. Manch einer denkt, dass die Klugheit die Tugend des »Zolls« ist, die alles aufhält, um keine Fehler zu begehen. Nein, die Klugheit ist eine christliche Tugend, sie ist Lebenstugend, ja sie ist die Tugend des Regierens. Und Gott hat uns diesen Geist der Klugheit gegeben. Paulus setzt die Klugheit der Verzagtheit entgegen. Was ist also diese Klugheit des Geistes? Wie der Katechismus lehrt, ist die Klugheit nicht mit Schüchternheit oder Ängstlichkeit zu verwechseln, sondern sie macht bereit, »in jeder Lage unser wahres Gut zu erfassen und die richtigen Mittel zu wählen, um es zu erlangen« (N. 1806). Die Klugheit ist nicht Unentschlossenheit, sie ist nicht eine abwehrende Haltung. Sie ist die Tugend des Hirten, der, um mit Weisheit zu dienen, im Stande ist, sich in Feinfühligkeit für die Neuheit des Geistes zu entscheiden. Die Gnade im Feuer des Geistes wieder zu entfachen ist also das Gegenteil davon, die Dinge laufen zu lassen, ohne irgendetwas zu tun. Und der Neuheit des Geistes treu zu sein ist eine Gnade, um die wir im Gebet bitten müssen. Er, der alles neu macht, möge uns seine wagemutige Klugheit schenken; er möge unserer Synode eingeben, die Wege für die Kirche im Amazonasgebiet zu erneuern, damit das Feuer der Mission nicht erlischt.

Das Feuer Gottes brennt, aber verzehrt nicht wie in der Begebenheit vom brennenden Dornbusch (vgl. Ex 3,2). Es ist Feuer der Liebe, das erleuchtet, erwärmt und Leben spendet, nicht Feuer, das auflodert und verschlingt. Wenn man die Völker und Kulturen ohne Liebe und Respekt verschlingt, ist dies nicht das Feuer Gottes, sondern der Welt. Und wie oft ist doch die Gabe Gottes nicht angeboten, sondern aufgezwängt worden, wie oft hat es Kolonisierung statt Evangelisierung gegeben! Gott bewahre uns vor der Gier neuer Kolonialismen. Das von zerstörerischen Interessen gelegte Feuer wie jenes, das kürzlich das Amazonasgebiet verwüstet hat, ist nicht das aus dem Evangelium. Das Feuer Gottes ist die Wärme, die anzieht und in Einheit versammelt. Es nährt sich durch Teilen, nicht durch Gewinne. Das verschlingende Feuer hingegen lodert auf, wenn man nur die eigenen Ideen voranbringen, die eigene Gruppe bilden, die Verschiedenheiten verbrennen will, um alles und alle zu vereinheitlichen.

Die Gabe wiederentfachen; die wagemutige Klugheit des Geistes in Treue zu seiner Neuheit aufnehmen; der heilige Paulus spricht eine letzte Mahnung aus: »Schäme dich also nicht des Zeugnisses für unseren Herrn [...], sondern leide mit mir für das Evangelium!« (2 Tim 1,8). Er verlangt, dass wir das Evangelium bezeugen, für das Evangelium leiden, mit einem Wort, für das Evangelium leben. Die Verkündigung des Evangeliums ist das Hauptkriterium für das Leben der Kirche: Es ist ihre Sendung, ihre Identität. Kurz darauf schreibt Paulus: »Denn ich werde schon geopfert« (4,6). Das Evangelium zu verkünden, bedeutet, die Hingabe zu leben, bis zum Äußersten Zeugnis abzulegen, allen alles zu werden (vgl. 1 Kor 9,22), bis zum Martyrium zu lieben. Ich danke Gott, dass sich im Kardinalskollegium einige Brüder befinden, die Märtyrerkardinäle sind, die im Leben das Kreuz des Martyriums gekostet haben. In der Tat dient man dem Evangelium, so unterstreicht der Apostel, nicht mit der Macht der Welt, sondern mit der alleinigen Kraft Gottes, indem man immer in der demütigen Liebe und im Glauben verbleibt, dass die einzige Weise, um das Leben wahrhaft zu besitzen, ist, es aus Liebe zu verlieren.

Liebe Brüder, schauen wir gemeinsam auf den gekreuzigten Jesus, auf sein für uns durchbohrtes Herz. Beginnen wir von dort, weil von da die Gabe herkommt, die uns zu dem gemacht hat, was wir sind. Von da aus ist der Geist, der erneuert, ausgegossen worden (vgl. Joh 19,30). Fühlen wir uns alle und als Einzelne von dort gerufen, das Leben zu geben. Viele Brüder und Schwestern im Amazonasgebiet tragen schwere Kreuze und warten auf den befreienden Trost des Evangeliums, das liebevolle Streicheln der Kirche. Viele Brüder und Schwestern im Amazonasgebiet haben ihr Leben hingegeben. Erlaubt mir, die Worte unseres geschätzten Kardinals Hummes zu wiederholen: Wenn er in jenen kleinen Städten des Amazonasgebiets ankommt, geht er zu den Friedhöfen, um die Gräber der Missionare aufzusuchen. Und dann sagt er mit etwas Schlauheit zum Papst: »Vergessen Sie sie nicht. Sie verdienen es, heiliggesprochen zu werden«. Für sie, für diejenigen, die jetzt ihr Leben geben, für die, die ihr Leben hingegeben haben, und mit ihnen gehen wir gemeinsam voran.

Anmerkungen

1 Papst Franziskus, Predigt zur Eröffnung der Bischofssynode Vatikanische Basilika, 6. Oktober 2019. Online: https://www.vatican.va/content/francesco/de/homilies/2019/documents/papa-francesco_20191006_omelia-sinodo-amazzonia.html (Stand: 04.05.2023).

2 Benedikt XVI., Apostolisches Schreiben *Verbum Domini*, 95.

26. Die vier Dimensionen der Amazonassynode[1]

Ich heiße alle herzlich willkommen und danke für eure Vorbereitungsarbeit: Alle haben viel gearbeitet, von damals in Puerto Maldonado an bis heute. Vielen Dank.

Wir können sagen, dass die Synode für Amazonien vier Dimensionen hat: die pastorale Dimension, die kulturelle Dimension, die soziale Dimension und die ökologische Dimension. Die erste, die pastorale Dimension, ist die wesentliche: die, die alles umschließt. Wir nähern uns der Wirklichkeit von Amazonien mit christlichem Herzen an und betrachten sie mit den Augen des Jüngers, um sie mit den Augen des Jüngers zu verstehen und zu interpretieren. Denn es gibt keine neutrale Hermeneutik, keine aseptische Hermeneutik: Immer ist sie bedingt durch eine Grundoption, und unsere Grundoption ist die des Jüngers. Und auch mit Augen des Missionars, denn die Liebe, die der Heilige Geist in uns gelegt hat, spornt uns an zur Verkündigung Jesu Christi. Diese Verkündigung – das wissen wir alle –, darf nicht mit Proselytismus verwechselt werden. Vielmehr nähern wir uns der Betrachtung der Wirklichkeit von Amazonien mit pastoralem Herzen an, mit den Augen des Jüngers und des Missionars, denn uns drängt die Verkündigung des Herrn. Und ebenso nähern wir uns den amazonischen Völkern auf Zehenspitzen an, indem wir ihre Geschichte, ihre Kulturen, ihren Stil, ein gutes Leben zu führen – im etymologischen Sinn des Wortes, nicht in dem sozialen Sinn, den wir ihm oft verleihen, – respektieren. Denn die Völker, alle Völker, haben ein eigenes Wesen, haben eine eigene Weisheit, eine Hermeneutik und sind bestrebt, Protagonisten ihrer eigenen Geschichte zu sein, mit diesen Dingen, mit diesen Eigenschaften. Und wir nähern uns ihnen an, indem wir uns fernhalten von ideologischen Kolonialisierungen, die die Eigenart der Völker zerstören oder mindern. Heute sind ideologische Kolonialisierungen sehr verbreitet. Und wir nähern uns ihnen an ohne das unternehmerische Bestreben, ihnen vorgefertigte Programme zu erstellen, die amazonischen Völker zu »disziplinieren«, ihre Geschichte, ihre Kultur zu disziplinieren. Das nicht: dieses Bestreben, die Ureinwohner zu disziplinieren. Wenn die Kirche vergessen hat, wie sie sich einem Volk annähern soll, dann hat sie sich nicht inkulturiert: Sie ist sogar dahin gelangt, bestimmte Völker zu verachten. Und wie viele Misserfolge gab es, die wir heute beklagen. Denken wir an de Nobili in Indien, Ricci in China und viele andere. Der »homogenisierende« und »homogenisatorische« Zentralismus ließ die Authentizität der Kultur der Völker nicht zum Vorschein kommen.

Ideologien sind eine gefährliche Waffe: Immer neigen wir dazu, uns an einer Ideologie festzuklammern, um ein Volk zu interpretieren. Ideologien sind oberflächlich, und sie führen uns zur Übertreibung in unserer Anmaßung, intellektuell zu verstehen, aber ohne anzunehmen; zu verstehen, ohne zu bewundern; zu verstehen, ohne zu übernehmen. Und dann nimmt man die Wirklichkeit in Kategorien wahr; die gewöhnlichsten Kategorien sind die »Ismen«. Wenn wir uns daher der Wirklichkeit eines indigenen Volkes annähern, dann sprechen wir von *»indigenismos«* (Indigenismen), und wenn wir ihm einen Weg hinaus zu einem besseren Leben zeigen wollen, dann sprechen wir von *»desarrollismo«* (Entwicklungspolitik). Diese »Ismen« formulieren das Leben um, aus dem aufgeklärten und aufklärerischen Labor heraus.

Es sind Schlagworte, die Wurzeln schlagen und die Annäherung an die Ureinwohner vorprogrammieren. In unserem Land hat ein Schlagwort – »Zivilisation und Barbarei« – dazu gedient, zu trennen, zu vernichten. Am Höhepunkt, gegen Ende der 80er-Jahre, war schließlich die Mehrheit der Ureinwohner vernichtet, weil sie »Barbarei« waren und die »Zivilisation« von anderer Seite kam. Das ist Verachtung der Völker, und – ich spreche über die Erfahrung in meiner Heimat – diese Sache mit »Zivilisation und Barbarei«, die dazu gedient hat, die Völker zu vernichten, wird in meiner Heimat immer noch fortgesetzt, durch beleidigende Worte. Es ist da die Rede von zweitklassiger Zivilisation, von denen, die aus der Barbarei kommen; und heute sind sie die »*bolitas, paraguayos, paraguas, cabecitas negras*«: Immer entfernen wir uns von der Wirklichkeit eines Volkes, indem wir es brandmarken und uns von ihm distanzieren. Das ist die Erfahrung meines Landes.

Und dann die Verachtung. Gestern hat es mich sehr geschmerzt, hier drinnen einen spöttischen Kommentar über jenen frommen Herrn zu hören, der mit Federn auf dem Kopf die Gaben zum Altar brachte. Sagt mir: Was ist der Unterschied, ob man Federn auf dem Kopf trägt oder dieses »Birett«, das einige Beamte unserer Dikasterien tragen? Wir laufen also Gefahr, einfach nur pragmatische Mittel vorzuschlagen, während im Gegenteil eine kontemplative Betrachtung der Völker von uns verlangt wird, eine Fähigkeit zur Bewunderung, die uns paradigmatisch denken lässt. Wenn jemand mit pragmatischen Absichten kommt, dann spreche er das Schuldbekenntnis – »Ich Sünder« –, bekehre sich und öffne das Herz für eine paradigmatische Perspektive, die aus der Wirklichkeit der Völker heraus entsteht.

Wir sind nicht hierhergekommen, um Pläne zu schmieden für die soziale Entwicklung oder die Bewahrung von Kulturen, wie in einem Museum, oder pastorale Aktionen in demselben nichtkontemplativen Stil, mit dem Aktionen vorangetrieben werden, die unter den entgegengesetzten Vorzeichen stehen: Waldrodung, Gleichmacherei, Ausbeutung. Sie machen auch Pläne, die die Poesie – ich erlaube mir dieses Wort – nicht achten, die Wirklichkeit der Völker, die souverän ist. Auch müssen wir uns in Acht nehmen vor der Weltlichkeit in unserer Weise, Gesichtspunkte und Veränderungen in der Organisation zu verlangen. Die Weltlichkeit schleicht sich immer ein und entfernt uns von der Poesie der Völker.

Wir sind gekommen, um die Völker kontemplativ zu betrachten, sie zu verstehen, ihnen zu dienen. Und wir tun das, indem wir auf einen synodalen Weg zurückgreifen, wir tun es in der Synode, nicht in Podiumsrunden, nicht auf Kongressen oder weiteren Diskussionen. Wir tun es in der Synode, denn eine Synode ist kein Parlament, sie ist kein Sprechzimmer, sie bedeutet nicht zu zeigen, wer mehr Macht über die Medien besitzt und wer mehr Macht in den sozialen Netzwerken besitzt, um irgendeine Idee oder irgendeinen Plan durchzusetzen. Das wäre eine kongregationalistische Kirche, wenn wir den Anspruch erheben würden, mittels Umfragen festzustellen, wer die Mehrheit besitzt. Oder eine sensationsorientierte Kirche, die unserer Heiligen Mutter, der katholischen Kirche – oder wie der heilige Ignatius zu sagen pflegte: »unserer heiligen Mutter, der hierarchischen Kirche« – so fernsteht. Synode bedeutet, gemeinsam unterwegs zu sein unter der Inspiration und der Leitung des Heiligen Geistes. Der Heilige Geist ist der Hauptakteur der Synode. Bitte, vertreiben wir ihn nicht aus der Aula. Es wurden Beratungen durchgeführt, es wurde in den Bischofskonferenzen, im vorsynodalen Rat diskutiert, das *Instrumentum laboris* wurde erarbeitet, das, wie ihr wisst, ein Märtyrertext ist – dazu bestimmt, zerstört zu werden –, da er der Ausgangspunkt für das ist, was der Heilige Geist unter uns wirken wird. Und jetzt sind wir unter der Führung des Heiligen Geistes unterwegs. Jetzt müssen wir den Heiligen Geist in dieser Versammlung zum Ausdruck kommen lassen, unter uns zum Ausdruck kommen lassen, mit uns zum Ausdruck kommen lassen, durch uns zum Ausdruck kommen lassen, und »trotz« uns zum Ausdruck kommen lassen, trotz unserer Widerstände. Es ist normal, dass es sie gibt, denn so ist das Leben des Christen.

Was also wird unsere Aufgabe hier sein, um zu gewährleisten, dass diese Gegenwart des Heiligen Geistes fruchtbar ist? Vor allem beten. Schwestern und Brüder: Ich bitte euch, dass wir viel beten. Nachdenken, miteinander sprechen, demütig zuhören, im Wissen, dass ich nicht alles weiß. Und mutig sprechen, mit *Parrhesia*, auch wenn ich meine Scham überwinden muss, sagen, was ich fühle, unterscheiden, und all das hier drinnen, unter Wahrung der Brüderlichkeit, die es hier drinnen geben muss. Und um diese Haltung der Reflexion, des Gebets, der Unterscheidung, des demütigen Zuhörens und des mutigen Sprechens zu fördern, werden wir jeweils nach vier Beiträgen eine vierminütige Stille einlegen. Jemand mag sagen: »Das ist gefährlich, Vater, denn sie werden einschlafen«. Die Erfahrung der Synode über die Jugend, wo wir es genauso gemacht haben, hat vielmehr das Gegenteil gezeigt: Sie neigten dazu, während der Beiträge zu schlafen, wenigstens bei einigen, und sie wachten in der Stille auf.

Abschließend bedeutet, auf der Synode zu sein, Mut zu fassen, in einen Prozess einzutreten. Es bedeutet nicht, Raum in einer Aula zu besetzen. In einen Prozess eintreten. Und die kirchlichen Prozesse haben eine Notwendigkeit. Sie müssen geschützt, gepflegt werden, wie der Säugling, zu Anfang begleitet. Mit Einfühlsamkeit gepflegt. Sie brauchen die Wärme der Gemeinschaft, sie brauchen die Wärme der Mutter Kirche. So wächst ein kirchlicher Prozess. Daher ist der Respekt, die Pflege der brüderlichen Atmosphäre, die Vertrautheit wichtig. Und es geht darum, nicht alles gleich so wie es kommt nach draußen an die Öffentlichkeit zu tragen. Es geht nicht darum, gegenüber jenen, die wir informieren müssen, ein Geheimnis zu wahren, das eher den Logen als der kirchlichen Gemeinschaft entspricht, sondern um Feingefühl und Klugheit in den Mitteilungen, die wir draußen machen. Und diese Notwendigkeit, uns draußen vielen Menschen mitzuteilen, die etwas wissen möchten, vielen unserer Brüder, Journalisten, deren Berufung es ist, dafür zu sorgen, dass man die Dinge weiß – um dazu beizutragen sind die Pressedienste, die Briefings und so weiter vorgesehen.

Man kann jedoch einen Prozess wie den einer Synode etwas ruinieren, wenn ich, sobald ich die Aula verlasse, sage, was ich denke, meine Meinung sage. Und dann geschieht das, was ich bei einigen Synoden gesehen habe: Es gibt eine Synode drinnen und eine Synode draußen. Eine Synode drinnen, die dem Weg der Mutter Kirche folgt und die Prozesse beachtet, und die Synode draußen, die aufgrund von leichtfertig, unklug gegebener Information die professionellen Informationsträger zu Missverständnissen führt. Danke für alles, was ihr tut, danke, dass ihr füreinander betet, und nur Mut. Und bitte: Verlieren wir nicht den Sinn für Humor.

Anmerkungen

1 Papst Franziskus, Grußwort zur Eröffnung der Arbeiten der Sonderversammlung der Bischofssynode für die Pan-Amazonasregion zum Thema »Neue Wege für die Kirche und eine ganzheitliche Ökologie«, Petersbasilika – Synodenaula, 7. Oktober 2019. Online: https://www.vatican.va/content/francesco/de/speeches/2019/october/documents/papa-francesco_20191007_apertura-sinodo.html (Stand: 04.05.2023).

27. Eine Kirche mit offenen Türen[1]

Die Apostelgeschichte berichtet, dass der heilige Paulus nach jener verwandelnden Begegnung mit Jesus von der Kirche in Jerusalem dank der Vermittlung des Barnabas angenommen wird und beginnt, Christus zu verkündigen. Aufgrund der Feindseligkeit einiger ist er jedoch gezwungen, nach Tarsus, in seine Heimatstadt, überzusiedeln, wo Barnabas ihn aufsucht, um ihn in den langen Weg des Wortes Gottes einzubeziehen. Man kann sagen, dass die Apostelgeschichte, die wir in diesen Katechesen kommentieren, das Buch des langen Weges des Wortes Gottes ist: Das Wort Gottes muss verkündigt werden, und überall verkündigt werden. Dieser Weg beginnt nach einer schweren Verfolgung (vgl. Apg 11,19); aber diese wird, statt die Evangelisierung ins Stocken geraten zu lassen, zu einer Gelegenheit, das Feld zu erweitern, auf dem der gute Same des Wortes Gottes gesät wird. Die Christen erschrecken nicht. Sie müssen fliehen, aber sie fliehen mit dem Wort und verbreiten überall das Wort.

Paulus und Barnabas kommen zunächst nach Antiochia in Syrien, wo sie ein ganzes Jahr bleiben, um zu lehren und der Gemeinde zu helfen, Wurzeln zu schlagen (vgl. Apg 11,26). Ihre Verkündigung richtete sich an die jüdische Gemeinde, an die Juden. So wird Antiochia zum Mittelpunkt des missionarischen Antriebs, dank der Verkündigung, mit der die beiden Künder des Evangeliums – Paulus und Barnabas – Einfluss nehmen auf die Herzen der Gläubigen, die hier in Antiochia zum ersten Mal »Christen« genannt werden (vgl. Apg 11,26).

Aus der Apostelgeschichte geht das Wesen der Kirche hervor, die keine Festung ist, sondern ein Zelt, das in der Lage ist, seinen Raum weit zu machen (vgl. Jes 54,2) und allen Einlass zu gewähren. Die

Kirche ist entweder »im Aufbruch« oder sie ist keine Kirche, sie ist entweder auf dem Weg und macht ihren Raum immer weiter, damit alle eintreten können, oder sie ist keine Kirche. »Eine Kirche mit offenen Türen«,[2] immer mit offenen Türen. Wenn ich irgendeine kleine Kirche sehe, hier in dieser Stadt, oder wenn ich sie in der anderen Diözese sehe, aus der ich komme, mit geschlossenen Türen, dann ist das ein schlechtes Zeichen. Die Kirchen müssen die Türen immer offen haben, denn das ist das Symbol dafür, was eine Kirche ist: immer offen. Die Kirche ist »berufen, immer das offene Haus des Vaters zu sein. […] So stößt einer, wenn er einer Eingebung des Geistes folgen will und näherkommt, weil er Gott sucht, nicht auf die Kälte einer verschlossenen Tür« (ebd., 47).

Aber diese Neuheit der offenen Türen für wen? Für die Heiden, denn die Apostel verkündigten den Juden, aber die Heiden sind gekommen und haben an die Tür der Kirche geklopft; und diese Neuheit der offenen Türen für die Heiden löst eine sehr lebhafte Kontroverse aus. Einige Juden sagen, dass es notwendig sei, durch die Beschneidung Juden zu werden, um gerettet zu werden, und dann die Taufe zu empfangen. Sie sagen: »Wenn ihr euch nicht nach dem Brauch des Mose beschneiden lasst, könnt ihr nicht gerettet werden« (Apg 15,1), könnt ihr also anschließend nicht die Taufe empfangen. Zuerst der jüdische Ritus, und dann die Taufe: Das war ihre Position. Und um das Problem zu lösen, ziehen Paulus und Barnabas den Rat der Apostel und der Ältesten in Jerusalem zu Rate, und es findet das statt, was als das erste Konzil der Kirchengeschichte gilt: das Konzil oder die Versammlung in Jerusalem, auf die Paulus im Brief an die Galater Bezug nimmt (vgl. 2,1–10).

Es wird eine sehr schwierige theologische, geistliche und disziplinäre Frage in Angriff genommen: die Beziehung zwischen dem Glauben an Christus und der Befolgung des mosaischen Gesetzes. Entscheidend im Laufe der Versammlung sind die Reden von Petrus und Jakobus, den »Säulen« der Mutterkirche (vgl. Apg 15,7–21; Gal 2,9). Sie fordern dazu auf, den Heiden die Beschneidung nicht aufzuerlegen, sondern nur von ihnen zu verlangen, den Götzendienst und alle seine Ausdrucksformen abzulehnen. Aus der Diskussion kommt der gemeinsame Weg und eben diese Entscheidung, die mit einem Schreiben, dem sogenannten »Aposteldekret«, nach Antiochia gesandt wird.

Die Versammlung in Jerusalem wirft für uns ein großes Licht darauf, wie man Meinungsverschiedenheiten in Angriff nehmen und »von der Liebe geleitet die Wahrheit bezeugen« soll (Eph 4,15). Es ruft uns in Erinnerung, dass die kirchliche Methode zur Lösung von Konflikten auf dem Dialog beruht, der aus aufmerksamem und geduldigem Hören besteht sowie auf der im Licht des Heiligen Geistes vorgenommenen Entscheidungsfindung. Denn der Geist hilft uns, Verschlossenheit und Spannungen zu überwinden, und wirkt in den Herzen, damit sie in der Wahrheit und im Guten zur Einheit gelangen. Dieser Text hilft uns, die Synodalität zu verstehen. Es ist interessant, wie sie das Schreiben verfassen. Die Apostel beginnen damit, dass sie sagen: »Der Heilige Geist und wir meinen, dass …« Das gehört zur Synodalität, die Gegenwart des Heiligen Geistes, sonst ist es keine Synodalität, sondern ein Sprechzimmer, Parlament, sonst etwas …

Bitten wir den Herrn, bei allen Christen, besonders bei den Bischöfen und bei den Priestern, den Wunsch nach Gemeinschaft und die Verantwortung dafür zu stärken. Er möge uns helfen, den Dialog, das Hören und die Begegnung mit den Brüdern und Schwestern im Glauben und mit den Fernstehenden zu leben, um die Fruchtbarkeit der Kirche zu kosten und zu offenbaren, die zu jeder Zeit berufen ist, »frohe Mutter« von vielen Kindern zu sein (vgl. Ps 113,9).

Anmerkungen

1 Papst Franziskus, Generalaudienz, 23. Oktober 2019. Online: https://www.vatican.va/content/francesco/de/audiences/2019/documents/papa-francesco_20191023_udienza-generale.html (Stand: 04.05.2023).

2 Papst Franziskus, Apostolisches Schreiben *Evangelii gaudium*, 46.

28. Eine Synode zur Synodalität[1]

Zuallererst möchte ich euch allen danken, die ihr dieses Zeugnis des Arbeitens, Zuhörens, Suchens gegeben habt, des Bemühens, diesen synodalen Geist in die Praxis umzusetzen, den wir gerade vielleicht auch festzuschreiben lernen. Und das wir noch nicht abschließen können. Aber wir sind auf dem Weg, wir sind auf dem richtigen Weg. Wir verstehen immer besser, was dieses gemeinsame Gehen ist. Wir sind dabei zu verstehen, was Unterscheidung bedeutet, was Zuhören bedeutet, was es bedeutet, die reiche Tradition der Kirche in die gegenwärtigen Situationen zu integrieren. Manche denken, die Tradition sei ein Museum alter Dinge. Ich wiederhole gerne, was Gustav Mahler zu sagen pflegte: »Tradition ist Garantie für die Zukunft, nicht Bewahrung der Asche«. Sie ist wie die Wurzel, aus der der Lebenssaft kommt, der den Baum wachsen lässt, damit er Frucht bringt. Das nehmen und es weiter vorangehen lassen: So haben die ersten Kirchenväter die Tradition verstanden. Empfangen und in dieselbe Richtung gehen, mit dieser schönen dreifachen Dimension, die es schon bei Vinzenz von Lérins im 5. Jahrhundert gibt. Danke für all das.

Eines der Themen, über die abgestimmt wurde und die die Mehrheit erhalten haben – drei Themen für die kommende Synode haben eine Mehrheit erhalten –, ist das der Synodalität. Ich weiß nicht, ob es ausgewählt werden wird, ich habe noch nicht entschieden, ich überlege und denke nach, aber ich kann sicher sagen, dass wir einen langen Weg zurückgelegt haben und dass wir noch mehr auf diesem Weg der Synodalität gehen müssen. Ich danke euch allen für eure Begleitung.

Das Nachsynodale Apostolische Schreiben … das der Papst nicht zwingend erstellen muss, wahrscheinlich nicht. Entschuldigt, das

Einfachste wäre, zu sagen: »Bitte sehr, hier ist das Dokument, alles Weitere überlasse ich euch.« In jedem Fall kann ein Wort des Papstes über das, was er in der Synode erlebt hat, hilfreich sein. Ich möchte es vor Jahresschluss formulieren, so dass nicht zu viel Zeit vergeht. Alles wird von der Zeit abhängen, die ich zum Nachdenken habe.

Anmerkungen

1 Papst Franziskus, Ansprache zum Abschluss der Arbeiten der Sonderversammlung der Bischofssynode für die Pan-Amazonas-Region zum Thema »Neue Wege für die Kirche und eine ganzheitliche Ökologie«, Petersdom, 26. Oktober 2019. Online: https://www.vatican.va/content/francesco/de/speeches/2019/october/documents/papa-francesco_20191026_chiusura-sinodo.html (Stand: 04.05.2023).

29. Eine Theologie mit dem Atem des Evangeliums[1]

Ich freue mich, mit euch zusammenzutreffen, und danke eurem Präsidenten, Kardinal Ladaria, für die Worte, die er in eurem Namen an mich gerichtet hat. Ihr habt den Abschluss des neunten Arbeits-Quinquenniums erreicht, aber vor allem einen wichtigen Jahrestag, den 50. Jahrestag der Kommission: 50 Jahre im Dienst der Kirche. Ich beglückwünsche euch zu diesem Jubiläum, das es erlaubt, mit Dankbarkeit auf eure Geschichte zurückzublicken.

Wie Benedikt XVI. in seiner Botschaft gesagt hat, wurde die Kommission vom heiligen Paul VI. als Frucht des Zweiten Vatikanischen Konzils eingerichtet, um eine neue Brücke zwischen Theologie und Lehramt zu schlagen. Seit den Anfängen waren herausragende Theologen unter ihren Mitgliedern, die wirksam zu diesem Ziel betrugen. Das bezeugt das umfangreiche Corpus der veröffentlichten Dokumente: 29 Texte, Bezugspunkt für Ausbildung und theologische Reflexion. Im letzten Quinquennium habt ihr zwei wichtige Texte erarbeitet. Der erste bietet eine theologische Präzisierung hinsichtlich der Synodalität in Leben und Sendung der Kirche. Ihr habt gezeigt: Die traditionelle, aber stets zu erneuernde Praxis der Synodalität ist die Verwirklichung der Kirche – in der Geschichte des pilgernden Gottesvolkes – als Mysterium der Gemeinschaft nach dem Bild der dreifaltigen Gemeinschaft. Wie ihr wisst, liegt mir dieses Thema sehr am Herzen: Synodalität ist ein Stil, ein gemeinsames Gehen, und es ist das, was der Herr von der Kirche des dritten Jahrtausends erwartet. Und in dieser Hinsicht danke ich euch für euer Dokument, weil man heute meint, dass Synodalität bedeute, einander an der Hand zu fassen und sich auf den Weg zu machen, mit den Kindern zu feiern … Oder eine Meinungsumfrage zu machen:

»Was denkt man über das Priestertum der Frau?« Meist wird das so gehandhabt, nicht wahr? Die Synodalität ist ein kirchlicher Weg, der eine Seele hat: den Heiligen Geist. Ohne den Heiligen Geist gibt es keine Synodalität. Und ihr habt eine schöne Arbeit geleistet, um dabei zu helfen. Danke.

Das zweite Dokument legt eine Unterscheidung über die verschiedenen aktuellen Interpretationen der Religionsfreiheit vor. Auf der einen Seite gibt es diejenigen, die sie immer noch verhindern oder offen bekämpfen, auf der anderen Seite, wie ihr unterstrichen habt, kursiert die Vorstellung von einem »ethisch neutralen« Staat, die mit ihrer fließenden Ambiguität das Risiko birgt, zu einer ungerechtfertigten Marginalisierung der Religionen im gesellschaftlichen Leben zu führen, zum Schaden des Gemeinwohls. Das ist immer noch das Erbe der Aufklärung in einer neuen Auflage. Die aufrichtige Achtung der Religionsfreiheit mit einem produktiven Dialog zwischen Staat und Religionen, und ebenso zwischen den Religionen, ist dagegen ein wertvoller Beitrag zum Wohl aller und zum Frieden. Über diese zwei Bereiche hinaus habt ihr über die Sakramentalität als konstitutive Struktur der Begegnung zwischen Gott und Mensch nachgedacht und dabei die Notwendigkeit betont, die verschiedenen Formen der Trennung von Glauben und sakramentalem Leben zu überwinden.

Die Arbeit und die Art, wie sie durchgeführt wurde, entsprechen der Absicht, die vor 50 Jahren zur Gründung der Kommission geführt hat. Einem Vorschlag der ersten Versammlung der Bischofssynode entsprechend, wollte der heilige Paul VI. die fruchtbare Zusammenarbeit zwischen dem Lehramt und den Theologen fortsetzen, die die Konzilsversammlungen gekennzeichnet hatte. Er wünschte auch, dass die Verschiedenheit der Kulturen und die gelebte kirchliche Erfahrung eine Bereicherung für die Sendung sein sollte, die der Kongregation für die Glaubenslehre vom Heiligen Stuhl anvertraut worden war. In der Tat seid ihr als Theologen aus verschiedenen Kontexten und Breitengraden Mittler zwischen dem Glauben und den Kulturen und nehmt auf diese Weise an der wesentlichen Sendung der Kirche teil: der Evangelisierung. In Bezug auf das Evangelium habt ihr eine generierende Sendung: Ihr seid berufen, das Evangelium ans Licht der Welt zu bringen. Denn ihr hört auf das, was der Geist den Kirchen heute in den verschiedenen Kulturen sagt, um immer neue Aspekte des unerschöpflichen Geheimnisses Christi, in dem »alle Schätze der Weisheit und Erkenntnis verborgen sind« (Kol 2,3), ans Licht zu bringen. Und dann unterstützt ihr die ersten Schritte des Evangeliums: Ihr bereitet ihm den Weg, indem ihr den Glauben für den heutigen Menschen übersetzt, so dass jeder ihn in größerer Nähe spüren und sich von der Kirche umarmt fühlen kann; bei der Hand genommen, dort, wo er ist; begleitet, um die Süße des *Kerygmas* und dessen zeitlose Neuheit zu verkosten. Dazu ist die Theologie berufen: Sie ist keine professorale Abhandlung über das Leben, sondern Inkarnation des Glaubens im Leben.

Auch nach 50 Jahren intensiver Arbeit gilt es noch einen weiten Weg zu gehen, aber indem die Kommission das tut, erfüllt sie ihre Berufung, Vorbild und Impuls für all diejenigen – Laien und Klerus, Männer und Frauen – zu sein, die sich der Theologie widmen möchten. Denn nur eine schöne Theologie zieht an, eine Theologie, die den Atem des Evangeliums hat und sich nicht damit zufrieden gibt, rein funktional zu sein. Und um eine gute Theologie zu betreiben, darf man niemals zwei grundlegende Aspekte vergessen. Der erste ist das *geistliche Leben*: Nur im demütigen, beständigen Gebet, in der Offenheit für den Heiligen Geist kann man das göttliche Wort verstehen, übersetzen und den Willen des Vaters tun. Die Theologie entsteht und wächst auf den Knien! Der zweite Aspekt ist das *kirchliche Leben*: in der Kirche und mit der Kirche fühlen, nach einem Wort des heiligen Albertus Magnus: »*In dulcedine societatis quaerere veritatem*« (Die Wahrheit suchen in der Süße der Gemeinschaft). Man betreibt Theologie nicht als Individuum, sondern in der Gemeinschaft, im Dienste aller, um den guten Geschmack des Evangeliums an die Brüder und Schwestern der eigenen Zeit weiterzugeben, stets mit Sanftheit und Respekt.

Und ich möchte zum Schluss noch einmal wiederholen, was ich euch bereits gesagt habe: Der Theologe muss vorangehen, er muss das erforschen, was weiterführt. Er muss auch Dinge in Angriff nehmen, die nicht klar sind, und in der Diskussion etwas riskieren. Allerdings unter Theologen. Dem Gottesvolk aber muss man die »feste Speise« des Glaubens geben und das Volk Gottes nicht mit umstrittenen Fragen ernähren. Die Dimension des Relativismus, nennen wir es einmal so, die es in der Diskussion immer geben wird, soll unter den Theologen bleiben: Das ist eure Berufung, aber dies soll man nie unter das Volk tragen, weil das Volk dann die Orientierung und den Glauben verliert. Für das Volk immer feste Speise, die den Glauben nährt.

Fünfzig Jahre: Ich spreche euch erneut meine Dankbarkeit aus für das, was ihr tut und wie ihr es tut, und ich wünsche euch, dass ihr mit der Hilfe der Gottesmutter, Sitz der Weisheit, voll Freude eure Sendung fortsetzt. Ich erteile euch meinen Segen und bitte euch, weiterhin für mich zu beten. Danke.

Anmerkungen

1 Papst Franziskus, Ansprache an die Mitglieder der Internationalen Theologischen Kommission, 29. November 2019. Online: https://www.vatican.va/content/francesco/de/speeches/2019/november/documents/papa-francesco_20191129_commissione-teologica.html (Stand: 04.05.2023).

30. Der synodale Prozess ist langfristig angelegt[1]

Der Chefredakteur der Jesuitenzeitschrift *La Civiltà Cattolica*, Pater Antonio Spadaro, analysiert in einem Artikel den Führungsstil von Papst Franziskus, der seiner Ansicht nach vor dem Hintergrund des ersten Jesuiten verstanden und damit als »ignatianisch« bezeichnet werden kann. Der Papst betont, dass bei einer Reform nicht nur der Vorschlag an sich entscheidend ist, sondern der gute oder böse Geist, »der ihn umsetzt«.[2]

Zur Erläuterung seiner Analyse verweist der Jesuit Spadaro auf ein Schreiben des Papstes zum synodalen Prozess, in dem dieser sich insbesondere mit dem Austausch unter den Synodenvätern während der letzten Amazonassynode, vom 6. bis 27. Oktober 2019, befasst.

»Es gab eine Diskussion … eine reiche Diskussion … eine Diskussion, die ihre Berechtigung hatte, aber ohne jede Unterscheidung, die etwas anderes ist als das Erzielen eines richtigen und guten Konsenses oder einer relativen Mehrheit«, äußert sich Papst Franziskus.

Die Synode ist mehr als ein »Parlament«

Der Papst führt weiter aus: »Wir müssen verstehen, dass die Synode mehr als ein Parlament ist. Und in diesem besonderen Fall konnte sie sich der Dynamik nicht entziehen. Zu diesem Thema gab es ein reiches, produktives und auch notwendiges Parlament, aber nichts darüber hinaus. Das war für mich in der abschließenden Unterscheidung ausschlaggebend, als ich darüber nachdachte, wie ich mein nachsynodales Schreiben gestalten sollte.«

In diesem Text, der am 12. Februar 2020 erschien, erlaubte der Papst die Priesterweihe von verheirateten ständigen Diakonen nicht, obwohl im Abschlussdokument der Amazonassynode stark zu dieser Lösung geraten worden war. 121 der 181 Synodenväter hatten für den entsprechenden Abschnitt gestimmt.

»Zu den Reichtümern und ursprünglichen Merkmalen der synodalen Pädagogik gehört, dass wir die Logik eines Parlaments hinter uns lassen und lernen, in der Gemeinschaft darauf zu hören, was der Geist der Kirche sagt«, so der Papst weiter. »Aus diesem Grund empfehle ich immer, nach einer gewissen Anzahl von Reden Stille zu bewahren.« »Gemeinsam gehen« bedeutet seiner Ansicht nach, »Zeit mit aufrichtigem Zuhören zu verbringen«, das »die scheinbare Reinheit unserer Absichten entlarvt und uns hilft, den Weizen zu unterscheiden, der – bis zur Wiederkunft des Herrn – zwischen dem Unkraut wächst«.

Daher gilt, »wer sich dieser Sichtweise des Evangeliums nicht bewusst ist, setzt sich unnötiger Bitternis aus«, wie der Primas von Italien ohne Umschweife betont. Und er stellt die Frage: »Was für einen Sinn hätte eine synodale Versammlung, wenn sie nicht gemeinsam darauf hören würde, was der Geist der Kirche sagt?«

»Die Synode ist noch nicht beendet«

Papst Franziskus bedauert, dass bei Synodalversammlungen in vielen Situationen »der falsche Geist« die Unterscheidung beeinflusst, »indem er ideologische Positionen [auf beiden Seiten] begünstigt«, »zermürbende Konflikte zwischen Gruppen« auslöst und, »noch schlimmer«, »die für einen synodalen Weg so wichtige Freiheit, zu denken«, schwächt. Eine solche Atmosphäre führt am Ende dazu, dass »die Versammlung durch dialektische und konträre Positionen verzerrt, reduziert und geteilt wird, die der Sendung der Kirche nicht helfen«.

Für den Papst ist der synodale Prozess in Wirklichkeit langfristig angelegt: »Mir gefällt die Vorstellung, dass die Synode in gewisser Weise noch nicht beendet ist«, erklärt er am Ende seines Schreibens. »Dieser Augenblick, wenn wir den ganzen durchlebten Prozess annehmen, fordert uns heraus, gemeinsam weiterzugehen und diese Erfahrung in die Praxis umzusetzen.«

Christopher Lamb von der britischen katholischen Zeitung »The Tablet« erinnert daran, dass Papst Franziskus dem Abschlussdokument der Synode zugestimmt hat. »Das bedeutet: Auch wenn die verheirateten Priester in nächster Zeit nicht mehr auf der Tagesordnung sind, so bleibt es doch im Bereich des Möglichen«, so der Journalist.[3]

Anmerkungen

1 Papst Franziskus, A. Spadaro S.J., »È ancora attiva la spinta propulsiva del pontificato?« (Besitzt das Pontifikat noch seine treibende Kraft?), *La Civiltà Cattolica*, 5. September 2020.

2 Die Diskussion auf der letzten Amazonassynode hatte seine Berechtigung, doch es fehlte dabei die Unterscheidung, beklagt Papst Franziskus in einem Schreiben, das am 5. September 2020 in der Jesuitenzeitschrift *La Civiltà Cattolica* veröffentlicht wurde. Der Bischof von Rom fasst seine Auffassung des synodalen Prozesses kurz zusammen und schildert, wie es ihm beim Verfassen seines nachsynodalen Apostolischen Schreibens erging.

3 Christopher Lamb, *How Amazon synod laid groundwork for reforms*, in: The Tablet, 27. Februar 2020. Online https://www.thetablet.co.uk/news/12535/how-amazon-synod-laid-groundwork-for-reforms (Stand: 04.05.2023).

31. Eine Begegnungskultur für eine Kirche, deren fester Bestandteil auch das Amazonas-Gebiet ist[1]

Die Kirche ist gerufen, mit den Völkern Amazoniens unterwegs zu sein. In Lateinamerika fand dieser gemeinsame Weg seinen besonderen Ausdruck in der Bischofsversammlung in Medellín (1968) und in ihrer Übertragung auf das Amazonasgebiet in Santarém (1972),[2] dann in Puebla (1979), Santo Domingo (1992) und Aparecida (2007). Der Weg geht weiter, und die missionarischen Bemühungen müssen in einer Kultur der Begegnung zu einer »vielgestaltigen Harmonie«[3] wachsen, wenn sie zu einer Kirche mit einem amazonischen Gesicht führen sollen. Damit aber diese Inkarnation der Kirche und des Evangeliums möglich wird, muss die große missionarische Verkündigung immer wieder neu erklingen.

Unverzichtbare Verkündigung in Amazonien

Auf die vielen Nöte und Ängste, die aus dem Herzen Amazoniens an uns herandringen, können wir mit sozialen Initiativen, technischen Ressourcen, Gesprächsforen oder politischen Programmen antworten, und all dies kann zu einer Lösung beitragen. Aber als Christen verzichten wir nicht auf die Option des Glaubens, die wir aus dem Evangelium empfangen haben. Obwohl wir uns gemeinsam mit allen engagieren wollen, schämen wir uns nicht für Jesus Christus. Für diejenigen, die ihm begegnet sind, die in seiner Freundschaft leben und sich mit seiner Botschaft identifizieren, ist es unumgänglich, von ihm zu sprechen und andere auf seine Einladung zu einem neuen Leben aufmerksam zu machen: »Weh mir, wenn ich das Evangelium nicht verkünde!« (1 Kor 9,16).

Die echte Option für die Ärmsten und Vergessenen, die uns dazu bewegt, sie von ihrem materiellen Elend zu befreien und ihre Rechte zu verteidigen, beinhaltet gleichzeitig, sie zur Freundschaft mit dem Herrn einzuladen, der ihnen weiterhilft und Würde verleiht. Es wäre traurig, wenn sie von uns nur eine Sammlung von Lehrsätzen oder Moralvorschriften erhielten, aber nicht die große Heilsbotschaft, jenen missionarischen Ruf, der zu Herzen geht und allem einen Sinn verleiht. Wir können uns auch nicht mit einer sozialen Botschaft zufriedengeben. Wenn wir uns mit unserem Leben für sie einsetzen, für die Gerechtigkeit und die Würde, die sie verdienen, können wir nicht vor ihnen verbergen, dass wir dies tun, weil wir in ihnen Christus erkennen und weil uns bewusst geworden ist, welch große Würde Gott, der Vater, der sie unendlich liebt, ihnen verleiht.

Sie haben ein Recht auf die Verkündigung des Evangeliums, besonders auf jene grundlegende Verkündigung, die als *Kerygma* bezeichnet wird und die »die hauptsächliche Verkündigung [ist], die man immer wieder auf verschiedene Weisen neu hören muss und die man in der einen oder anderen Form [...] immer wieder verkünden muss«.[4] Es ist die Verkündigung eines Gottes, der jeden Menschen unendlich liebt und der uns diese Liebe vollkommen in Christus geoffenbart hat, der für uns gekreuzigt wurde und als der Auferstandene in unserem Leben gegenwärtig ist. Ich möchte allen vorschlagen, die kurze Zusammenfassung dieser Inhalte im vierten Kapitel des Nachsynodalen Apostolischen Schreibens *Christus vivit* nachzulesen. Diese Botschaft muss in Amazonien beständig und auf vielfältige Weise zu hören sein. Ohne diese leidenschaftliche Verkündigung würde jede kirchliche Struktur nur zu einer weiteren NGO werden, und wir würden damit auch nicht der Weisung Jesu Christi entsprechen, die da lautet: »Geht hinaus in die ganze Welt und verkündet das Evangelium der ganzen Schöpfung!« (Mk 16,15).

Jeder Initiative zur Vertiefung christlichen Lebens muss diese Verkündigung als ständigen Bezugspunkt haben, denn »die ganze christliche Bildung ist in erster Linie Vertiefung des Kerygmas, das immer mehr und besser assimiliert wird«.[5] Die grundlegende Antwort auf diese Verkündigung – sofern es zu einer persönlichen Begegnung mit dem Herrn kam – ist die brüderliche Liebe, jenes »neue Gebot [...], das das erste und größte ist und das uns am meisten als Jünger erkennbar macht«.[6] So bilden das Kerygma und die brüderliche Liebe die große Synthese aller Inhalte des Evangeliums, die man Amazonien nicht vorenthalten kann. Die großen Glaubenszeugen Lateinamerikas wie der heilige Turibio von Mongrovejo oder der heilige Josef von Anchieta haben dies vorgelebt.

Inkulturation

Die Kirche muss im Amazonasgebiet mit der fortwährenden Verkündigung des Kerygmas wachsen. Dazu setzt sie sich stets von Neuem mit ihrer eigenen Identität auseinander, indem sie auf die Menschen, die Wirklichkeiten und die Geschichten des jeweiligen Gebietes hört und mit ihnen in einen Dialog tritt. So wird sich mehr und mehr ein notwendiger Prozess der Inkulturation entwickeln, der nichts von dem Guten, das in den Kulturen Amazoniens bereits existiert, außer Acht lässt, sondern es aufnimmt und im Lichte des Evangeliums zur Vollendung führt.[7] Sie verachtet auch nicht den Reichtum der über die Jahrhunderte überlieferten christlichen Weisheit, so als ob sie sich einbildete, die Geschichte, in der Gott auf vielfältige Weise gewirkt hat, ignorieren zu können, denn die Kirche hat ein vielgestaltiges Gesicht »nicht nur aus einer räumlichen Perspektive [...], sondern auch aus ihrer zeitlichen Wirklichkeit heraus«.[8] Dies ist die authentische Tradition der Kirche, die keine statische Ablagerung oder ein Museumsstück ist, sondern die Wurzel eines wachsenden Baumes.[9] Die jahrtausendealte Tradition bezeugt das Wirken Gottes in seinem Volk und hat die Aufgabe, »das Feuer am Leben zu erhalten, statt lediglich die Asche zu bewahren«.[10]

Der heilige Johannes Paul II. lehrte, dass die Kirche mit ihrem Zeugnis des Evangeliums nicht beabsichtigt, »die Autonomie der Kultur zu verneinen. Ganz im Gegenteil, sie achtet sie hoch«, denn »die Kultur ist nicht nur Gegenstand der Erlösung und Erhöhung, sondern kann auch Mittlerin und Mitarbeiterin sein«.[11] In seiner Ansprache an die indigene Bevölkerung des amerikanischen Kontinents erinnerte er daran, dass »ein Glaube, der nicht zur Kultur wird, ein Glaube ist, der nicht vollständig angenommen, nicht vollständig durchdacht und nicht treu gelebt wird«.[12] Die von den Kulturen ausgehenden Herausforderungen laden die Kirche zur »Haltung eines wachen kritischen Geistes, aber auch vertrauensvollen Verständnisses«[13] ein.

An dieser Stelle ist es angebracht, das wieder aufzugreifen, was ich im Apostolischen Schreiben *Evangelii gaudium* über die Inkulturation geschrieben habe, und das auf der Überzeugung beruht, dass die Gnade die Kultur voraussetzt und dass die Gabe Gottes in der Kultur dessen, der sie empfängt, Gestalt annimmt.[14] Wir können sehen, dass dies eine doppelte Bewegung impliziert. Einerseits eine befruchtende Dynamik, die es erlaubt, das Evangelium an einem bestimmten Ort zum Ausdruck zu bringen, denn »wenn eine Gemeinschaft die Verkündigung des Heils aufnimmt, befruchtet der Heilige Geist ihre Kultur mit der verwandelnden Kraft des Evangeliums«.[15] Auf der anderen Seite erlebt die Kirche dabei selbst einen Prozess des Empfangens, der sie mit dem bereichert, was der Geist bereits auf geheimnisvolle Weise in diese Kultur gesät hat. Auf solche

Weise »verschönert der Heilige Geist die Kirche, indem er ihr neue Aspekte der Offenbarung zeigt und ihr ein neues Gesicht schenkt«.[16] Letztlich geht es um die Ermöglichung und Förderung einer Verkündigung des unerschöpflichen Evangeliums, damit sie »eine neue Synthese des Evangeliums mit der Kultur, in der es mit deren Kategorien verkündet wird, hervorruft«.[17]

Aus diesem Grund »verfügt das Christentum, wie wir in der Geschichte der Kirche sehen können, nicht über ein einziges kulturelles Modell«,[18] und »es würde der Logik der Inkarnation nicht gerecht, an ein monokulturelles und eintöniges Christentum zu denken«.[19] Die Gefahr für die Verkündiger des Evangeliums, die neu an einen Ort kommen, besteht jedoch darin, zu glauben, dass sie nicht nur das Evangelium, sondern auch die Kultur, in der sie selbst aufgewachsen sind, vermitteln müssen, wobei sie vergessen, dass es nicht darum geht, »eine bestimmte Kulturform durchsetzen zu wollen, so schön und alt sie auch sein mag«.[20] Es ist notwendig, die Neuheit des Geistes mutig anzunehmen, der fähig ist, mit dem unerschöpflichen Schatz Jesu Christi immer etwas Neues zu schaffen, denn »die Inkulturation verpflichtet die Kirche zu einem schwierigen, aber notwendigen Weg«.[21] Es stimmt: »Obwohl diese Prozesse immer langwierig sind, lähmt uns manchmal zu sehr die Angst«, und wir enden als »Beobachter einer sterilen Stagnation der Kirche«.[22] Lasst uns furchtlos sein, stutzen wir dem Heiligen Geist nicht die Flügel.

Wege der Inkulturation in Amazonien

Um eine erneuerte Inkulturation des Evangeliums in Amazonien zu erreichen, muss die Kirche auf die dort überlieferte Weisheit hören, den Ältesten wieder eine Stimme geben, die dem Lebensstil der ursprünglichen Gemeinschaften innewohnenden Werte anerkennen und die wertvollen Erzählungen der Völker vor dem Vergessen bewahren. Aus dem Amazonasgebiet haben wir bereits Reichtümer erhalten, die aus den präkolumbianischen Kulturen stammen, »wie die Öffnung für das Handeln Gottes, das Gefühl der Dankbarkeit für die Früchte der Erde, die von Gott verliehene Würde des menschlichen Lebens, die Wertschätzung der Familie, der Sinn für Solidarität und Pflichtbewusstsein bei der gemeinsamen Arbeit, die Bedeutung der Kultur, der Glaube an ein Leben nach dem Tode und viele andere Werte«.[23]

In diesem Sinne besteht für die indigenen Amazonasvölker die wahre Lebensqualität in einem *buen vivir*, das eine persönliche, familiäre, gemeinschaftliche und kosmische Harmonie beinhaltet und sichtbar wird in ihrer gemeinschaftlichen Lebenseinstellung, an der Fähigkeit, Freude und Erfüllung inmitten eines strengen und einfachen Lebens zu finden, sowie an der verantwortungsvollen Sorge für die Natur, welche die Ressourcen für die nachfolgenden Generationen bewahrt. Die indigenen Völker könnten uns helfen zu erkennen, was eine glückliche Genügsamkeit ist, und in diesem Sinne »haben [sie] uns Vieles zu lehren«.[24] Sie verstehen es, mit wenig glücklich zu sein, sie erfreuen sich an Gottes kleinen Gaben, ohne viele Dinge anzuhäufen, sie zerstören nicht ohne Not, sie bewahren die Ökosysteme und sie erkennen, dass die Erde, die sich als großzügige Quelle zu ihrem Lebensunterhalt verschenkt, auch etwas Mütterliches hat, das respektvolle Zärtlichkeit weckt. All dies muss zur Geltung gebracht und bei der Evangelisierung berücksichtigt werden.[25]

Während wir für sie und mit ihnen kämpfen, sind wir gerufen, »ihre Freunde zu sein, sie anzuhören, sie zu verstehen und die geheimnisvolle Weisheit anzunehmen, die Gott uns durch sie mitteilen will«.[26] Die Bewohner der Städte sollten diese Weisheit zu schätzen wissen und angesichts eines beängstigenden Konsumdenkens und des Phänomens urbaner Vereinsamung zu einem Umdenken gelangen. Die Kirche selbst kann ein Mittel sein, das diese kulturelle Rückbesinnung in einer gelungenen Verbindung mit der Verkündigung des Evangeliums unterstützt. Darüber hinaus wird sie in dem Maße zu einem Instrument der Nächstenliebe, in dem die städtischen Gemeinden nicht nur für ihren eigenen Bereich missionarisch tätig sind, sondern auch die Armen aufnehmen, die vom Elend getrieben aus dem Landesinneren dort ankommen. Und sie wird es in dem Maße, in dem die Gemeinden jungen Migranten beistehen, um ihnen in der Stadt bei der Integration zu helfen, damit sie dort nicht der Verwahrlosung ins Netz gehen. Ein solches kirchliches Wirken aus Nächstenliebe spielt innerhalb eines Inkulturationsprozesses eine wichtige Rolle.

Darüber hinaus ist Inkulturation auch etwas Erhebendes und Erfüllendes. Sicherlich verdient die indigene Spiritualität einer gegenseitigen Verbundenheit und Abhängigkeit alles Geschaffenen unsere Wertschätzung, diese Spiritualität der Unentgeltlichkeit, die das Leben als Geschenk liebt, diese Spiritualität einer heiligen Bewunderung der Natur, die uns mit so viel Leben überhäuft. Es geht aber auch darum, dass diese Beziehung zu dem im Kosmos gegenwärtigen Gott immer mehr zu einer persönlichen Beziehung mit jenem Du wird, das die eigene Wirklichkeit erhält und ihr einen Sinn verleihen will, zu einem Du, das uns kennt und liebt:

»Meine Schatten treiben dahin, totes Holz.
Der Stern jedoch wird makellos geboren
über den Händen dieses Kindes,
die meisterhaft die Wasser und die Nacht erobern.
Es muss mir genügen zu wissen,
dass du mich kennst,
zur Gänze, noch vor Anbeginn meiner Tage.«[27]

Ebenso steht die Beziehung zu Jesus Christus, dem wahren Gott und wahren Menschen, dem Befreier und Erlöser, nicht in einem unversöhnlichen Widerspruch zu dieser ausgesprochen kosmischen Weltanschauung, welche die indigenen Völker kennzeichnet, denn er ist auch der Auferstandene, der alles durchdringt.[28] Für die christliche Erfahrung »finden alle Geschöpfe des materiellen Universums ihren wahren Sinn im menschgewordenen Wort, denn der Sohn Gottes hat in seine Person einen Teil des materiellen Universums aufgenommen, in den er einen Keim der endgültigen Verwandlung hineingelegt hat«.[29] Er ist herrlich und geheimnisvoll gegenwärtig im Fluss, in den Bäumen, in den Fischen, im Wind, da er als Herr über die Schöpfung regiert, ohne je seine verklärten Wunden zu verlieren, und in der Eucharistie nimmt er die Elemente der Welt an und verleiht allem den Sinn einer österlichen Gabe.

Soziale und geistliche Inkulturation

Diese Inkulturation muss angesichts der Situation der Armut und Verlassenheit so vieler Einwohner Amazoniens notwendigerweise einen ausgesprochen sozialen Charakter haben und von einer entschlossenen Verteidigung der Menschenrechte geprägt sein, um das Antlitz Christi zum Leuchten zu bringen, der sich »mit besonderer Zärtlichkeit mit den Schwächsten und Ärmsten identifizieren wollte«.[30] Denn »vom Kern des Evangeliums her erkennen wir die enge Verbindung zwischen Evangelisierung und menschlicher Förderung«,[31] und das bedeutet für die christlichen Gemeinschaften auch ein klares Engagement für das Reich der Gerechtigkeit durch eine Förderung derer, die ins Abseits geraten sind. Dazu ist eine angemessene Unterweisung der pastoral Tätigen in der Soziallehre der Kirche äußerst wichtig.

Gleichzeitig muss die Inkulturation des Evangeliums in Amazonien das Soziale besser mit dem Geistlichen verbinden, damit die Ärmsten nicht außerhalb der Kirche nach einer Spiritualität suchen müssen, die ihrer Sehnsucht nach dem Transzendenten entspricht. Dabei kann es weder um eine entfremdende individualistische Religiosität gehen, die das soziale Bedürfnis nach einem würdigeren Leben zum Schweigen bringt, noch um eine Herabstufung der transzendenten und spirituellen Dimension, so als ob die materielle Entwicklung dem Menschen genügen würde. Von daher sind wir gefordert, diese beiden Dinge nicht nur nebeneinanderzustellen, sondern sie auf einer tieferen Ebene miteinander zu verbinden. So wird die wahre Schönheit des Evangeliums aufleuchten, das zur Fülle des Menschseins führt, das den Einzelnen und den Völkern vollkommene Würde verleiht sowie das Herz und das ganze Leben erfüllt.

Ansatzpunkte für eine Heiligkeit amazonischer Prägung

Auf diese Weise können Zeugnisse einer für das Amazonasgebiet charakteristischen Heiligkeit entstehen, die keine Kopien von Modellen anderer Orte sind, einer Heiligkeit, die aus Begegnung und Hingabe, aus Kontemplation und Dienen, aus empfänglicher Einsamkeit und gemeinsamem Leben, aus freudiger Nüchternheit und Kampf für die Gerechtigkeit besteht. Diese Heiligkeit erreicht »jeder auf seinem eigenen Wege«,[32] und das gilt auch für die Völker, wo die Gnade sich inkarniert und mit unverwechselbaren Merkmalen aufleuchtet. Stellen wir uns eine Heiligkeit vor, die die Züge des Amazonasgebietes trägt und die dazu berufen ist, die Weltkirche herauszufordern.

Ein Prozess der Inkulturation, der nicht nur individuell, sondern auch gemeinschaftlich geschieht, erfordert eine respektvolle und verständnisvolle Liebe zu den Menschen. In einem Großteil Amazoniens hat man diesen Prozess bereits begonnen. Vor mehr als vierzig Jahren betonten die Bischöfe des peruanischen Amazonasgebiets, dass in vielen der in dieser Region lebenden Bevölkerungsgruppen »die Adressaten der Verkündigung, die von einer vielfältigen und sich wandelnden eigenen Kultur geprägt sind, das Evangelium bereits ansatzweise angenommen haben«, da sie »bestimmte Züge einer katholischen Volksfrömmigkeit tragen, die, auch wenn sie vielleicht ursprünglich von pastoralen Mitarbeitern angestoßen wurden, heute etwas sind, das sich das Volk zu eigen gemacht, ja sogar in seinen Akzenten verändert und von Generation zu Generation weitergegeben hat«.[33] Wir sollten nicht vorschnell einige religiöse Ausdrucksformen, die sich spontan aus dem Leben der Völker ergeben, als Aberglaube oder Heidentum bezeichnen. Vielmehr gilt es den Weizen zu erkennen, der inmitten des Unkrautes wächst, denn »in der Volksfrömmigkeit kann man die Art und Weise wahrnehmen, wie der empfangene Glaube in einer Kultur Gestalt angenommen hat und ständig weitergegeben wird«.[34]

Es ist möglich, sich in irgendeiner Weise auf ein indigenes Symbol zu beziehen, ohne dass man es notwendigerweise als Götzendienst betrachten müsste. Ein Mythos von spirituellem Sinngehalt kann aufgegriffen und muss nicht immer als heidnischer Irrtum angesehen werden. Einige religiöse Feste enthalten eine sakrale Bedeutung und sind Gelegenheiten des Zusammenkommens und der Brüderlichkeit, auch wenn eventuell ein langsamer Reinigungs- oder Reifungsprozess erforderlich ist. Ein echter Missionar befasst sich damit, die berechtigten Anliegen hinter diesen religiösen Ausdrucksweisen zu entdecken, die manchmal unvollkommen und bruchstückhaft sind oder Irrtümer enthalten, und versucht, aus einer inkulturierten Spiritualität heraus darauf eine Antwort zu finden.

Dies wird zweifelsohne eine Spiritualität sein, die ausgerichtet ist auf den einen Gott und Herrn. Zugleich soll sie aber auch fähig sein, mit den alltäglichen Bedürfnissen der Menschen in Kontakt zu kommen, die ein würdiges Leben suchen, die sich an den schönen Dingen des Lebens erfreuen wollen, die Frieden und Harmonie finden sowie familiäre Probleme lösen wollen, die Heilung ihrer Krankheiten ersehnen und ihre Kinder glücklich aufwachsen sehen wollen. Die schlimmste Gefährdung für sie wäre es, wenn man sie von der Begegnung mit Christus fernhalten würde, indem man ihn als Feind der Freude oder als jemanden darstellt, der den Wünschen und Ängsten der Menschen gegenüber gleichgültig ist.[35] Heute ist es unerlässlich zu zeigen, dass die Heiligkeit den Menschen nichts an »Kraft, Leben oder Freude«[36] nimmt.

Die Inkulturation der Liturgie

Die Inkulturation der christlichen Spiritualität in den Kulturen der ursprünglichen Völker findet in den Sakramenten einen besonders wertvollen Weg, weil in ihnen das Göttliche und das Kosmische, die Gnade und die Schöpfung vereint sind. In Amazonien sollten sie nicht als etwas verstanden werden, das mit der Schöpfung nichts zu tun hat. Sie »sind eine bevorzugte Weise, in der die Natur von Gott angenommen wird und sich in Vermittlung des übernatürlichen Lebens verwandelt«.[37] Sie sind eine Vollendung des Geschaffenen, in dem die Natur zum Ort und Instrument der Gnade erhoben wird, um »die Welt auf einer anderen Ebene zu umarmen«.[38]

In der Eucharistie wollte Gott »auf dem Höhepunkt des Geheimnisses der Inkarnation [...] durch ein Stückchen Materie in unser Innerstes gelangen. [...] [Sie] vereint Himmel und Erde, umfasst und durchdringt die gesamte Schöpfung«.[39] Aus diesem Grund kann sie eine »Motivation hinsichtlich unserer Sorgen um die Umwelt [sein] und richtet uns darauf aus, Hüter der gesamten Schöpfung zu sein«.[40] »Wir entfliehen [also] nicht der Welt, noch verleugnen wir die Natur, wenn wir Gott begegnen möchten«.[41] Das erlaubt uns, in der Liturgie viele Elemente der intensiven Naturerfahrung der Indigenen aufzugreifen und eigene Ausdrucksformen in den Liedern, Tänzen, Riten, Gesten und Symbolen anzuregen. Bereits das Zweite Vatikanische Konzil hatte zu einem solchen Bemühen um die Inkulturation der Liturgie bei den indigenen Völkern aufgerufen,[42] aber es sind mehr als fünfzig Jahre vergangen, und wir sind in dieser Richtung kaum vorangekommen.[43]

Mit dem Sonntag verbindet »die christliche Spiritualität den Wert der Ruhe und des Festes [...] Der Mensch neigt dazu, die kontemplative Ruhe auf den Bereich des Unfruchtbaren und Unnötigen herabzusetzen, und vergisst dabei, dass man so dem Werk, das man vollbringt, das Wichtigste nimmt: seinen Sinn. Wir sind berufen, in unser Handeln eine Dimension der Empfänglichkeit und der Unentgeltlichkeit einzubeziehen«.[44] Die indigenen Völker wissen um diese Unentgeltlichkeit und gesunde kontemplative Muße. Unsere Feiern sollten ihnen helfen, diese Erfahrung in der Sonntagsliturgie zu machen und dem Licht des Wortes und der Eucharistie zu begegnen, das unser konkretes Leben erhellt.

Die Sakramente zeigen und vermitteln den nahen Gott, der barmherzig zu seinen Kindern kommt, um sie zu heilen und zu stärken. Sie müssen daher vor allem für die Armen zugänglich sein und dürfen niemals aus finanziellen Gründen verweigert werden. Auch ist angesichts der Armen und Vergessenen des Amazonasgebietes kein Platz für eine Disziplin, die ausschließt und entfernt, weil sie auf diese Weise von einer Kirche, die zu einer Zollstation geworden ist, letztlich verworfen werden. Vielmehr gilt: »In den schwierigen Situationen, welche die am meisten Bedürftigen erleben, muss die

Kirche besonders achtsam sein, um zu verstehen, zu trösten, einzubeziehen, und sie muss vermeiden, diesen Menschen eine Reihe von Vorschriften aufzuerlegen, als seien sie felsenstark. Damit bewirkt man nämlich im Endeffekt, dass sie sich gerade von der Mutter verurteilt und verlassen fühlen, die berufen ist, ihnen die Barmherzigkeit Gottes nahezubringen«.[45] Für die Kirche kann die Barmherzigkeit zu einem rein romantischen Ausdruck werden, wenn sie nicht konkret im pastoralen Wirken sichtbar wird.[46]

Die Inkulturation der Dienste und Ämter

Die Inkulturation muss sich auch auf konkret erfahrbare Weise in den kirchlichen Organisationsformen und in den kirchlichen Ämtern entwickeln und widerspiegeln. Wenn Spiritualität inkulturiert wird, wenn Heiligkeit inkulturiert wird, wenn das Evangelium selbst inkulturiert wird, können wir nicht umhin, auch hinsichtlich der Art und Weise, wie kirchliche Dienste strukturiert und gelebt werden, an Inkulturation zu denken. Die kirchliche Pastoral ist in Amazonien nicht sehr präsent, was zum Teil auf die immense territoriale Ausdehnung mit vielen schwer zugänglichen Orten, auf die große kulturelle Vielfalt, auf die schwerwiegenden sozialen Probleme wie auch auf die Entscheidung einiger Völker, sich abzuschotten, zurückzuführen ist. Dies kann uns nicht gleichgültig lassen und erfordert eine diesen Umständen entsprechende mutige Antwort der Kirche.

Es ist notwendig, dass der kirchliche Dienst so gestaltet wird, dass er einer größeren Häufigkeit der Eucharistiefeier dient, auch bei den Gemeinschaften, die ganz entlegen und verborgen sind. In Aparecida konnte man die Klage vieler Amazonasgemeinden hören, die »über lange Zeit die sonntägliche Eucharistiefeier entbehren müssen«.[47] Aber gleichzeitig werden Amtsträger gebraucht, die das

Empfinden und die Kulturen des Amazonasgebietes von innen her verstehen können.

Die Art und Weise der Gestaltung des Lebens und der Ausübung des Priesteramtes ist nicht monolithisch und nimmt an verschiedenen Orten der Erde unterschiedliche Ausformungen an. Deshalb ist es wichtig, zu bestimmen, was dem Priester in besonderer Weise zukommt, was nicht delegierbar ist. Die Antwort liegt im heiligen Sakrament der Weihe begründet, das ihn Christus, dem Priester, gleichgestaltet. Und die erste Schlussfolgerung ist, dass dieser ausschließliche Charakter, der in den heiligen Weihen empfangen wird, ihn allein befähigt, der Eucharistie vorzustehen.[48] Das ist sein spezifischer, vorrangiger und nicht delegierbarer Auftrag. Einige meinen, dass das, was den Priester auszeichnet, die Macht ist, die Tatsache, dass er die höchste Autorität innerhalb der Gemeinschaft ist. Aber der heilige Johannes Paul II. erklärte, dass, obwohl das Priestertum als »hierarchisch« betrachtet wird, dieser Dienst keine Überordnung gegenüber den anderen bedeutet, sondern ganz für die Heiligkeit der Glieder des Leibes Christi bestimmt ist«.[49] Wenn gesagt wird, dass der Priester »Christus das Haupt« darstellt, dann bedeutet das vor allem, dass Christus die Quelle der Gnade ist: Er ist das Haupt der Kirche, denn er hat »die Kraft, allen Gliedern der Kirche Gnade einzuflößen«.[50]

Der Priester ist Zeichen dieses Hauptes, das die Gnade vor allem im Feiern der Eucharistie ausgießt, die Quelle und Höhepunkt allen christlichen Lebens ist.[51] Darin besteht seine große Amtsgewalt, die nur im Weihesakrament empfangen werden kann. Deshalb kann nur er sagen: »Das ist mein Leib«. Auch andere Worte kann nur er sprechen: »Ich spreche dich los von deinen Sünden«. Denn die sakramentale Vergebung steht im Dienst einer würdigen Eucharistiefeier. Diese beiden Sakramente bilden die Mitte seiner exklusiven Identität.[52]

Unter den besonderen Umständen Amazoniens, vor allem im tropischen Regenwald und in abgelegeneren Gebieten, muss ein Weg gefunden werden, um diesen priesterlichen Dienst zu gewährleisten. Die Laien können das Wort verkünden, unterrichten, ihre Gemeinschaften organisieren, einige Sakramente feiern, verschiedene Ausdrucksformen für die Volksfrömmigkeit entwickeln und die vielfältigen Gaben, die der Geist über sie ausgießt, entfalten. Aber sie brauchen die Feier der Eucharistie, denn sie »baut die Kirche«,[53] und daraus folgt, dass die christliche Gemeinde »aber nur auferbaut [wird], wenn sie Wurzel und Angelpunkt in der Feier der Eucharistie hat«.[54] Wenn wir wirklich glauben, dass dies so ist, ist es dringend notwendig zu verhindern, dass den Amazonasvölkern diese Nahrung des neuen Lebens und das Sakrament der Versöhnung vorenthalten wird.

Diese drängende Notwendigkeit veranlasst mich, alle Bischöfe, besonders die Lateinamerikas, zu ermutigen, nicht nur das Gebet um Priesterberufungen zu fördern, sondern auch großzügiger zu sein und diejenigen, die eine missionarische Berufung zeigen, dazu zu bewegen, sich für das Amazonasgebiet zu entscheiden.[55] Gleichzeitig ist es notwendig, die Struktur und den Inhalt sowohl der Erstausbildung als auch der ständigen Weiterbildung der Priester gründlich zu überprüfen, damit sie die für den Dialog mit den Kulturen des Amazonasgebiets erforderlichen Haltungen und Fähigkeiten erwerben können. Diese Ausbildung sollte in hohem Maße pastoral sein und ein Wachstum priesterlicher Barmherzigkeit fördern.[56]

Gemeinschaften voller Leben

Andererseits ist die Eucharistie das große Sakrament, das die Einheit der Kirche darstellt und verwirklicht,[57] und sie wird gefeiert, »damit wir, die wir weit verstreut leben und einander fremd und gleichgültig sind, vereint und gleichberechtigt zu Freunden werden«.[58] Wer der Eucharistie vorsteht, muss Sorge tragen für die Gemeinschaft, die keine verarmte Einheit ist, sondern die vielfältigen Reichtümer an Gaben und Charismen aufnimmt, die der Geist in der Gemeinde ausgießt.

Deshalb erfordert die Eucharistie als Quelle und Höhepunkt, dass dieser vielgestaltige Reichtum entfaltet wird. Priester werden benötigt. Dies schließt aber nicht aus, dass für gewöhnlich die ständigen Diakone – die im Amazonasgebiet noch viel mehr sein sollten –, die Ordensfrauen und die Laien selbst wichtige Verantwortung für das Wachstum der Gemeinschaften übernehmen und dass sie in der Ausübung dieser Aufgaben dank einer angemessenen Begleitung reifen.

Es geht also nicht nur darum, eine größere Präsenz der geweihten Amtsträger zu ermöglichen, die die Eucharistie feiern können. Dies wäre ein sehr begrenztes Ziel, wenn wir nicht auch versuchen würden, neues Leben in den Gemeinden zu wecken. Wir müssen die Begegnung mit dem Wort und das Wachstum in der Heiligkeit durch verschiedene Laiendienste fördern, was sowohl eine biblische, dogmatische, spirituelle und praktische Ausbildung als auch verschiedene Programme zur Fortbildung voraussetzt.

Eine Kirche mit amazonischen Gesichtszügen erfordert die stabile Präsenz reifer und mit entsprechenden Vollmachten ausgestatteter verantwortlicher Laien,[59] die die Sprachen, Kulturen, geistlichen Erfahrungen sowie die Lebensweise der jeweiligen Gegend kennen und zugleich Raum lassen für die Vielfalt der Gaben, die der Heilige Geist in uns sät. Denn dort, wo eine besondere Notwendigkeit besteht, hat der Heilige Geist bereits für die Charismen gesorgt, die darauf antworten können. Dies setzt in der Kirche die Fähigkeit voraus, der Kühnheit des Geistes Raum zu geben sowie vertrauensvoll und konkret die Entwicklung einer eigenen kirchlichen Kultur zu ermöglichen, die von Laien geprägt ist. Die Herausforderungen Amazoniens verlangen von der Kirche eine besondere Anstrengung, um eine Präsenz in der Fläche zu erreichen, was nur zu verwirklichen ist, wenn die Laien eine wirksame zentrale Rolle innehaben.

Viele Personen des geweihten Lebens haben ihre Kräfte und einen großen Teil ihres Lebens für die Verkündigung des Reiches Gottes im Amazonasgebiet hingegeben. Das geweihte Leben nimmt mit seiner Fähigkeit zum Dialog, zur Synthese, zur konkreten Gestaltung und zur Prophetie in dieser pluralen und harmonischen Zusammensetzung der Kirche Amazoniens einen besonderen Platz ein. Aber es bedarf einer neuen Anstrengung der Inkulturation, welche die Kreativität, den missionarischen Mut, die Sensibilität und die besondere Stärke des Gemeinschaftslebens miteinbezieht.

Die Basisgemeinden boten echte Erfahrungen von Synodalität auf dem Weg der Evangelisierung der Kirche in Amazonien, wenn es ihnen gelang, die Verteidigung der sozialen Rechte mit der missionarischen Verkündigung und der Spiritualität zu verbinden. Oft waren sie »Schulen der Ausbildung von Christen, die sich als Jünger und Missionare des Herrn engagiert für ihren Glauben eingesetzt haben. Viele ihrer Mitglieder haben sogar ihr Leben dafür hingegeben.«[60]

Ich ermutige zur Vertiefung der gemeinsamen Aufgabe, die mittels des kirchlichen Netzwerks Amazoniens REPAM und anderer Vereinigungen vollbracht wird, um zu festigen, was schon die Bischofsversammlung in Aparecida gefordert hat, nämlich »zwischen den Ortskirchen der verschiedenen südamerikanischen Länder, die sich im Amazonasbecken befinden, eine Gesamtpastoral mit jeweils angepassten unterschiedlichen Prioritäten [zu] etablieren«.[61] Dies gilt besonders für die Beziehung zwischen benachbarten Ortskirchen.

Abschließend möchte ich daran erinnern, dass unsere Planungen nicht immer stabile Gemeinschaften zum Ziel haben können, da es im Amazonasgebiet eine große interne Mobilität und eine ständige

Migration – oft eine Pendelmigration – gibt und »die Region ›faktisch‹ zum Migrationskorridor geworden« ist.[62] Die »amazonische Transhumanz ist als pastorales Problem bisher weder gut verstanden noch angemessen bearbeitet worden«.[63] Aus diesem Grund müssen wir an Gruppen von Wandermissionaren denken, und »die Ordensfrauen und -männer sollte man dabei unterstützen, sich an die Seite der Ausgeschlossenen und Ärmsten zu begeben, um mit ihnen auf dem Weg zu sein«.[64] Andererseits sind hier auch unsere städtischen Gemeinden gefragt, vor allem in den Peripherien einfallsreich und großzügig verschiedene Angebote zur Begleitung und Aufnahme für die Familien und die jungen Menschen, die aus dem Landesinneren zu ihnen kommen, zu entwickeln.

Die Kraft und die Gabe der Frauen

In Amazonien gibt es Gemeinschaften, die lange Zeit hindurch sich gehalten und den Glauben weitergegeben haben, ohne dass dort – manchmal jahrzehntelang – ein Priester vorbeigekommen wäre. Dies ist der Präsenz von starken und engagierten Frauen zu verdanken, die, gewiss berufen und angetrieben vom Heiligen Geist, tauften, Katechesen hielten, den Menschen das Beten beibrachten und missionarisch wirkten. Jahrhundertelang hielten die Frauen die Kirche an diesen Orten mit bewundernswerter Hingabe und leidenschaftlichem Glauben aufrecht. Mit ihrem Zeugnis haben sie uns alle bei der Synode angerührt.

Dies ist eine Einladung an uns, unseren Blick zu weiten, damit unser Verständnis von Kirche nicht auf funktionale Strukturen reduziert wird. Ein solcher Reduktionismus würde uns zu der Annahme veranlassen, dass den Frauen nur dann ein Status in der Kirche und eine größere Beteiligung eingeräumt würden, wenn sie zu den heiligen Weihen zugelassen würden. Aber eine solche Sichtweise wäre in

Wirklichkeit eine Begrenzung der Perspektiven: Sie würde uns auf eine Klerikalisierung der Frauen hinlenken und den großen Wert dessen, was sie schon gegeben haben, schmälern als auch auf subtile Weise zu einer Verarmung ihres unverzichtbaren Beitrags führen.

Jesus Christus zeigt sich als der Bräutigam der Eucharistie feiernden Gemeinschaft in der Gestalt eines Mannes, der ihr vorsteht als Zeichen des einen Priesters. Dieser Dialog zwischen Bräutigam und Braut, der sich in der Anbetung vollzieht und die Gemeinschaft heiligt, sollte nicht auf einseitige Fragestellungen hinsichtlich der Macht in der Kirche verengt werden. Denn der Herr wollte seine Macht und seine Liebe in zwei menschlichen Gesichtern kundtun: das seines göttlichen menschgewordenen Sohnes und das eines weiblichen Geschöpfes, Maria. Die Frauen leisten ihren Beitrag zur Kirche auf ihre eigene Weise und indem sie die Kraft und Zärtlichkeit der Mutter Maria weitergeben. Auf diese Weise bleiben wir nicht bei einem funktionalen Ansatz stehen, sondern treten ein in die innere Struktur der Kirche. So verstehen wir in der Tiefe, warum sie ohne die Frauen zusammenbricht, so wie viele Gemeinschaften in Amazonien auseinandergefallen wären, wenn es dort keine Frauen gegeben hätte, die sie aufrechterhalten, bewahrt und sich ihrer angenommen hätten. Hier wird sichtbar, was ihre spezifische Macht ist.

Wir müssen die vom Volk geschätzten Fähigkeiten, welche die Frauen im Amazonasgebiet so in den Mittelpunkt gerückt haben, weiterhin fördern, auch wenn die Gemeinden heute neuen Gefahren ausgesetzt sind, die es zu anderen Zeiten nicht gab. Die gegenwärtige Situation verlangt, dass wir das Entstehen anderer spezifisch weiblicher Dienste und Charismen anregen, die auf die besonderen Bedürfnisse der Amazonasvölker in diesem Moment der Geschichte reagieren.

In einer synodalen Kirche sollten die Frauen, die in der Tat eine zentrale Rolle in den Amazonasgemeinden spielen, Zugang zu Aufgaben und auch kirchlichen Diensten haben, die nicht die heiligen Weihen erfordern und es ihnen ermöglichen, ihren eigenen Platz besser zum Ausdruck zu bringen. Es sei daran erinnert, dass ein solcher Dienst Dauerhaftigkeit, öffentliche Anerkennung und eine Beauftragung durch den Bischof voraussetzt. Das bedeutet auch, dass Frauen einen echten und effektiven Einfluss in der Organisation, bei den wichtigsten Entscheidungen und bei der Leitung von Gemeinschaften haben, ohne dabei jedoch ihren eigenen weiblichen Stil aufzugeben.

Horizonte jenseits der Konflikte erweitern

Es kann vorkommen, dass an einem bestimmten Ort die in der Pastoral Tätigen für die anstehenden Probleme sehr unterschiedliche Lösungen für naheliegend halten und deshalb scheinbar entgegengesetzte kirchliche Herangehensweisen befürworten. In solch einem Fall ist es wahrscheinlich, dass die wahre Antwort auf die Herausforderungen der Evangelisierung darin besteht, beide Lösungsansätze zu überwinden und andere, vielleicht ungeahnte, bessere Wege zu finden. Der Konflikt wird auf einer höheren Ebene überwunden, wo sich jede der beiden Seiten mit der jeweils anderen zu etwas Neuem verbindet, aber dennoch sich selbst treu bleibt. Alles entscheidet sich »auf einer höheren Ebene, welche die wertvollen innewohnenden Möglichkeiten und die Polaritäten im Streit beibehält«.[65] Andernfalls verstricken wir uns im Konflikt, »verlieren wir die Perspektive, unsere Horizonte werden kleiner, und die Wirklichkeit selbst zerbröckelt«.[66]

Dies bedeutet keineswegs, Probleme zu relativieren, ihnen auszuweichen oder die Dinge so zu belassen, wie sie sind. Wahre Lösungen werden nie dadurch erreicht, dass man die Kühnheit verwässert, sich vor konkreten Anforderungen drückt oder die Schuld woanders sucht. Im Gegenteil, der Ausweg wird durch ein »Überfließen« gefunden, indem man über die Dialektik, die die Sicht begrenzt, hinausgeht, um das Größere zu erkennen, das Gott uns schenken will. Aus diesem mutig und engagiert angenommenen Geschenk, aus dieser unerwarteten Gabe, die eine neue und größere Kreativität weckt, werden wie aus einer üppigen Quelle die Antworten fließen, die die Dialektik uns nicht sehen ließ. In seinen Anfängen verbreitete sich der christliche Glaube in bewundernswerter Weise dank dieser Logik; sie ermöglichte es ihm, sich von seinem hebräischen Ursprung her in den griechisch-römischen Kulturen zu inkarnieren und bei seinem Übergang verschiedene Gestalt anzunehmen. Ähnlich fordert uns Amazonien in diesem Moment der Geschichte heraus, begrenzte Perspektiven und pragmatische Lösungen, die bei Teilaspekten der großen Herausforderungen stehenbleiben, zu überwinden, um nach breiter angelegten und kühneren Wegen der Inkulturation zu suchen.

Ökumenisches und interreligiöses Zusammenleben

In einem plurireligiösen Amazonien brauchen wir Gläubigen Möglichkeiten zum Gespräch und zum gemeinsamen Einsatz für das Gemeinwohl und die Förderung der Ärmsten. Wir brauchen nicht irgendwelche Abstriche zu machen oder mit unseren eigenen Überzeugungen, die uns viel bedeuten, hinter dem Berg zu halten, um andersdenkenden Menschen begegnen zu können. Wenn einer glaubt, dass der Heilige Geist in denen, die anders sind, wirken kann, dann wird er versuchen, sich von diesem Licht bereichern zu lassen, aber er wird es aus dem Innersten seiner eigenen Überzeugungen und seiner eigenen Identität heraus aufnehmen. Denn je tiefer, solider und reicher eine Identität ist, desto mehr wird sie andere mit ihrem spezifischen Beitrag bereichern.

Wir Katholiken besitzen in der Heiligen Schrift einen Schatz, den andere Religionen nicht annehmen, auch wenn sie manchmal mit Interesse darin lesen und sogar einige ihrer Inhalte schätzen lernen. Wir versuchen etwas Ähnliches zu tun im Blick auf die heiligen Texte anderer Religionen und Religionsgemeinschaften, deren »Vorschriften und Lehren […] nicht selten einen Strahl jener Wahrheit erkennen lassen, die alle Menschen erleuchtet«.[67] Wir haben ebenso einen großen Reichtum in den sieben Sakramenten, die einige christliche Gemeinschaften nicht in ihrer Gesamtheit oder im gleichen Sinne annehmen. Wir glauben fest an Jesus als den einzigen Erlöser der Welt, gleichzeitig hegen wir eine tiefe Verehrung für seine Mutter. Obwohl wir wissen, dass dies nicht bei allen christlichen Konfessionen der Fall ist, fühlen wir uns verpflichtet, Amazonien den Reichtum dieser herzlichen mütterlichen Liebe zu vermitteln, als deren Hüter wir uns fühlen. Und so werde ich dieses Schreiben dann mit einigen Worten an Maria beschließen.

All das sollte uns nicht zu Feinden machen. In einem wahren Geist des Dialogs wächst die Fähigkeit, den Sinn dessen zu verstehen, was der andere sagt und tut, auch wenn man es nicht als eigene Überzeugung für sich selbst übernehmen kann. Auf diese Weise wird es möglich, aufrichtig zu sein und das, was wir glauben, nicht zu verbergen, dabei aber doch weiter im Gespräch zu bleiben, Berührungspunkte zu suchen und vor allem gemeinsam für das Wohl Amazoniens zu arbeiten und zu kämpfen. Die Kraft dessen, was alle Christen eint, ist von unermesslichem Wert. Wir schenken dem, was uns trennt, so viel Aufmerksamkeit, dass wir manchmal das, was uns verbindet, nicht mehr schätzen oder würdigen. Und was uns verbindet, ist das, was es uns möglich macht, in der Welt zu sein, ohne von irdischer Immanenz, geistiger Leere, bequemem Egozentrismus oder einem konsumorientierten und selbstzerstörerischen Individualismus verschlungen zu werden.

Wir Christen sind alle eins im Glauben an Gott, den Vater, der uns das Leben schenkt und uns so sehr liebt. Uns verbindet der Glaube an Jesus Christus, den einzigen Erlöser, der uns mit seinem heiligen Blut und seiner glorreichen Auferstehung befreit hat. Uns eint die Sehnsucht nach seinem Wort, das unsere Schritte leitet. Uns eint das Feuer des Geistes, das uns zur Mission antreibt. Uns verbindet das neue Gebot, das Jesus uns hinterlassen hat, die Suche nach einer Zivilisation der Liebe, die Leidenschaft für das Reich, das mit ihm zu errichten der Herr uns ruft. Uns eint der Kampf für Frieden und Gerechtigkeit. Uns eint die Überzeugung, dass nicht alles mit diesem Leben einmal endet, sondern dass wir zum himmlischen Festmahl berufen sind, wo Gott alle Tränen trocknen und entgegennehmen wird, was wir für die Leidenden getan haben.

All das eint uns. Wie können wir nicht gemeinsam kämpfen? Wie können wir nicht gemeinsam beten und Seite an Seite arbeiten, um die Armen des Amazonas zu verteidigen, um das heilige Antlitz des Herrn zu zeigen und uns um sein schöpferisches Werk zu kümmern?[68]

Anmerkungen

1 Papst Franziskus, Nachsynodales Apostolisches Schreiben *Querida Amazonia* an das Volk Gottes und alle Menschen guten Willens. Online: https://www.vatican.va/content/francesco/de/apost_exhortations/documents/papa-francesco_esortazione-ap_20200202_querida-amazonia.html (Stand: 04.05.2023).

2 Vgl. Dokumente von Santarém (1972) und Manaus (1997) in: Nationale Bischofskonferenz von Brasilien, *Desafio missionário. Documentos da Igreja na Amazônia,* Brasilia 2014, 9–28 und 67–84.

3 Papst Franziskus, Apostolisches Schreiben *Evangelii gaudium* (24. November 2013), 220: AAS 105 (2013), 1110.
4 Ebd., 164: AAS 105 (2013), 1088–1089.
5 Ebd., 165: AAS 105 (2013), 1089.
6 Ebd., 161: AAS 105 (2013), 1087.
7 So das Zweite Vatikanische Konzil in Nr. 44 der Pastoralkonstitution *Gaudium et spes*: »Von Beginn ihrer Geschichte an hat [die Kirche] gelernt, die Botschaft Christi in der Vorstellungswelt und Sprache der verschiedenen Völker auszusagen und darüber hinaus diese Botschaft mit Hilfe der Weisheit der Philosophen zu verdeutlichen, um so das Evangelium sowohl dem Verständnis aller als auch berechtigten Ansprüchen der Gebildeten angemessen zu verkünden. Diese in diesem Sinne angepasste Verkündigung des geoffenbarten Wortes muss ein Gesetz aller Evangelisation bleiben. Denn so wird in jedem Volk die Fähigkeit, die Botschaft Christi auf eigene Weise auszusagen, entwickelt und zugleich der lebhafte Austausch zwischen der Kirche und den verschiedenen nationalen Kulturen gefördert.«
8 Brief an das pilgernde Volk Gottes in Deutschland (29. Juni 2019), 9. *L'Osservatore Romano* (dt.), Jg. 49 (2019), Nr. 28 (12. Juli 2019), 8.
9 Vgl. Vinzenz von Lérins, *Commonitorium primum*, Kap. 23: PL 50, 668: »Ut annis scilicet consolidetur, dilatetur tempore, sublimetur aetate«.
10 Brief an das pilgernde Volk Gottes in Deutschland (29. Juni 2019). *L'Osservatore Romano* (dt.), Jg. 49 (2019), Nr. 28 (12. Juli 2019). Vgl. das Gustav Mahler-zugeschriebene Zitat: »Tradition ist nicht die Anbetung der Asche, sondern die Weitergabe des Feuers«.
11 Ansprache an die Repräsentanten von Wissenschaft und Kultur, Coimbra (15. Mai 1982), *L'Osservatore Romano* (dt.), Jg. 12 (1982), Nr. 26 (25. Juni 1982), 6.
12 Botschaft an die Ureinwohner Amerikas, Santo Domingo (12. Oktober 1992), 6: Insegnamenti, 15/2 (1992), 346; vgl. Ansprache an den nationalen Kongress der kirchlichen Bewegung für kulturelles Engagement (16. Januar 1982), 2: Insegnamenti, 5/1 (1982), 131.
13 Johannes Paul II., Nachsynodales Apostolisches Schreiben *Vita consecrata* (25. März 1996), 98: AAS 88 (1996), 474–475.
14 Vgl. Nr. 115: AAS 105 (2013), 1068.
15 Ebd., 116: AAS 105 (2013), 1068.
16 Ebd.
17 Ebd., 129: AAS 105 (2013), 1074.
18 Ebd., 116: AAS 105 (2013), 1068.
19 Ebd., 117: AAS 105 (2013), 1069.
20 Ebd.
21 Johannes Paul II., Ansprache an die Vollversammlung des Päpstlichen Rats für die Kultur (17. Januar 1987): *L'Osservatore Romano* (dt.), Jg. 17 (1987), Nr. 7 (13. Februar 1987), 8.
22 Papst Franziskus, Apostolisches Schreiben *Evangelii gaudium* (24. November 2013), 129: AAS 105 (2013), 1074.
23 4. Generalversammlung des Episkopats von Lateinamerika und der Karibik, Schlussdokument von Santo Domingo (12.–28. Oktober 1992), 17.
24 Papst Franziskus, Apostolisches Schreiben *Evangelii gaudium* (24. November 2013), 198: AAS 105 (2013), 1103.

25 Vgl. Joseph Ratzinger, *Zur Lage des Glaubens. Ein Gespräch mit Vittorio Messori*, München 21986, 211–212.

26 Papst Franziskus, Apostolisches Schreiben *Evangelii gaudium* (24. November 2013), 198: AAS 105 (2013), 1103.

27 Pedro Casaldáliga, »Carta de navegar (por el Tocantins amazonico)«, in El tiempo y la espera, Santander 1986.

28 Thomas von Aquin erklärt das folgendermaßen: »Auf drei Weisen ist Gott in den Dingen [gegenwärtig]. In allgemeiner Weise ist er [im Geschaffenen] durch seine Macht, Gegenwart und sein Sein. Auf andere Weise ist er in den Heiligen, nämlich durch die Gnade. In einzigartiger Weise ist er in Christus, durch die [hypostatische] Union« (*Ad Colossenses*, II, 2).

29 Papst Franziskus, Enzyklika *Laudato si'* (24. Mai 2015), 235: AAS 107 (2015), 939.

30 3. Vollversammlung des Episkopats von Lateinamerika und der Karibik, Schlussdokument von Puebla (23. März 1979), 196.

31 Papst Franziskus, Apostolisches Schreiben *Evangelii gaudium* (24. November 2013), 178: AAS 105 (2013), 1094.

32 Vgl. Zweites Vatikanisches Konzil, Dogmatische Konstitution *Lumen gentium* über die Kirche, 11; vgl.: Papst Franziskus, Apostolisches Schreiben *Gaudete et exsultate* (19. März 2018), 10–11.

33 Apostolische Vikariate des Peruanischen Amazonasgebiets, »Segunda asamblea episcopal regional de la selva«, San Ramón / Peru (5. Oktober 1973), in: Éxodo de la Iglesia en la Amazonia. Documentos pastorales de la Iglesia en la Amazonia peruana, Iquitos 1976, 121.

34 Papst Franziskus, Apostolisches Schreiben *Evangelii gaudium* (24. November 2013), 123: AAS 105 (2013), 1071.

35 Vgl. Papst Franziskus, Apostolisches Schreiben *Gaudete et exsultate* (19. März 2018), 126–127.

36 Ebd., 32.

37 Papst Franziskus, Enzyklika *Laudato si'* (24. Mai 2015), 235: AAS 107 (2015), 939.

38 Ebd.

39 Ebd., 236: AAS 107 (2015), 940.

40 Ebd.

41 Ebd., 235: AAS 107 (2015), 939.

42 Vgl. Zweites Vatikanisches Konzil, Konstitution über die heilige Liturgie *Sacrosanctum Concilium*, 37–40, 65, 77, 81.

43 Bei der Synode wurde ein eigener »amazonischer Ritus" vorgeschlagen.

44 Papst Franziskus, Enzyklika *Laudato si'* (24. Mai 2015), 237: AAS 107 (2015), 940.

45 Papst Franziskus, Nachsynodales Apostolisches Schreiben *Amoris laetitia* (19. März 2016), 49: AAS 108 (2016), 331; vgl. ebd., 305: AAS 108 (2016), 436–437.

46 Vgl. ebd., 296, 308: AAS 108 (2016), 430–431, 438.

47 5. Generalversammlung des Episkopats von Lateinamerikka und der Karibik, Schlussdokument von Aparecida (29. Juni 2007), 100e.

48 Vgl. Kongregation für die Glaubenslehre, Schreiben *Sacerdotium ministeriale* an

die Bischöfe der Katholischen Kirche zu einigen Fragen bezüglich des Dieners der Eucharistie (6. August 1983): AAS, 75 (1983) 1001–1009.

49 Johannes Paul II., Apostolisches Schreiben *Mulieris dignitatem* (15. August 1988), 27: AAS 80 (1988), 1718.

50 Thomas von Aquin, *Summa Theologiae III*, 8, 1, resp.

51 Vgl. Zweites Vatikanisches Konzil, Dekret *Presbyterorum ordinis* über Dienst und Leben der Priester, 5; Johannes Paul II., Enzyklika *Ecclesia de Eucharistia* (17. April 2003), 22: AAS 95 (2003), 448.

52 Dem Priester ist auch die Spendung der Krankensalbung vorbehalten, da diese im inneren Zusammenhang mit der Vergebung der Sünden steht: »Und wenn er Sünden begangen hat, werden sie ihm vergeben« (Jak 5, 15).

53 Katechismus der Katholischen Kirche, 1396; vgl. Johannes Paul II., Enzyklika *Ecclesia de Eucharistia* (17. April 2003), 26: AAS 95 (2003), 451; Henri de Lubac, *Méditation sur l‹Église*, Paris 1968, 101.

54 Zweites Vatikanisches Konzil, Dekret *Presbyterorum ordinis* über Dienst und Leben der Priester, 6.

55 Es macht nachdenklich, dass es in einigen Ländern des Amazonasgebiets mehr Missionare für Europa oder die Vereinigten Staaten gibt, als solche, die bereit sind, in den eigenen Vikariaten Amazoniens mitzuhelfen.

56 Bei der Synode wurde auch über fehlende Seminare zur Priesterausbildung Indigener gesprochen.

57 Vgl. Zweites Vatikanisches Konzil, Dogmatische Konstitution *Lumen gentium* über die Kirche, 3.

58 Paul VI., Predigt am Hochfest des Leibes und Blutes Christi / Fronleichnam, 17. Juni 1965: Insegnamenti 3 (1965), 358.

59 Der Bischof kann wegen Priestermangels »einen Diakon oder eine andere Person, die nicht die Priesterweihe empfangen hat, oder eine Gemeinschaft von Personen an der Wahrnehmung der Seelsorgsaufgaben einer Pfarrei beteiligen« (Codex des kanonischen Rechts, 517 § 2).

60 5. Generalversammlung des Episkopats von Lateinamerika und der Karibik, Schlussdokument von Aparecida (29. Juni 2007), 178.

61 Ebd., 475.

62 *Instrumentum laboris*, 65.

63 Ebd., 63.

64 Ebd., 129, d, 2.

65 Papst Franziskus, Apostolisches Schreiben *Evangelii gaudium* (24. November 2013), 228: AAS 105 (2013), 1113.

66 Ebd., 226: AAS 105 (2013), 1112.

67 Zweites Vatikanisches Konzil, Erklärung *Nostra aetate* über das Verhältnis der Kirche zu den nichtchristlichen Religionen, 2.

68 Dieser Absatz ist der italienischen Ausgabe von *Gemeinsam gehen* (*Camminare insieme*, Vatikan 2022) hinzugefügt (Anm. d. Red.).

32. Die Sendung besteht darin, an Jesus zu erinnern[1]

Der Takt für die ersten Schritte der Kirche in der Welt war vom Gebet vorgegeben. Die apostolischen Schriften und der große Bericht der Apostelgeschichte geben uns das Bild einer Kirche wieder, die auf dem Weg ist, einer tatkräftigen Kirche, die jedoch in den Gebetsversammlungen die Grundlage und den Impuls für das missionarische Wirken findet. Das Bild der Jerusalemer Urgemeinde ist der Bezugspunkt für jede weitere christliche Erfahrung. Lukas schreibt in der Apostelgeschichte: »Sie hielten an der Lehre der Apostel fest und an der Gemeinschaft, am Brechen des Brotes und an den Gebeten« (2,42). Die Gemeinde hält am Gebet fest.

Wir finden hier vier wesentliche Eigenschaften des kirchlichen Lebens: erstens das Hören auf die Lehre der Apostel; zweitens die Wahrung der gegenseitigen Gemeinschaft; drittens das Brechen des Brotes und viertens das Gebet. Sie erinnern uns daran, dass die Existenz der Kirche dann einen Sinn hat, wenn sie fest mit Christus vereint bleibt, also in der Gemeinschaft, in seinem Wort, in der Eucharistie und im Gebet. So vereinen wir uns mit Christus. Die Verkündigung und die Katechese bezeugen die Worte und die Gesten des Meisters; die beständige Suche nach brüderlicher Gemeinschaft bewahrt vor Egoismen und Partikularismen; das Brechen des Brotes verwirklicht das Sakrament der Gegenwart Jesu mitten unter uns: Er wird nie abwesend sein; er ist in der Eucharistie gegenwärtig. Er lebt und geht mit uns. Und schließlich das Gebet, der Raum des Dialogs mit dem Vater durch Christus im Heiligen Geist.

Alles, was in der Kirche außerhalb dieser »Koordinaten« wächst, entbehrt jeder Grundlage. Um in einer Situation eine Entscheidung zu finden, müssen wir uns fragen, wie in dieser Situation diese vier

Koordinaten aussehen: die Verkündigung, die beständige Suche nach brüderlicher Gemeinschaft – die Nächstenliebe –, das Brechen des Brotes – also das eucharistische Leben – und das Gebet. Was nicht in diese Koordinaten hineinpasst, ist ohne Kirchlichkeit, ist nicht kirchlich. Gott ist es, der die Kirche macht, nicht das Aufsehen um die Werke. Die Kirche ist kein Marktplatz; die Kirche ist keine Gruppe von Unternehmern, die dieses neue Unternehmen voranbringen. Die Kirche ist das Werk des Heiligen Geistes, den Jesus gesandt hat, um uns zu versammeln. Die Kirche ist das Wirken des Geistes in der christlichen Gemeinde, im Gemeinschaftsleben, in der Eucharistie, im Gebet, immer. Und alles, was außerhalb dieser Koordinaten heranwächst, ist ohne Grundlage, ist gleichsam ein Haus, das auf Sand gebaut ist (vgl. Mt 7,24–27). Gott ist es, der die Kirche macht, nicht das Aufsehen um die Werke. Das Wort Jesu erfüllt unsere Bemühungen mit Sinn. In der Demut wird die Zukunft der Welt aufgebaut.

Manchmal verspüre ich große Traurigkeit, wenn ich eine Gemeinde sehe, die – mit allem guten Willen – den falschen Weg geht, weil sie meint, man könne die Kirche in Versammlungen machen, so als wäre sie eine politische Partei: die Mehrheit, die Minderheit, was dieser oder jener oder der andere meint … »Das ist wie eine Synode, ein synodaler Weg, den wir gehen müssen«. Ich frage mich: Wo ist dort der Heilige Geist? Wo ist das Gebet? Wo ist die gemeinschaftliche Liebe? Wo ist die Eucharistie? Ohne diese vier Koordinaten wird die Kirche zu einer menschlichen Gesellschaft, zu einer politischen Partei – Mehrheit, Minderheit –, Veränderungen werden gemacht als sei sie eine Firma, durch Mehrheits- oder Minderheitsbeschluss … Aber der Heilige Geist ist nicht da. Und die Gegenwart des Heiligen Geistes wird gerade durch diese vier Koordinaten gewährleistet. Um eine Situation zu bewerten, ob sie kirchlich oder nicht kirchlich ist, müssen wir uns fragen, ob diese vier Koordinaten vorhanden sind:

das Gemeinschaftsleben, das Gebet, die Eucharistie… [die Verkündigung], wie das Leben sich in diesen vier Koordinaten entwickelt. Wenn das fehlt, dann fehlt der Heilige Geist, und wenn der Heilige Geist fehlt, dann sind wir eine schöne humanitäre Einrichtung, ein Wohlfahrtsinstitut – gut, gut –, vielleicht auch sozusagen eine kirchliche Partei, aber nicht die Kirche. Und darum kann die Kirche nicht mit diesen Dingen wachsen: Sie wächst nicht durch Proselytismus, wie eine x-beliebige Firma, sondern sie wächst durch Anziehung. Und wer bewirkt die Anziehung? Der Heilige Geist. Wir dürfen nie dieses Wort Benedikts XVI. vergessen: »Die Kirche wächst nicht durch Proselytismus, sondern durch Anziehung«. Wo der Heilige Geist fehlt, der zu Jesus anzieht, dort ist nicht die Kirche. Dort ist ein schöner Club von Freunden – gut, mit guten Absichten –, aber dort ist nicht die Kirche, dort ist keine Synodalität.

Wenn wir die Apostelgeschichte lesen, entdecken wir also, dass die mächtige Triebkraft der Evangelisierung die Gebetsversammlungen sind, wo jene, die daran teilnehmen, die Gegenwart Jesu persönlich erleben und vom Heiligen Geist berührt werden. Die Glieder der Urgemeinde – das gilt jedoch immer, auch für uns heute – spüren, dass die Geschichte der Begegnung mit Jesus nicht im Augenblick der Himmelfahrt haltgemacht hat, sondern in ihrem Leben weitergeht. Wenn man erzählt, was der Herr gesagt und getan hat – das Hören auf das Wort –, wenn man betet, um in Gemeinschaft mit ihm einzutreten, dann wird alles lebendig. Das Gebet flößt Licht und Wärme ein: Das Geschenk des Heiligen Geistes lässt in ihnen den Eifer entstehen.

In diesem Zusammenhang hat der Katechismus ein sehr gehaltvolles Wort. Dort heißt es: »Der Heilige Geist, der seiner betenden Kirche Christus in Erinnerung ruft, führt sie auch in die ganze Wahrheit ein. Er regt an, das unergründliche Mysterium Christi, das im Leben, in den Sakramenten und in der Sendung der Kirche am Werk ist, neu in Worte zu fassen« (Nr. 2625). Das ist das Werk des Heiligen Geistes in der Kirche: Jesus in Erinnerung zu rufen. Jesus selbst hat es gesagt: Er wird euch lehren und euch erinnern. Die Sendung besteht darin, Jesus in Erinnerung zu rufen, aber nicht als Gedächtnisübung. Wenn die Christen auf den Wegen der Sendung unterwegs sind, dann rufen sie Jesus in Erinnerung, indem sie ihn wieder gegenwärtig machen; und von ihm, von seinem Geist, bekommen sie den »Antrieb«, weiterzugehen, zu verkündigen, zu dienen. Im Gebet taucht der Christ in das Geheimnis Gottes ein, der jeden Menschen liebt – jenes Gottes, der will, dass das Evangelium allen verkündigt werde. Gott ist der Gott aller Menschen, und in Jesus ist jede trennende Mauer endgültig niedergerissen: Wie der heilige Paulus sagt, ist er unser Friede: »Er vereinigte die beiden Teile« (Eph 2,14). Jesus hat die Einheit hergestellt.

So ist der Takt des Lebens der Urkirche vorgegeben von einer beständigen Aufeinanderfolge von Feiern, Zusammenkünften, Zeiten des gemeinschaftlichen und des persönlichen Gebets. Und der Geist ist es, der den Verkündigern die Kraft schenkt, sich auf den Weg zu machen und aus Liebe zu Jesus über Meere zu fahren, sich Gefahren auszusetzen, sich Erniedrigungen zu unterwerfen.

Gott schenkt Liebe, Gott bittet um Liebe. Das ist die mystische Wurzel des ganzen gläubigen Lebens. Die ersten Christen im Gebet, aber auch wir, die wir viele Jahrhunderte später kommen, machen dieselbe Erfahrung. Der Geist beseelt alle Dinge. Und jeder Christ, der keine Angst hat, dem Gebet Zeit zu widmen, kann sich die Worte des Apostels Paulus zu eigen machen: »Was ich nun im Fleische lebe, lebe ich im Glauben an den Sohn Gottes, der mich geliebt und sich für mich hingegeben hat« (Gal 2,20). Das Gebet macht es dir bewusst. Nur in der Stille der Anbetung erfährt man die ganze Wahrheit dieser Worte. Wir müssen den Sinn der Anbetung wieder aufgreifen. Anbeten, Gott anbeten, Jesus anbeten, den Heiligen

Geist anbeten. Den Vater, den Sohn, den Heiligen Geist: anbeten. In der Stille. Die Anbetung ist das Gebet, das uns Gott als Anfang und Ende der ganzen Geschichte erkennen lässt. Und dieses Gebet ist das lebendige Feuer des Heiligen Geistes, das dem Zeugnis und der Sendung Kraft verleiht. Danke.

Anmerkungen

1 Papst Franziskus, Generalaudienz, 25. November 2020. Online: https://www.vatican.va/content/francesco/de/audiences/2020/documents/papa-francesco_20201125_udienza-generale.html (Stand: 04.05.2023).

33. Alle zusammen sind wir Kirche[1]

Wie ihr wisst – das ist keine Neuigkeit! –, steht ein synodaler Prozess bevor, ein Weg, auf dem sich die ganze Kirche mit dem Thema »Für eine synodale Kirche: Gemeinschaft, Teilhabe und Sendung« beschäftigt: drei Säulen. Es sind drei Phasen geplant, die zwischen Oktober 2021 und Oktober 2023 stattfinden werden. Dieser Weg ist als eine Dynamik des gegenseitigen Zuhörens konzipiert, ich möchte das unterstreichen: eine Dynamik des gegenseitigen Zuhörens, die auf allen Ebenen der Kirche stattfindet und das ganze Volk Gottes einbezieht. Der Kardinalvikar und die Weihbischöfe müssen einander zuhören, die Priester müssen einander zuhören, die Ordensleute müssen einander zuhören, die Laien müssen einander zuhören. Und dann hören sie sich gegenseitig zu. Einander zuhören; miteinander reden und einander zuhören. Es geht nicht darum, Meinungen einzuholen, nein. Es handelt sich nicht um eine Umfrage, sondern um ein Hören auf den Heiligen Geist, wie es im Buch der Offenbarung heißt: »Wer Ohren hat, der höre, was der Geist den Gemeinden sagt« (2,7). Ohren zu haben, zuzuhören, ist die erste Verpflichtung. Es geht darum, Gottes Stimme zu hören, seine Gegenwart zu erfassen, seinen Vorübergang und seinen Lebensatem einzufangen. Der Prophet Elija entdeckte, dass Gott immer für Überraschungen gut ist, auch in der Art und Weise, wie er vorüberzieht und sich bemerkbar macht: »Ein starker, heftiger Sturm, der die Berge zerriss und die Felsen zerbrach [...]. Doch der Herr war nicht im Sturm. Nach dem Sturm kam ein Erdbeben. Doch der Herr war nicht im Erdbeben. Nach dem Beben kam ein Feuer. Doch der Herr war nicht im Feuer. Nach dem Feuer kam ein sanftes, leises Säuseln. Als Elija es hörte, hüllte er sein Gesicht in den Mantel« (1 Kön 19,11–13).

So spricht Gott zu uns. Und wegen dieses »sanften Säuselns« – das Exegeten auch als »eine subtile Stimme der Stille« und jemand anderer als »einen dünnen Strang von klangvoller Stille« übersetzen – müssen wir unsere Ohren bereit machen, um dieses Säuseln Gottes zu hören.

Die erste Phase des Prozesses (Oktober 2021 bis April 2022) betrifft die einzelnen Diözesankirchen. Und deshalb bin ich hier, als euer Bischof, um daran teilzuhaben, denn es ist sehr wichtig, dass sich die Diözese Rom mit Überzeugung auf diesen Weg begibt. Es wäre ja eine Schande, wenn sich die Diözese des Papstes nicht dafür einsetzen würde, oder? Eine Blamage für den Papst und auch für euch.

Das Thema Synodalität ist kein Kapitel in einer Abhandlung über Ekklesiologie und noch weniger eine Modeerscheinung, ein Schlagwort oder ein neuer Begriff, der in unseren Sitzungen verwendet oder ausgeschlachtet werden soll. Nein! Die Synodalität drückt das Wesen der Kirche aus, ihre Form, ihren Stil, ihre Sendung. Und so müssen wir von der synodalen Kirche sprechen, aber vermeiden, das als einen Titel unter anderen zu betrachten, als eine Anschauung mit Alternativen. Ich sage dies nicht auf der Grundlage einer theologischen Meinung, nicht einmal als persönliche Idee, sondern in Anlehnung an das, was wir als das erste und wichtigste »Handbuch« der Ekklesiologie betrachten können, nämlich die Apostelgeschichte.

Das Wort »Synode« enthält alles, was wir verstehen müssen: »gemeinsam gehen«. Die Apostelgeschichte ist die Geschichte einer Reise, die in Jerusalem beginnt und über Samarien und Judäa, Syrien und Kleinasien und Griechenland schließlich in Rom endet. Dieser Weg erzählt die Geschichte, in der das Wort Gottes und die Menschen, die ihre Aufmerksamkeit und ihren Glauben auf dieses Wort richten, gemeinsam wandern. Das Wort Gottes geht mit uns mit. Jeder ist ein Protagonist, niemand kann als bloßer Statist betrachtet werden. Das muss klar sein: Jeder ist ein Protagonist. Der Protagonist ist nicht mehr der Papst, der Kardinalvikar, die Weihbischöfe; nein: Wir alle sind Protagonisten, und niemand kann als bloßer Statist betrachtet werden. Die Ämter galten damals noch als echte Dienste. Und die Autorität entstand aus dem Hören auf die Stimme Gottes und des Volkes – man darf das nie trennen –, was diejenigen, die sie empfingen, »geerdet« hielt. Der »Boden« des Lebens, dem der Dienst der Nächstenliebe und des Glaubens erwiesen werden musste. Aber diese Geschichte ist nicht nur aufgrund der geografischen Orte, durch die sie verläuft, in Bewegung. Es drückt eine ständige innere Unruhe aus: Das ist ein Schlüsselwort, innere Unruhe. Wenn ein Christ diese innere Unruhe nicht spürt, wenn er sie nicht lebt, fehlt etwas; und diese innere Unruhe kommt aus dem eigenen Glauben und lädt uns ein, zu prüfen, was am besten zu tun ist, was beibehalten oder verändert werden muss. Diese Geschichte lehrt uns, dass Stillstand kein guter Zustand für die Kirche sein kann.[2] Und die Bewegung ist eine Folge der Fügsamkeit gegenüber dem Heiligen Geist, der der Regisseur dieser Geschichte ist, in der alle rastlose Protagonisten sind, die niemals stillstehen.

Petrus und Paulus sind nicht einfach nur zwei Menschen mit ihren Charakteren, sie sind Visionen, die in Horizonten leben, die größer sind als sie selbst, die fähig sind, sich selbst in Bezug auf das, was geschieht, zu überdenken, die Zeugen eines Impulses sind, der sie in eine Krise stürzt – ein weiterer Ausdruck, den man sich immer merken sollte: in eine Krise stürzen –, der sie dazu bringt, etwas zu wagen, zu hinterfragen, zu überdenken, Fehler zu machen und daraus zu lernen, vor allem aber, trotz der Schwierigkeiten zu hoffen. Sie sind Jünger des Heiligen Geistes, der sie die Geografie des göttlichen Heils entdecken lässt, indem er Türen und Fenster öffnet, Mauern einreißt, Ketten sprengt und Grenzen aufhebt. Dann kann es notwendig sein, aufzubrechen, die Richtung zu ändern, Überzeugungen zu überwinden, die uns zurückhalten und uns daran hindern, uns zu bewegen und gemeinsam zu gehen.

Wir können sehen, wie der Geist Petrus dazu drängt, trotz seines Zögerns zum Haus des heidnischen Hauptmanns Kornelius zu gehen. Ihr erinnert euch: Petrus hatte eine Vision gehabt, die ihn beunruhigt hatte, in der er aufgefordert wurde, Dinge zu essen, die als unrein galten. Trotz der Zusicherung, dass das, was Gott reinigt, nicht mehr als unrein gilt, blieb er perplex. Er versuchte zu verstehen, und da kamen die von Cornelius gesandten Männer. Auch er hatte eine Vision und eine Botschaft erhalten. Er war ein römischer Offizier, fromm, mit dem Judentum sympathisierend, aber er war noch nicht weit genug, um ganz Jude oder Christ zu sein: keine religiöse »Zollstation« würde ihn durchlassen. Er war ein Heide, und dennoch wird ihm offenbart, dass seine Gebete Gott erreicht haben und dass er jemanden schicken muss, der Petrus sagt, er solle zu seinem Haus kommen. In diesem Schwebezustand, in dem einerseits Petrus mit seinen Zweifeln und andererseits Kornelius in jener Grauzone wartet, ist es der Heilige Geist, der den Widerstand des Petrus auflöst und ein neues Kapitel der Mission aufschlägt. Das ist die Art und Weise, wie der Geist sich bewegt, genauso. Die Begegnung zwischen den beiden besiegelt einen der schönsten Sätze des Christentums. Kornelius war ihm entgegengegangen und hatte sich ihm zu Füßen geworfen, aber Petrus richtete ihn auf und sagte: »Steh auf! Auch ich bin nur ein Mensch« (Apg 10,26), und wir alle sagen: »Ich bin ein Mann, ich bin eine Frau, wir sind Menschen«, und wir alle sollten es sagen, auch die Bischöfe, wir alle: »Steh auf! Auch ich bin nur ein Mensch«. Und der Text betont, dass er sich mit ihm im familiären Tonfall unterhielt (vgl. Vers 27). Das Christentum muss immer menschlich sein, vermenschlichen, Unterschiede und Entfernungen ausgleichen und sie in Vertrautheit, in Nähe verwandeln. Eines der Übel der Kirche, ja eine Perversion, ist dieser Klerikalismus, der den Priester, den Bischof von den Menschen trennt. Der Bischof und der vom Volk losgelöste Priester ist ein Beamter, er ist kein Seelsorger. Der heilige Paul VI. zitierte gerne die Maxime von Terenz: »Ich bin ein Mensch, nichts Menschliches ist mir fremd«. Die Begegnung zwischen Petrus und Kornelius löste ein Problem, sie förderte den Entschluss, den Heiden direkt zu predigen, in der Überzeugung – das sind die Worte des Petrus – »dass Gott nicht auf die Person sieht« (Apg 10,34). Im Namen Gottes darf man nicht diskriminieren. Und Diskriminierung ist auch unter uns eine Sünde: »Wir sind die Reinen, wir sind die Auserwählten, wir gehören zu dieser Bewegung, die alles besser weiß, wir sind ...«. Nein. Wir sind die Kirche, alle zusammen.

Und schaut, wir können »Katholizität« nicht verstehen, ohne uns auf dieses weite, gastfreundliche Feld zu beziehen, das keine Grenzen kennt. Kirche zu sein ist ein Weg, um in diese Weite Gottes einzutreten. In der Apostelgeschichte geht es dann um die Probleme, die sich aus der Organisation der wachsenden Zahl von Christen und insbesondere aus der Versorgung der Armen ergeben. Einige weisen darauf hin, dass die Witwen vernachlässigt werden. Der Weg zu einer Lösung besteht darin, die Jüngerversammlung einzuberufen und gemeinsam den Beschluss zu fassen, sieben Männer zu ernennen, die sich voll und ganz der *diakonia*, dem Dienst an den Tischen, widmen würden (Apg 6,1–7). Und so geht die Kirche mit Unterscheidungsvermögen, mit Bedürfnissen, mit der Realität des Lebens und der Kraft des Geistes vorwärts, geht gemeinsam, ist synodal. Aber immer ist der Geist der große Protagonist der Kirche.

Dann gibt es auch die Konfrontation zwischen unterschiedlichen Visionen und Erwartungen. Wir müssen nichts befürchten, wenn dies auch heute noch der Fall ist. Wenn wir nur so diskutieren könnten! Dies sind Zeichen der Fügsamkeit und Offenheit für den Geist. Es kann auch zu Auseinandersetzungen kommen, die dramatische

Ausmaße annehmen, wie das Problem der Beschneidung der Heiden, bis hin zu den Beratungen des so genannten Konzils von Jerusalem, dem ersten Konzil. Auch heute noch gibt es eine starre Betrachtungsweise der Umstände, die die *makrothymía* Gottes abtötet, das heißt jene Geduld des Blicks, die von tiefen Visionen, weiten Visionen, langen Visionen genährt wird: Gott sieht weit, Gott ist nicht in Eile. Starrheit ist eine weitere Perversion, die eine Sünde gegen die Geduld Gottes ist, eine Sünde gegen die Souveränität Gottes. Dies geschieht auch heute.

Es geschah damals so: Einige Konvertiten aus dem Judentum glaubten in ihrer Selbstbezogenheit, dass es keine Erlösung geben könne, ohne sich dem Gesetz des Moses zu unterwerfen. Auf diese Weise forderten sie Paulus heraus, der die Erlösung direkt im Namen Jesu verkündete. Eine Ablehnung seines Handelns hätte die Aufnahme der Heiden gefährdet, die sich inzwischen bekehrten. Paulus und Barnabas wurden zu den Aposteln und Ältesten in Jerusalem gesandt. Das war nicht einfach: Angesichts dieses Problems schienen die Positionen unvereinbar, und es gab lange Diskussionen. Es ging darum, die Freiheit des Handelns Gottes anzuerkennen, und dass es keine Hindernisse gibt, die ihn davon abhalten könnten, die Herzen der Menschen zu erreichen, unabhängig von ihrem moralischen oder religiösen Hintergrund. Was die Situation löste, war das Festhalten an der Offensichtlichkeit, dass »Gott, der die Herzen kennt«, der *cardiognosta*, die Herzen kennt. Er selbst unterstützte, dass die Heiden zum Heil zugelassen werden könnten, »indem er ihnen ebenso wie uns den Heiligen Geist gab« (Apg 15,8), wodurch der Heilige Geist wie uns auch den Heiden zuteilwurde. Auf diese Weise herrschte der Respekt vor allen Sensibilitäten vor und milderte die Exzesse; die Erfahrung des Petrus mit Kornelius wurde hochgehalten: So finden wir im Schlussdokument das Zeugnis der Protagonistenschaft des Geistes auf diesem Weg der Entscheidungen und der Weisheit, die immer in der Lage ist, zu inspirieren: »Denn der Heilige Geist und wir haben beschlossen, euch keine weitere Last aufzuerlegen«, außer der notwendigen (Apg 15,28). »Wir«: In dieser Synode gehen wir den Weg, damit wir sagen können: »Der Heilige Geist und wir haben beschlossen«, denn ihr werdet unter dem Wirken des Heiligen Geistes in einem ständigen Dialog miteinander stehen, und auch im Dialog mit dem heiligen Geist. Vergesst diese Formel nicht: »Denn der Heilige Geist und wir haben beschlossen, euch keine weitere Last aufzuerlegen«. Der Heilige Geist und wir. So müsst ihr versuchen, euch auf diesem synodalen Weg auszudrücken. Wenn der Geist nicht da ist, wird es ein Diözesanparlament sein, aber keine Synode. Wir bilden kein Diözesanparlament, wir machen keine Studie über dieses oder jenes, nein: Wir gehen einen Weg des gegenseitigen Zuhörens und des Hörens auf den Heiligen Geist, des Diskutierens und auch des Diskutierens mit dem Heiligen Geist, was eine Form des Betens ist.

»Der Heilige Geist und wir«. Stattdessen besteht immer die Versuchung, einen Alleingang zu machen und eine Ersatz-Ekklesiologie zu formulieren – es gibt so viele Ersatz-Ekklesiologien –, als ob der Herr, als er in den Himmel aufgestiegen ist, eine Lücke hinterlassen hätte, die es zu füllen gilt, und wir füllen sie. Nein, der Herr hat uns den Geist hinterlassen! Aber die Worte Jesu sind eindeutig: »Und ich werde den Vater bitten und er wird euch einen anderen Beistand geben, der für immer bei euch bleiben soll. […] Ich werde euch nicht als Waisen zurücklassen« (Joh 14,16.18). Zur Erfüllung dieser Verheißung ist die Kirche ein Sakrament, wie es in *Lumen gentium* 1 heißt: »Die Kirche ist ja in Christus gleichsam das Sakrament, das heißt Zeichen und Werkzeug für die innigste Vereinigung mit Gott wie für die Einheit der ganzen Menschheit«. In diesem Satz, der das Zeugnis des Konzils von Jerusalem aufgreift, liegt die Absage an diejenigen, die darauf bestehen, sich an die Stelle Gottes zu setzen, die wagen, die Kirche nach ihren eigenen kulturellen und historischen Überzeugungen zu formen, sie zu bewaffneten Grenzen, zu anschuldigenden Zollstellen, zu Spiritualitäten zu zwingen, die die Unentgeltlichkeit des überwältigenden Handelns Gottes lästern. Wenn die Kirche in Wort und Tat Zeugnis ablegt von der bedingungslosen Liebe Gottes, von seiner gastfreundlichen Weite, bringt sie wahrhaftig ihre eigene Katholizität zum Ausdruck. Und sie wird innerlich und äußerlich zum Anstoß, Räume und Zeiten zu durchqueren. Der Impuls und die Fähigkeit kommen vom Geist: »Ihr werdet Kraft empfangen, wenn der Heilige Geist auf euch herabkommen wird; und ihr werdet meine Zeugen sein in Jerusalem und in ganz Judäa und Samarien und bis an die Grenzen der Erde« (Apg 1,8). Die Kraft des Heiligen Geistes empfangen, um Zeugen zu sein: Das ist der Weg von uns, der Kirche, und wir werden Kirche sein, wenn wir diesen Weg gehen.

Synodale Kirche bedeutet Sakrament dieser Verheißung – dass der Geist mit uns sein wird – zu sein, das sich in der Pflege der Vertrautheit mit dem Geist und mit der kommenden Welt ausdrückt. Es wird immer Diskussionen geben, Gott sei Dank, aber Lösungen müssen gesucht werden, indem wir Gott und seinen Stimmen in unserer Mitte das Wort geben; indem wir beten und unsere Augen für alles öffnen, was uns umgibt; indem wir ein Leben in Treue zum Evangelium führen; indem wir die Offenbarung gemäß einer pilgernden Hermeneutik befragen, die den in der Apostelgeschichte begonnenen Weg zu bewahren weiß. Und das ist wichtig: die Art des Verstehens, des Interpretierens. Eine Pilgerhermeneutik, das heißt, eine Hermeneutik, die auf dem Weg ist. Die Reise, die nach dem Konzil begann? Nein. Sie begann mit den ersten Aposteln, und sie geht weiter. Wenn die Kirche stehen bleibt, ist sie nicht mehr Kirche, sondern ein schöner frommer Verein, weil sie den Heiligen Geist einsperrt. Es handelt sich um eine Pilgerhermeneutik, die es versteht, den in der Apostelgeschichte begonnenen Weg zu hüten. Andernfalls würde der Heilige Geist gedemütigt werden. Gustav Mahler – das habe ich schon bei anderen Gelegenheiten gesagt – meinte, dass die Treue zur Tradition nicht darin besteht, die Asche anzubeten, sondern das Feuer zu bewahren. Ich möchte euch fragen: »Bevor ihr diese synodale Reise antretet, was möchtet ihr lieber tun: die Asche der Kirche, das heißt eure Vereinigung, eure Gruppe bewahren, oder aber das Feuer? Neigt ihr eher dazu, eure eigenen Dinge anzubeten, die euch verschließen – ich gehöre zu Petrus, ich gehöre zu Paulus, ich gehöre zu diesem Verein, ihr gehört zu dem anderen, ich bin Priester, ich bin Bischof – oder fühlt ihr euch berufen, das Feuer des Geistes zu hüten?« Er war ein großer Komponist, dieser Gustav Mahler, aber er ist auch ein Meister der Weisheit mit dieser Überlegung. *Dei Verbum* (Nr. 8) zitiert den Hebräerbrief: »Vielfältig und auf vielerlei Weise hat Gott einst zu den Vätern gesprochen durch die Propheten« (Hebr 1,1) und fügt an: Gott ist »ohne Unterlass im Gespräch mit der Braut seines geliebten Sohnes«. Der heilige Vinzenz von Lérins benützt einen schönen Vergleich zwischen dem heranwachsenden Menschen und der von Generation zu Generation weitergegebenen Tradition und bekräftigt, dass man das »Glaubensgut« nicht bewahren kann, ohne es weiterzuentwickeln: »Es festigt sich mit den Jahren, entwickelt sich mit der Zeit, vertieft sich mit dem Alter«[3] – »*ut annis consolidetur, dilatetur tempore, sublimetur aetate*«. Das ist der Stil unseres Weges: Die Realitäten sind, wenn sie nicht weitergehen, wie das Wasser. Mit der theologischen Realität ist es wie mit dem Wasser: Wenn das Wasser nicht fließt und abgestanden ist, verfault es als erstes. Eine abgestandene Kirche beginnt zu verfaulen.

Ihr seht also, dass unsere Tradition ein Sauerteig ist, eine gärende Wirklichkeit, in der wir das Wachstum erkennen können, und in diesem Teig eine Gemeinschaft, die sich in der Bewegung verwirklicht: Das gemeinsame Gehen verwirklicht wahre Gemeinschaft. Auch hier soll uns die Apostelgeschichte helfen, die uns zeigt, dass die Gemeinschaft die Unterschiede nicht unterdrückt. Es ist eine Überraschung des Pfingstfestes, dass die verschiedenen Sprachen kein Hindernis darstellen: Obwohl sie einander fremd waren, hört dank des Wirkens des Geistes »sie jeder von uns in seiner Muttersprache« (Apg 2,8). Sich zu Hause fühlen, verschieden, aber vereint auf dem Weg. Entschuldigt, dass ich so lange gesprochen habe, aber die Synode ist eine ernste Angelegenheit, und deshalb habe ich mir die Freiheit genommen, so zu sprechen …

Um auf den synodalen Prozess zurückzukommen: Die diözesane Phase ist sehr wichtig, weil sie die Anhörung der Gesamtheit der Getauften verwirklicht, dem Subjekt des *sensus fidei*, der unfehlbar *in credendo* ist. Es gibt viele Widerstände, das Bild einer Kirche zu überwinden, die starr zwischen Chefs und Untergebenen, zwischen denen, die lehren, und denen, die lernen müssen, aufgeteilt ist. Dabei wird vergessen, dass Gott gerne Positionen umstößt: »Er stürzt die Mächtigen vom Thron und erhöht die Niedrigen« (Lk 1,52), sagte Maria. Das gemeinsame Gehen entdeckt die Horizontalität und nicht die Vertikalität als seine Linie. Die synodale Kirche stellt den Horizont wieder her, von dem die Sonne Christi aufgeht: Hierarchische Denkmäler zu errichten bedeutet, ihn zu verdecken. Die Hirten gehen mit dem Volk: Wir Hirten gehen mit dem Volk, manchmal vorne, manchmal in der Mitte, manchmal hinten. Der gute Hirte muss sich auf diese Weise bewegen: vorne, um zu führen, in der Mitte, um zu ermutigen und den Geruch der Herde nicht zu vergessen, hinten, weil das Volk auch eine »Spürnase« hat. Es hat ein Gespür dafür, neue Wege zu finden oder den verlorenen Weg wiederzufinden. Das möchte ich betonen, auch gegenüber den Bischöfen und Priestern der Diözese. Auf ihrem synodalen Weg sollen sie sich fragen: »Bin ich fähig zu gehen, mich zu bewegen, vorne, in der Mitte und hinten, oder sitze ich nur auf dem Bischofsstuhl, mit Mitra und Bischofsstab?«. Hirten, die mitmischen, aber Hirten, nicht Herde: Die Herde weiß, dass wir Hirten sind, die Herde kennt den Unterschied. Vorne, um den Weg zu zeigen, in der Mitte, um zu hören, was die Menschen fühlen, und hinten, um denen zu helfen, die ein wenig zurückgeblieben sind, und um das Volk mit seinem Geruchssinn herausfinden zu lassen, wo die besten Kräuter sind.

Der *sensus fidei* ermächtigt jeden zur Würde des prophetischen Amtes Jesu Christi,[4] um zu erkennen, welches die Wege des Evangeliums in der Gegenwart sind. Es ist der »Spürsinn« der Schafe; doch wir sollten uns bewusst sein, dass wir in der Heilsgeschichte alle Schafe in Bezug auf den Hirten sind, welcher der Herr ist. Das Bild hilft uns, die beiden Dimensionen zu verstehen, die zu diesem »Spürsinn« beitragen. Die eine ist persönlich, die andere gemeinschaftlich: Wir sind Schafe und wir sind Teil der Herde, die in diesem Fall die Kirche darstellt. Wir lesen im Brevier, in der Lesehore, *De pastoribus* von Augustinus, und dort sagt er uns: »Mit euch bin ich Schaf, für euch bin ich Hirte«. Diese beiden Aspekte, der persönliche und der kirchliche, sind untrennbar miteinander verbunden: Es gibt keinen *sensus fidei* ohne die Teilnahme am Leben der Kirche, das nicht nur aus katholischem Aktivismus besteht, sondern vor allem aus jenem »Gespür«, das von den »Gesinnungen Christi« (vgl. Phil 2,5) genährt wird.

Die Ausübung des *sensus fidei* kann sich nicht auf die Mitteilung und den Vergleich von Meinungen beschränken, die wir zu diesem oder jenem Thema, zu diesem oder jenem Aspekt der Lehre oder zu dieser oder jener Regel der Disziplin haben mögen. Nein, das sind Instrumente, das sind Formulierungen, das sind dogmatische oder disziplinarische Äußerungen. Aber die Idee, zwischen Mehrheiten und Minderheiten zu unterscheiden, darf nicht vorherrschen: Das macht ein Parlament. Wie oft sind die »Verworfenen« zu »Ecksteinen« geworden (vgl. Ps 118,22; Mt 21,42), die »Fernen« zu »Nächsten« (Eph 2,13). Die Ausgegrenzten, die Armen, die Hoffnungslosen sind zum Sakrament Christi erwählt worden (vgl. Mt 25,31–46). So ist die Kirche. Und wenn einige Gruppen sich hervortun wollten, endeten diese Gruppen immer schlecht, sogar in der Leugnung des Heils, in Häresien. Denken wir an die Irrlehren, die den Anspruch erhoben, die Kirche voranzubringen, wie der Pelagianismus und dann der Jansenismus. Jede Häresie endete böse. Gnostizismus und Pelagianismus sind eine ständige Versuchung für die Kirche. Wir sind zu Recht sehr darauf bedacht, dass in den liturgischen Feiern alles ehrwürdig gestaltet ist, und das ist auch gut so – auch wenn wir damit oft nur uns selbst bestätigen –, doch der heilige Johannes Chrysostomus mahnt uns: »Willst du also Christi Leib ehren? Geh nicht an ihm vorüber, wenn du ihn nackt siehst; ehre ihn nicht hier mit seidenen Gewändern, während du dich draußen auf der Straße nicht um ihn kümmerst, wo er vor Kälte und Blöße zugrunde geht! Derselbe, der da gesagt hat: ›Dies ist mein Leib‹, und durch das Wort die Tatsache bekräftigte, derselbe hat auch gesagt: ›Ihr habt mich hungern gesehen, und habt mich nicht genährt‹«. (Kommentar zum Evangelium des heiligen Matthäus, 50,3). »Aber, Heiliger Vater, was sagen Sie denn da? Die Armen, die Bettler, die jungen Drogenabhängigen, all jene, die von der Gesellschaft verworfen werden, sind sie Teil der Synode?« Ja, mein Lieber, ja, meine Liebe: Nicht ich sage das, sondern der Herr sagt das: Sie sind Teil der Kirche. Wenn du sie nicht rufst – wir werden sehen, wie – oder wenn du nicht zu ihnen gehst, um einige Zeit mit ihnen zu verbringen, um nicht nur zu hören, was sie sagen, sondern was sie fühlen, sogar die Beleidigungen, die sie euch an den Kopf werfen, dann machst du die Synode nicht richtig. Die Synode geht bis an die Grenzen, sie schließt alle ein. Bei der Synode geht es auch darum, Raum zu schaffen für einen Dialog über unser Elend, das Elend, das ich als euer Bischof fühle, das Elend, das die Weihbischöfe spüren, das Elend, das die Priester und die Laien leben, und das Elend derer, die den Verbänden angehören; nehmt all dieses Elend! Aber wenn wir die Elenden – in Anführungszeichen – der Gesellschaft, die Ausgestoßenen, nicht mit einbeziehen, werden wir nie in der Lage sein, unser eigenes Elend zu bewältigen. Und das ist wichtig: dass im Dialog unsere eigenen Nöte zum Vorschein kommen können, ohne dass wir uns rechtfertigen müssen. Habt keine Angst!

Es ist notwendig, sich einem großen Volk zugehörig zu fühlen, das Empfänger der göttlichen Verheißungen ist, offen für eine Zukunft, die alle erwartet, um an dem Festmahl teilzunehmen, das Gott für alle Völker bereitet hat (vgl. Jes 25,6). Und hier möchte ich darauf hinweisen, dass es auch beim Begriff »Volk Gottes« starre und kontrastierende Hermeneutiken geben kann, die in der Vorstellung einer Exklusivität, eines Privilegs gefangen bleiben, wie es bei der Auslegung des Begriffs »Erwählung« der Fall war, den die Propheten korrigierten, indem sie aufzeigten, wie er richtig verstanden werden sollte. Es geht nicht um ein Privileg – das Volk Gottes sein – sondern um eine Gabe, die jemand erhält … für sich selbst? Nein, für alle; die Gabe ist zum Geben da: Das ist die Berufung. Es ist ein Geschenk, das jemand für alle erhält, das wir für andere erhalten haben, es ist ein Geschenk, das auch eine Verantwortung bedeutet. Die Verantwortung, mit Taten und nicht nur mit Worten von den Wundern Gottes zu zeugen, die, wenn sie erkannt werden, den Menschen helfen, Gottes Existenz zu entdecken und sein Heil anzunehmen. Die Erwählung ist ein Geschenk, und die Frage ist: Mein Christsein, mein christliches Bekenntnis, wie schenke ich es weiter, wie gebe ich es weiter? Der universale Heilswille Gottes wird der Geschichte, der ganzen Menschheit durch die Menschwerdung seines Sohnes angeboten, damit alle durch die Vermittlung der Kirche seine Kinder und Brüder und Schwestern untereinander werden können. Auf diese Weise wird die universale Versöhnung zwischen Gott und der Menschheit erreicht, jene Einheit des ganzen Menschengeschlechts, deren Zeichen und Werkzeug die Kirche ist.[5] Schon vor dem Zweiten Vatikanischen Konzil reifte die auf dem sorgfältigen Studium der Väter beruhende Überlegung, dass das Volk Gottes auf die Verwirklichung des Reiches Gottes, auf die Einheit des von Gott geschaffenen und geliebten Menschengeschlechts ausgerichtet ist. Und die Kirche, wie wir sie kennen und erleben, in der apostolischen Sukzession, diese Kirche muss sich mit dieser universalen Erwählung verbunden fühlen und aus diesem Grund ihre Sendung erfüllen. In diesem Geiste habe ich *Fratelli tutti* geschrieben. Die Kirche ist, wie der heilige Paul VI. sagte, eine Lehrerin der Mitmenschlichkeit, die heute eine Schule der Geschwisterlichkeit werden will.

Warum sage ich euch das alles? Weil auf dem synodalen Weg das Zuhören den *sensus fidei* berücksichtigen muss, aber nicht all jene »Vorahnungen« übersehen darf, die dort leben, wo man sie nicht erwartet: Es kann ein »Gespür ohne Bürgerrecht« geben, das aber nicht weniger wirksam ist. Der Heilige Geist kennt in seiner Freiheit keine Grenzen und lässt sich auch nicht durch Zugehörigkeit einschränken. Wenn die Gemeinde das Zuhause aller Menschen in der Umgebung ist und kein exklusiver Club, dann bitte ich, Türen und Fenster offen zu lassen und sich nicht darauf zu beschränken, nur diejenigen zu berücksichtigen, die am Gemeindeleben Anteil nehmen oder genau so denken wie ihr – das werden 3, 4 oder 5 Prozent sein, nicht mehr. Lasst alle herein … Lasst euch auf sie ein, lasst euch von ihnen befragen, lasst ihre Fragen eure Fragen sein, lasst uns gemeinsam gehen: Der Geist wird euch führen, vertraut dem Geist. Habt keine Angst, in einen Dialog einzutreten, und lasst euch von diesem Dialog erschüttern: Es ist der Dialog des Heils.

Lasst euch nicht entmutigen, *seid auf Überraschungen gefasst.* Im Buch *Numeri* (Kap. 22) gibt es eine Episode, die von einer Eselin erzählt, die eine Prophetin Gottes werden soll. Die Juden stehen am Ende der langen Reise, die sie in das gelobte Land führen wird. Ihr Durchzug erschreckt König Balak von Moab, der sich auf die Künste des Magiers Bileam verlässt, um das Volk aufzuhalten, in der Hoffnung, einen Krieg zu vermeiden. Der Magier, der auf seine Art gläubig ist, fragt Gott, was er tun soll. Gott sagt ihm, er solle den König nicht unterstützen. Dieser besteht aber darauf, und so gibt Bileam nach und steigt auf eine Eselin, um den erhaltenen Befehl auszuführen. Doch die Eselin ändert ihren Weg, weil sie einen Engel mit einem gezückten Schwert sieht, der für Gottes Widerstand steht. Bileam zerrt an ihr, schlägt sie, ohne dass es ihm gelingt, sie auf den Weg zurückzubringen. Bis die Eselin zu sprechen beginnt und einen Dialog in Gang setzt, der dem Magier die Augen öffnet und seine Mission von Fluch und Tod in eine Sendung des Segens und des Lebens verwandelt.

Diese Geschichte lehrt uns, darauf zu vertrauen, dass der Geist immer seine Stimme erheben wird. Selbst eine Eselin kann zur Stimme Gottes werden, die uns die Augen öffnet und uns von unseren Irrwegen abbringt. Wenn ein Esel das kann, wie viel mehr kann das ein Getaufter, ein Priester, ein Bischof, ein Papst. Es genügt, wenn wir uns dem Heiligen Geist anvertrauen, der sich aller Geschöpfe bedient, um zu uns zu sprechen: Er bittet uns nur, unsere Ohren zu reinigen, um richtig zu hören.

Ich bin hierhergekommen, um euch zu ermutigen, diesen synodalen Prozess ernst zu nehmen, und um euch zu sagen, dass der Heilige Geist euch braucht. Und das ist wahr: Der Heilige Geist braucht uns. Hört ihm zu, indem ihr euch untereinander zuhört. Lasst niemanden außen vor oder zurück. Das wird gut sein für die Diözese Rom und für die ganze Kirche, die nicht nur durch Strukturreformen gestärkt wird – das ist die große Täuschung! – oder durch Instruktionen, das Anbieten von Exerzitien und Konferenzen, oder durch Richtlinien und Programme – das ist gut, aber als Teil von etwas anderem –, sondern wenn sie wiederentdeckt, dass sie ein Volk ist, das zusammen weitergehen will, unter uns und mit der Menschheit. Ein Volk, das Volk von Rom, das die Vielfalt aller Völker und aller Zustände in sich vereint: welch außerordentlicher Reichtum in seiner Vielschichtigkeit! Aber wir müssen über die 3 bis 4 Prozent, die am nächsten stehen, herausgehen und weitergehen, um anderen zuzuhören, die euch manchmal beleidigen und verjagen, aber wir müssen hören, was sie denken, ohne ihnen unsere eigenen Dinge aufzwingen zu wollen: Lassen wir den Geist zu uns sprechen.

In dieser Zeit der Pandemie drängt der Herr auf die Sendung einer Kirche, die ein Sakrament der Fürsorge ist. Die Welt hat ihren Schrei erhoben und ihre Verwundbarkeit zum Ausdruck gebracht: Die Welt braucht Fürsorge. Habt Mut und geht voran! Ich danke euch!

Anmerkungen

1 Papst Franziskus, Ansprache an die Gläubigen der Diözese Rom, 18. September 2021. Online: https://www.vatican.va/content/francesco/de/speeches/2021/september/documents/20210918-fedeli-diocesiroma.html (Stand: 04.05.2023).

2 Vgl. Papst Franziskus, Apostolisches Schreiben *Evangelii gaudium*, 23.

3 Vinzenz von Lérins, *Commonitorium primum*, 23 9.

4 Vgl. Zweites Vatikanisches Konzil, Dogmatische Konstitution *Lumen gentium*, 34–35.

5 Vgl. Zweites Vatikanisches Konzil, Dogmatische Konstitution *Lumen gentium*, 1.

34. Drei Schlüsselwörter: Gemeinschaft, Beteiligung, Sendung[1]

Danke, dass ihr hier seid zur Eröffnung der Synode. Von so vielen Wegen und Kirchen seid ihr gekommen; jeder von euch trägt in seinem Herzen Fragen und Hoffnungen, und ich bin sicher, dass der Geist uns führen und uns die Gnade geben wird, gemeinsam voranzuschreiten, einander zuzuhören und eine Unterscheidung in unserer Zeit zu beginnen und mit den Problemen und Wünschen der Menschheit solidarisch zu werden. Ich betone, dass die Synode kein Parlament ist, dass die Synode keine Meinungsumfrage ist; die Synode ist ein kirchliches Ereignis und der Protagonist der Synode ist der Heilige Geist. Ohne den Heiligen Geist gibt es keine Synode.

Begehen wir diese Synode im Geiste jenes Gebetes, das Jesus für die Seinen an den Vater richtete: »Alle sollen eins sein« (Joh 17,21). Dazu sind wir gerufen: zur Einheit, zur Gemeinschaft, zur Geschwisterlichkeit, die entsteht, wenn wir uns von der einen Liebe Gottes umarmt fühlen. Das gilt unterschiedslos für alle, besonders für uns Hirten, wie der heilige Cyprian schrieb: »Diese Einheit müssen besonders wir Bischöfe fest bewahren und schützen, die wir in der Kirche den Vorsitz haben, damit wir den Episkopat auch selbst als einen einzigen und unteilbaren erweisen.«[2] Lasst uns also als das eine Volk Gottes gemeinsam unterwegs sein, um die Erfahrung einer Kirche zu machen, die die Gabe der Einheit empfängt und lebt und sich der Stimme des Geistes öffnet.

Die Schlüsselworte der Synode sind drei: Gemeinschaft, Partizipation und Mission. Gemeinschaft und Mission sind theologische Ausdrücke, die das Geheimnis der Kirche bezeichnen und die es wert sind, immer wieder ins Gedächtnis gerufen zu werden. Das Zweite Vatikanische Konzil hat deutlich gemacht, dass die Gemeinschaft das Wesen der Kirche selbst zum Ausdruck bringt, und gleichzeitig bekräftigt, dass die Kirche die Sendung erhalten hat, »das Reich Christi und Gottes anzukündigen und in allen Völkern zu begründen. So stellt sie Keim und Anfang dieses Reiches auf Erden dar«.[3] Mit diesen beiden Worten betrachtet und imitiert die Kirche das Leben der Allerheiligsten Dreifaltigkeit, die *ad intra* Geheimnis der Gemeinschaft und *ad extra* Ursprung der Mission ist. Nach einer Zeit lehrmäßigen, theologischen und pastoralen Nachdenkens, die die Rezeption des Zweiten Vatikanischen Konzils kennzeichneten, wollte Paul VI. »die vom Konzil verkündeten Hauptlinien« in eben diesen beiden Worten – Gemeinschaft und Mission – zusammenfassen. Im Gedenken an die Eröffnung des Konzils sagte er, die Grundlinien seien »die Gemeinschaft, das heißt der Zusammenhalt und die innere Fülle in Gnade, Wahrheit und Zusammenarbeit [...] und die Sendung, das heißt der apostolische Einsatz in der Welt von heute«,[4] was etwas anderes ist als Proselytismus.

Zum Abschluss der Synode von 1985, zwanzig Jahre nach Abschluss des Konzils, wollte Johannes Paul II. noch einmal darauf hinweisen, dass das Wesen der Kirche die *koinonia* ist: Aus ihr ergibt sich die Sendung, Zeichen der innigen Vereinigung der Menschheitsfamilie mit Gott zu sein. Und er fügte hinzu: »Deshalb ist es angebracht, dass in der Kirche ordentliche und – falls erforderlich – auch außerordentliche Synoden abgehalten werden«, die, um Früchte zu bringen, gut vorbereitet sein müssen: »das heißt es wäre sinnvoll, wenn in den Ortskirchen die Vorbereitungsarbeiten unter Beteiligung aller erfolgten«.[5] Hier erscheint also das dritte Wort: Partizipation. Die Begriffe Gemeinschaft und Mission laufen Gefahr, ein wenig abstrakt zu bleiben, wenn man nicht eine kirchliche Praxis pflegt, die die Konkretheit der Synodalität in jedem Schritt des Weges und des Vorgehens zum Ausdruck bringt und die wirkliche Beteiligung eines jeden Einzelnen fördert. Ich möchte sagen, dass die Feier einer Synode immer schön und wichtig ist, aber sie ist erst dann wirklich fruchtbar, wenn sie zu einem lebendigen Ausdruck des Kircheseins wird, zu einem Handeln, das von echter Beteiligung geprägt ist.

Und das ist so, nicht aus Gründen des Stils, sondern des Glaubens. Die Teilnahme ergibt sich notwendig aus dem Glauben an die Taufe. Wie der Apostel Paulus sagt: »Durch den einen Geist wurden wir in der Taufe alle in einen einzigen Leib aufgenommen« (1 Kor 12,13). Im Leib der Kirche nimmt alles hier seinen Ausgang – in der Taufe. Aus der Taufe, unserer Lebensquelle, leitet sich die gleiche Würde der Kinder Gottes ab, wenn auch in der Verschiedenheit der Ämter und Charismen. Deshalb sind alle aufgerufen, am Leben der Kirche und ihrer Sendung teilzunehmen. Wenn nicht das ganze Volk Gottes wirklich daran teilnimmt, besteht die Gefahr, dass die Rede von der Gemeinschaft nur eine fromme Absicht ist. Wir haben in diesem Bereich Fortschritte gemacht, aber es ist noch etwas mühsam, und wir können nicht umhin, das Unbehagen und das Leid vieler pastoraler Mitarbeiter, der partizipativen Organe in den Diözesen und Pfarreien, der Frauen, die oft noch am Rande stehen, zu registrieren. Die Teilnahme aller ist eine wesentliche kirchliche Verpflichtung! Aller Getauften. Das ist der Personalausweis: die Taufe.

Die Synode bietet uns zwar eine große Chance für eine pastorale Umkehr in einem missionarischen und auch ökumenischen Sinne, ist aber nicht frei von gewissen Risiken. Ich möchte drei von ihnen nennen. Die erste ist die des Formalismus. Man kann eine Synode auf ein außergewöhnliches, aber doch äußerliches Ereignis reduzieren, so als würde man eine schöne Kirchenfassade betrachten, ohne jemals einen Fuß in die Kirche hineinzusetzen. Die Synode hingegen ist ein Weg echter geistlicher Unterscheidung, den wir nicht beschreiten, um ein gutes Bild von uns selbst abzugeben, sondern um besser am Werk Gottes in der Geschichte mitzuwirken. Wenn wir also von einer synodalen Kirche sprechen, dürfen wir uns nicht mit der Form zufriedengeben, sondern brauchen auch Substanz, Instrumente und Strukturen, die den Dialog und die Interaktion innerhalb des Gottesvolkes fördern, insbesondere zwischen Priestern und Laien. Warum betone ich das? Weil es im Priesterstand manchmal ein gewisses elitäres Gehabe gibt, das ihn von den Laien trennt; und der Priester ist am Ende der »Herr im Haus« und nicht der Hirte einer Kirche, die als Ganze voranschreitet. Dies erfordert eine Veränderung bestimmter »von oben herab« gerichteter, verzerrter und einseitiger Vorstellungen von der Kirche, dem priesterlichen Dienst, der Rolle der Laien, der kirchlichen Verantwortung, der Leitungsfunktion usw.

Ein zweites Risiko ist das des Intellektualismus – der Abstraktion, das heißt die Wirklichkeit geht in eine Richtung und unsere Gedanken gehen ganz woanders hin: Das macht die Synode zu einer Art Studiengruppe mit gelehrten, aber abstrakten Vorträgen über die Probleme der Kirche und die Übel der Welt; eine Form von Redeüberfluss, wo man auf oberflächliche und weltliche Weise vorgeht, um schließlich den üblichen sterilen ideologischen und parteilichen Einteilungen zu verfallen und sich dabei von der Wirklichkeit des heiligen Volkes Gottes zu lösen, vom konkreten Leben der über die Welt verteilten Gemeinschaften.

Schließlich kann es die Versuchung der Immobilität geben: Da »es immer so gemacht wurde«[6] – dieses Wort ist ein Gift im Leben der Kirche, »so hat man das immer schon gemacht« –, ändert man besser nichts. Wer sich in diesem Horizont bewegt, gerät, auch ohne es zu bemerken, in den Irrtum, die Zeit nicht ernst zu nehmen, in der wir leben. Das Risiko besteht, dass am Ende alte Lösungen für neue Probleme angewendet werden: ein Zusammenflicken mit neuem Stoff, woraus am Ende ein noch schlimmerer Riss entsteht (vgl. Mt 9,16). Daher ist es wichtig, dass der Synodale Weg wirklich ein solcher ist, dass er ein Prozess im Entstehen ist; er möge von unten ausgehen und in verschiedenen Phasen die Ortskirchen in eine leidenschaftliche und konkrete Arbeit einbeziehen, die einen Stil der Gemeinschaft und der Partizipation prägt, der auf die Mission ausgerichtet ist.

Leben wir also diese Gelegenheit der Begegnung, des Zuhörens und der Reflexion als eine Zeit der Gnade, Brüder und Schwestern, eine Zeit der Gnade, die uns in der Freude des Evangeliums ermöglichen möge, wenigstens drei Chancen zu nutzen. Die erste besteht darin, uns nicht nur gelegentlich, sondern strukturell auf den Weg hin zu einer synodalen Kirche zu machen: ein offener Ort, wo sich alle zu Hause fühlen und teilhaben können. Die Synode bietet uns sodann die Chance, eine hörende Kirche zu werden: eine Pause von unseren Abläufen einzulegen, unsere pastoralen Ängste abzustellen, um beim Zuhören zu verweilen: In der Anbetung und im Gebet auf den Geist zu hören. Wie sehr fehlt uns heute die Anbetung! Viele haben sie sich nicht nur abgewöhnt, sondern wissen gar nicht mehr, was »anbeten« bedeutet. Auch die Brüder und Schwestern in den Hoffnungen und in den Glaubenskrisen der verschiedenen Regionen der Welt anhören, was die dringlichen Fragen der Erneuerung des pastoralen Lebens betrifft und die Zeichen, die von der Wirklichkeit vor Ort ausgehen. Schließlich haben wir die Chance, eine Kirche der Nähe zu werden. Kehren wir immer zum Stil Gottes zurück: Der Stil Gottes ist Nähe, Mitleid und Zärtlichkeit. Gott hat immer auf diese Weise gewirkt. Wenn wir nicht mit einer Haltung von Mitgefühl und Zärtlichkeit dahinkommen, eine solche Kirche der Nähe zu werden, sind wir nicht die Kirche des Herrn. Und dies darf nicht nur mit Worten geschehen, sondern durch Präsenz, so dass sich stärkere Bande der Freundschaft mit der Gesellschaft und der Welt bilden: eine Kirche, die sich nicht vom Leben trennt, sondern sich der Zerbrechlichkeit und Armut unserer Zeit annimmt, um die Wunden zu behandeln und die niedergeschlagenen Herzen mit dem Balsam Gottes wiederherzustellen. Vergessen wir nicht den Stil Gottes, der uns dabei helfen muss: Nähe, Mitleid und Zärtlichkeit.

Liebe Brüder und Schwestern, diese Synode möge eine Zeit sein, die vom Geist erfüllt ist! Denn wir bedürfen des Geistes, des immer neuen Atems Gottes, der von jeder Verschließung befreit, das Tote wiederbelebt, die Ketten löst, die Freude verbreitet. Der Heilige Geist ist derjenige, der uns dorthin führt, wohin Gott will und nicht wohin uns unsere Ideen und unsere persönlichen Vorlieben bringen würden. Pater Congar – Gott habe ihn selig – erinnerte daran: »Man muss nicht eine andere Kirche machen, man muss eine Kirche machen, die verschieden ist«.[7] Darin besteht die Herausforderung. Rufen wir inständiger und häufiger den Geist um eine Kirche an, »die verschieden ist«, die für die Neuheit offen ist, die Gott ihr eingeben will, und hören wir ihm demütig zu, gehen wir zusammen folgsam und mutig, wie er, der Schöpfer der Gemeinschaft und der Mission, es wünscht.

Komm, Heiliger Geist, der du neue Sprachen erweckst und Worte des Lebens auf die Lippen legst, bewahre uns davor, eine museale Kirche zu werden, die schön, aber stumm ist, die viel Vergangenheit, aber wenig Zukunft besitzt. Komm unter uns, auf dass wir uns in der synodalen Erfahrung nicht von Ernüchterung überwältigen lassen, die Prophetie nicht verwässern, nicht darin enden, alles auf unfruchtbare Diskussionen zu reduzieren. Komm, Heiliger Geist der Liebe, öffne unsere Herzen für das Hören. Komm, Geist der Heiligkeit, erneuere das heilige und gläubige Volk Gottes. Komm, Schöpfer Geist, erneure das Angesicht der Erde. Amen.

Anmerkungen

1 Papst Franziskus, Ansprache zur Eröffnung der Synode, 9. Oktober 2021. Online: https://www.vatican.va/content/francesco/de/speeches/2021/october/documents/20211009-apertura-camminosinodale.html (Stand: 04.05.2023).

2 Cyprian von Karthago, *De Ecclesiae Catholicae Unitate*, in: ders., De Lapsis. Über die Abgefallenen. De Ecclesiae Catholicae Unitate. Über die Einheit der Katholischen Kirche. Lat.-Dt. Eingeleitet und kommentiert von Christian Hornung, Freiburg i. Brsg. 2023, S. 145–195, hier: Kap. 5, S. 155.

3 Zweites Vatikanisches Konzil, Dogmatische Konstitution *Lumen gentium*, 5.

4 Paul VI., Angelus, 11. Oktober 1970.

5 Johannes Paul II., Ansprache bei der Schlussversammlung der Zweiten Außerordentlichen Bischofssynode, 7. Dezember 1985.

6 Papst Franziskus, Apostolisches Schreiben *Evangelii gaudium*, 33.

7 Yves Congar, *Vraie et fausse réforme dans l'Église*, Paris 1950.

35. Die Synode: der Weg der geistlichen und kirchlichen Unterscheidung[1]

Ein Mann, ein Reicher, geht Jesus entgegen, als er »sich auf den Weg machte« (Mk 10,17). Die Evangelien stellen uns Jesus oft »auf dem Weg« vor, wie er den Weg des Menschen begleitet und den Fragen zuhört, die dessen Herz beschäftigen und bewegen. So zeigt er uns, dass Gott nicht an isolierten Orten, an ruhigen Orten wohnt, weit weg von der Realität, sondern mit uns geht und uns dort erreicht, wo immer wir sind, auf den manchmal holprigen Straßen des Lebens. Und heute, da wir den synodalen Weg eröffnen, beginnen wir damit, uns selbst zu fragen – der Papst, die Bischöfe, die Priester, die Ordensmänner und -frauen, die Laiinnen und Laien: Verkörpern wir, die christliche Gemeinschaft, den Stil Gottes, der durch die Geschichte hindurchgeht und die Ereignisse der Menschheit teilt? Sind wir bereit, uns auf das Abenteuer des Weges einzulassen, oder flüchten wir uns aus Angst vor dem Unbekannten lieber in die Ausreden »Das ist nicht nötig« oder »Das hat man schon immer so gemacht«?

Eine Synode abzuhalten bedeutet, auf demselben Weg zu gehen, gemeinsam unterwegs zu sein. Schauen wir auf Jesus, der auf der Straße zuerst dem reichen Mann begegnet, sich dann seine Fragen anhört und ihm schließlich hilft zu unterscheiden, was er tun muss, um das ewige Leben zu gewinnen. Begegnen, zuhören, unterscheiden: drei Verben des synodalen Weges, auf die ich mich konzentrieren möchte.

Begegnen. Das Evangelium beginnt mit der Erzählung einer Begegnung. Ein Mann geht auf Jesus zu, kniet vor ihm nieder und stellt ihm eine entscheidende Frage: »Guter Meister, was muss ich tun, um das ewige Leben zu erben?« (Vers 17). Eine so wichtige Frage erfordert Aufmerksamkeit, Zeit, die Bereitschaft, dem anderen zu begegnen und sich von seiner Unruhe herausfordern zu lassen. Der Herr ist in der Tat nicht distanziert, er zeigt sich nicht verärgert oder beunruhigt, im Gegenteil, er bleibt bei ihm. Er ist offen für Begegnung. Nichts lässt ihn gleichgültig, alles bewegt ihn. Die Begegnung mit Gesichtern, das Kreuzen von Blicken, das Teilen der Geschichte eines jeden Menschen: Das ist die Nähe Jesu. Er weiß, dass eine Begegnung das Leben verändern kann. Und das Evangelium ist voll von Begegnungen mit Christus, die aufrichten und heilen. Jesus hatte keine Eile, er schaute nicht auf die Uhr, um diese Begegnung schnell zu beenden. Immer war er der Person zu Diensten, die er gerade traf, um ihr zuzuhören.

Auch wir, die wir diesen synodalen Weg beginnen, sind aufgerufen, Experten in der Kunst der Begegnung zu werden. Es geht nicht darum, Veranstaltungen zu organisieren oder theoretische Überlegungen zu den Problemen anzustellen, sondern vor allem darum, uns Zeit zu nehmen, um dem Herrn zu begegnen und die Begegnung unter uns zu fördern. Eine Zeit, um dem Gebet, der Anbetung – diesem Gebet, das wir so sehr vernachlässigen: anbeten, der Anbetung Raum geben – und dem, was der Geist der Kirche sagen will, Raum zu geben; sich dem Gesicht und dem Wort des anderen zuzuwenden, uns von Angesicht zu Angesicht zu begegnen, uns von den Fragen der Schwestern und Brüder berühren zu lassen, uns gegenseitig dabei zu helfen, dass die Vielfalt der Charismen, der Berufungen und der Ämter uns bereichert. Jede Begegnung erfordert – wie wir wissen – Offenheit, Mut und die Bereitschaft, sich vom Gesicht und von der Geschichte des anderen herausfordern zu lassen. Während wir es manchmal vorziehen, uns in formale Beziehungen zu flüchten oder Masken der Konvention zu tragen – der klerikale Geist ist höfisch: Das wäre eher *monsieur l'abbé* als eine väterliche Priestergestalt –, verändert uns die Begegnung und zeigt uns oft neue Wege auf, die wir nicht für möglich gehalten hätten.

Heute nach dem Angelus empfange ich eine Gruppe Menschen von der Straße, die einfach deshalb zusammengekommen sind, weil es eine Gruppe von Leuten gibt, die zu ihnen geht und ihnen zuhört, einfach nur zuhört. Und aus dem Zuhören heraus haben sie es geschafft, sich auf einen Weg zu begeben. Das Zuhören. Oft zeigt uns Gott gerade auf diese Weise die Wege, die wir gehen sollen, und bringt uns aus unseren müden Gewohnheiten heraus. Alles ändert sich, wenn wir zu echten Begegnungen mit ihm und untereinander fähig sind. Ohne Formalismus, ohne Täuschungen, ungeschminkt.

Das zweite Verb: *zuhören.* Eine echte Begegnung entsteht nur durch Zuhören. Jesus hört sich die Frage des Mannes und seine religiöse und existenzielle Unruhe an. Er gibt keine rituelle Antwort, er bietet keine vorgefertigte Lösung an, er gibt nicht vor, freundlich zu antworten, nur um ihn loszuwerden und seinen Weg fortzusetzen. Er hört ihm einfach zu. Er hört ihm so lange zu, wie es nötig ist, ohne Eile. Und, das ist das Wichtigste: Er, Jesus, hat keine Angst, ihm mit dem Herzen zuzuhören und nicht nur mit den Ohren. Seine Antwort nimmt nicht nur die Frage zur Kenntnis, sondern erlaubt dem reichen Mann, seine eigene Geschichte zu erzählen und frei über sich selbst zu sprechen. Christus erinnert ihn an die Gebote, und er beginnt, von seiner Kindheit zu erzählen, von seinem religiösen Weg, von seiner Weise, nach Gott zu streben. Wenn wir mit dem Herzen zuhören, geschieht genau das: Die andere Person fühlt sich angenommen, nicht beurteilt, und frei, von ihren eigenen Erfahrungen und ihrem spirituellen Weg zu erzählen.

Fragen wir uns auf diesem Synodenweg ehrlich: Wie halten wir es mit dem Zuhören? Wie steht es um das »Hören« unseres Herzens? Erlauben wir den Menschen, sich zu äußern, im Glauben voranzuschreiten, auch wenn sie schwierige Lebenswege haben; zum Leben der Gemeinschaft beizutragen, ohne behindert, abgelehnt oder verurteilt zu werden? Eine Synode abzuhalten bedeutet, sich auf denselben Weg zu begeben wie das Wort, das Mensch geworden ist: Es bedeutet, in seine Fußstapfen zu treten und sein Wort zusammen mit den Worten der anderen zu hören. Es geht darum, mit Erstaunen zu entdecken, dass der Heilige Geist auf immer überraschende Weise weht, um neue Wege und Sprachen zu suggerieren. Es ist eine langsame, vielleicht mühsame Übung, zu lernen, einander zuzuhören – Bischöfe, Priester, Ordensleute und Laien, alle, alle Getauften – und dabei künstliche und oberflächliche Antworten, Antworten *prêt-à-porter*, zu vermeiden. Der Geist fordert uns auf, die Fragen, die Ängste und die Hoffnungen jeder Kirche, jedes Volkes und jeder Nation anzuhören. Und auch, auf die Welt zu hören, auf die Herausforderungen und Veränderungen, vor die sie uns stellt. Wir dürfen unsere Herzen nicht schalldicht machen, wir dürfen uns nicht hinter unseren Gewissheiten verbarrikadieren. Diese Gewissheiten machen uns oft verschlossen. Lasst uns uns gegenseitig zuhören.

Und schließlich: *unterscheiden*. Sich zu treffen und einander zuzuhören ist kein Selbstzweck, der die Dinge lässt, wie sie sind. Im Gegenteil, wenn wir in den Dialog eintreten, stellen wir uns selbst in Frage, wir machen uns auf den Weg, und am Ende sind wir nicht mehr dieselben wie vorher, wir haben uns verändert. Das heutige Evangelium zeigt uns dies. Jesus spürt, dass der Mann, der vor ihm steht, gut und religiös ist und die Gebote einhält, aber er will ihn über die bloße Einhaltung der Gebote hinausführen. Im Dialog hilft er ihm, zu unterscheiden. Er schlägt ihm vor, in sich selbst hinein zu schauen, im Licht der Liebe, mit der er selbst, der ihn ansieht, ihn liebt (vgl. Vers 21), und in diesem Licht zu unterscheiden, woran sein Herz wirklich hängt. Und um dann zu entdecken, dass sein Gut nicht darin besteht, weitere religiöse Handlungen hinzuzufügen, sondern im Gegenteil, sich zu entleeren: zu veräußern, was sein Herz vereinnahmt, um Platz für Gott zu schaffen.

Dies ist auch für uns ein wertvoller Hinweis. Die Synode ist ein Weg der geistlichen Unterscheidung, ein kirchlicher Unterscheidungsprozess, der in der Anbetung, im Gebet und im Kontakt mit dem Wort Gottes stattfindet. Und die zweite Lesung gerade heute sagt uns, dass das Wort Gottes »lebendig ist [...], wirksam und schärfer als jedes zweischneidige Schwert; es dringt durch bis zur Scheidung von Seele und Geist, von Gelenken und Mark; es richtet über die Regungen und Gedanken des Herzens« (Hebr 4,12). Das Wort öffnet uns die Augen für die Unterscheidung und erleuchtet sie. Es richtet die Synode so aus, dass sie keine kirchliche *convention*, keine Studientagung oder ein politischer Kongress ist, dass sie kein Parlament ist, sondern ein Ereignis der Gnade, ein Heilungsprozess unter der Leitung des Heiligen Geistes. In diesen Tagen ruft uns Jesus auf, so wie er es mit dem reichen Mann im Evangelium getan hat, uns leer zu machen, uns von dem zu befreien, was weltlich ist, und auch von unseren Verschlossenheiten und unseren sich wiederholenden pastoralen Modellen; uns zu fragen, was Gott uns in dieser Zeit sagen will und in welche Richtung er uns führen möchte.

Liebe Brüder und Schwestern, ich wünsche uns einen guten gemeinsamen Weg! Mögen wir Pilger sein, die das Evangelium lieben und offen sind für die Überraschungen des Heiligen Geistes. Lassen wir uns die Gnadenmomente der Begegnung, des Einander-Zuhörens und der Unterscheidung nicht entgehen. Tun wir dies in der freudigen Gewissheit, dass der Herr, den wir suchen, uns mit seiner Liebe zuvorkommt.

Anmerkungen

1 Papst Franziskus, Predigt bei der Heiligen Messe zur Eröffnung der Bischofssynode, 10. Oktober 2021.